国家社会科学基金“非金融上市公司过度金融化的测度、驱动机制与经济后果研究”
（项目批准号19BGL068）和华北电力大学双一流人才培养项目（研究生教材建设）资助

GONGSI
ZHILI

公司治理

夏宁　编著

化学工业出版社
·北京·

内容简介

“公司治理”是一门实践性很强的学科，关注、研究、使用该学科中的众多有价值的知识、方法，不仅有利于广大公司高层管理人员推进公司事业健康、持续发展，而且能使那些正在渴望成为高管的有识之士受益良多。本书全面介绍了公司治理的概念、结构、机制及主要模式，内容包括：公司治理概述、公司治理的模式、股东大会与运行机制、董事会与决策机制、监事会与监督机制、管理层制度与公司治理、独立董事与公司治理、证券市场与公司治理、商业银行与公司治理、机构投资者与公司治理、股东制衡与公司治理、经济增加值与公司治理、双层控股下的公司治理、新证券法与公司治理、跨国公司治理和公司治理的困境与发展。全书知识点详尽、理论联系实际。

本书可作为普通高等院校MBA学员以及经济管理类专业的研究生、本科生的公司治理课程教材，也可供在职管理、经济与法律人士阅读参考。

图书在版编目（CIP）数据

公司治理/夏宁编著. —北京：化学工业出版社，2021.3（2022.1重印）

ISBN 978-7-122-38380-8

Ⅰ.①公…　Ⅱ.①夏…　Ⅲ.①公司-企业管理　Ⅳ.①F276.6

中国版本图书馆CIP数据核字（2021）第017058号

责任编辑：王　烨　项　潋　　　文字编辑：李　曦
责任校对：李　爽　　　装帧设计：王晓宇

出版发行：化学工业出版社（北京市东城区青年湖南街13号　邮政编码100011）
印　　装：天津盛通数码科技有限公司
710mm×1000mm　1/16　印张17　字数291千字　　2022年1月北京第1版第2次印刷

购书咨询：010-64518888　　　售后服务：010-64518899
网　　址：http://www.cip.com.cn
凡购买本书，如有缺损质量问题，本社销售中心负责调换。

定　　价：88.00元

前言
PREFACE

公司治理，是研究企业权利安排的一门科学。虽然针对公司治理的研究已经延续多年，但是对公司治理的改革从未停止。为了保持公司能够健康有序并且可持续地发展，良好的公司治理安排是其核心。

放眼近年来国内外企业的经营管理可以发现，许多公司治理薄弱的企业都付出了惨重的代价，不仅是企业自身财产的损失，而且那些违规甚至违法的现象对社会来说也是巨大的危害。诸如上市公司丑闻不断，即使是龙头企业也未能幸免，血本无归的投资者更是对未知的市场充满怀疑，残酷的事实让人们意识到研究公司治理的重要性。

随着时代的不断进步，企业也迅速发展壮大，变化莫测的市场环境对企业来说是机遇也是挑战，有些企业一路飙升，有些企业稳中求胜，有些企业则一败涂地。尤其是国际金融危机的出现，彻底减缓了企业壮大的趋势，甚至导致企业直接破产倒闭。历史的经验与教训时刻警醒着我们，我国要实现“走出去”的方针，就需学习先进的方法，吸取良好经验。因此，如何对公司治理进行改革，如何达成有效的公司治理，成为众多学者关注的重点。

本书对公司治理进行了深入的探讨，特色主要体现在以下三个方面：一是本书具有全面性，公司治理已经渗透到多个方面，涉及的参与者众多，无论是公司内部的股东、董事会、监事会、管理层，还是公司外部的机构投资者、证券市场、商业银行，或是后兴起的跨国公司，都离不开公司治理，本书囊括了对这些领域的探讨，为提升公司治理效率提供了一些参考；二是本书具有系统性，公司治理涵盖范围之广，使得对于上市公司的治理越来越复杂，本书的结构完整，层次清晰，将理论基础与前沿研究巧妙结合，将原则性与灵活性系统地展现出来，对指导公司治理实践具有一定借鉴意义；三是本书具有前沿性，除了基础理论之外，本书加入了许多新颖性的研究，力求从创新性角度出发，完善公司治理，例如双层控股下的公司治理、对大股东制衡的原因及如何达成有效制衡并探讨了EVA考核与央企创新效率的关系，并针对新证券法的出台、公司治理未来发展进行了讨论，此类内容为公司治理的研究提供了新视野，对于公司治理的完善具有指导意义。

由于公司治理一直是研究的热点，而上市公司治理问题一直层出不穷，因此，对于公司治理的研究需要更深一步的探讨。撰写本书的意义主要体现在以下三个方面。一是，在原有的公司治理理论基础上进行完善，针对亟待解决的上市公司治理层面的问题提出新思路；二是，公司治理已作为一门学科，教授范围包括本科生、研究生在内的多个专业，本书为培养这些公司治理人才提供了教材；三是，对于公司内部和外部的参与者来说，需要学习有关公司治理的理论和方法，本书的内容为这一人群提供了参考，为提升公司治理水平作出了贡献，具有实践指导意义。

此外，由于公司治理包含的内容较广，以及相关法律文件更新较快，若本书有错漏之处，恳请批评指正，笔者将不断改善，感谢指点。

华北电力大学　夏宁

2020年10月

目录

CONTENTS

第五章　监事会与监督机制　/ 067

第六章　管理层制度与公司治理　/ 083

第九章　商业银行与公司治理　/ 128

第十章　机构投资者与公司治理　/ 143

第十一章　股东制衡与公司治理　/ 154

第十二章　经济增加值与公司治理　/ 162

第一章 公司治理概述

【学习目标】

1. 了解公司治理产生漏洞的原因。
2. 掌握公司治理的概念。
3. 掌握公司治理学的研究内容。
4. 了解公司治理的内涵。

第一节 公司治理的产生背景

公司治理是当前国内外理论界中实务界研究的一个重要课题，它随着企业的诞生而诞生，随着企业的发展而不断精进。公司治理的覆盖面很广，包括各种类型的公司。但在本书中，股份制企业是本书的研究重点。因为在股份制公司，无论是公司治理模式还是公司治理的结构都更加的鲜明，并且股份制公司中的公司治理问题也是最为经典的公司治理问题。值得我们研习与掌握。

公司在治理的过程中产生的许多问题并不是偶然出现的，这些问题是公司在发展的过程中逐步积累展现出的。一个企业在发展进程中主要包含未成熟期和成熟期两个阶段。在未成熟的企业当中，起初公司的所有权与控制权都掌握在一个人手中，资金的来源也很单一。但随着公司逐步发展和规模扩大，需要大量的资金，这时企业往往通过发行股票等多元化的方式来筹措资金，进而产生若干大大小小的股东，公司从原来单一的组织模式逐步走向复杂的组织模式。形成股权结构分散化的局面，公司中由于投股人增加，导致公司所有权与控制权不得不产生分离，进而产生治理上的问题。

公司治理的成功案例就企业的长期发展角度而言非常重要，因为它值得其他企业学习与借鉴，但这并不是说只有公司治理的成功案例具有研究价值，对于那些失败的案例，企业往往也能从其中得到一些经验教训。在20世纪90年代，亚洲地区经济发展受到严重打击。在此次经济危机中，人们普遍对东亚公司的经济治理运作模式已经有了一定的客观见解。2001年，美国发生了安然会计造假的事件，在当时企业治理中引起了不小的轰动，企业更加重视风控机制与信息披露质量。这些过往的案例直接促使了公司治理运作模式的不断改进。在如今经济飞速发展的大时代，企业也不断地扩张与发展。企业出现组织上的快速增长，投入资金源头多元化的现象，这也是当代公司体制的根本特点，并且当代公司体制往往是权责分离的，其中就包括股权内部的来源多元化。在这种背景下容易发生大股东侵占小股东利益、大股东争夺控制权等多种代理问题，因此良好的公司治理不可或缺，是所有企业的目标重心。

第二节 公司治理的基本概念

公司治理的概念由威廉姆森于1979年提出，他在自己所撰写的文章中进行了详细的阐述。1984年，威廉姆森又直接以“公司治理”为题对公司治理进行了较系统的分析。后来在英国，由于一系列公司倒闭案的发生，掀起了全球性公司治理浪潮。尽管公司治理的诞生只有短短几十年的时间，但是它的发展速度是十分可观的，并且已经迅速地得到了各大国家的重视。但从实际情况来看，从公司治理的概念提出至今，世界上还没有任何一个国家能够对公司治理下一个明确的定义。

为此，众多学者对公司治理这一概念进行了重点学术研究。具体的观点如下。

一、国外对公司治理的定义

公司治理的正式英文名称为“corporate governance”，译为法人组织规制或法人组织治理公司结构。西方国家学者对公司治理定义主要围绕着如何控制和监督公司经理人合法行为与保护公司股东合法利益以及主要利益相关者合法利益这两个基本主题进行展开的，代表性观点如下：

（一）围绕着控制和监督公司经理人合法行为主题

（1）股东、董事和经理人关系论

马克·J.洛（1999）认为，公司治理结构是指公司股东、董事会和高层管理人员之间的关系。

（2）控制经营管理者论

斯利佛和魏斯尼（1997）他们认为，公司治理是公司资金主要提供者确保获得长期投资回报的重要手段。如资金所有者如何能够使一个管理者将部分利润返还给自己，他们怎样确定一个管理者没有故意侵吞他们所提供的资本或将其全部投资在不好的项目上，他们怎样控制一个管理者等。

（3）对经营者激励论

梅耶（1994）把公司治理定义为“公司赖以代表和服务于它的投资者利益的一种组织安排。它包括从公司董事会到执行人员激励计划的一切东西”。

（二）围绕着保护公司股东合法利益以及主要利益相关者合法利益主题

（1）控制所有者、董事和经理论

普罗兹（1998）认为，公司治理是“一个机构中控制公司所有者、董事和管理者行为的规则、标准和组织”。

（2）利益相关者控制经营管理者论

希克（1993）等一些人的看法是，公司治理就是公司直接委托公司董事，使之完全具有指导公司经营业务的领导责任和管理义务的一种治理制度，是以责任关系为治理基础的。一种好的公司治理制度应提供一个能够规范公司董事义务的机制，以防止公司董事滥用手中的这些权力，这样才能更好维护更广义范畴中的公司经济利益。

约翰和塞比特学者（1998）认为，公司治理控制是泛指公司内部利益直接相关者为有效保护自身的合法利益而对公司内部人和公司管理者的部门行为进行的有效控制。

（3）管理人员对利益相关者责任论

布莱尔博士（1999）认为，公司治理应该是一个通过法律、文化和其他制度性流程安排的有机高度整合。1981年4月5日，美国全国公司董事协会（National Association of Corporate Directors）的会议纪要对公司治理所作出的概括被认为是最权威的定义，该协会认为：公司治理结构制定是为了确保整个公司长期发展战略目标和经营计划而必须有效确立的。为了确保整个公司管理组织结构能够按部就班地实现这些长期目标和战略计划，制定的治理结构还要严格确保整个公司管理机构能够履行下列各项职能：能够维护我们公司的向心力和完整；能够保持和不断提高我们公司的社会声誉；对与我们公司发生各种重要社会或者经济利益联系的单位和个人还要承担其他相应的义务和责任。

（4）建立利益相关者相互作用制衡论

钱颖一认为，公司治理结构是一套制度安排，用以支配若干在企业中有重大利害关系的团体投资者（股东和贷款人）、经理人、职工之间的关系，并从这种联盟中实现经济利益。

李普顿学者（1996）的看法是：公司治理应该被看成是一种管理手段，用来有效协调一个公司整体组成及其成员们，即公司股东、管理部门、雇员、顾客、供应商及其他包括社会公众在内的利益相关者之间的关系和利益，而这种利益协调方式应能有效确保一个公司的长期成功。

二、国内对公司治理的定义

吴敬琏在1994年提出，公司治理的体系要进行明确的分工。而公司治理的主要领导者就是董事会的相关人员。对于治理过程中产生的权力和责任要进行合理的行使和履行，可将公司的所有者、董事会成员、高层管理人员进行权责划分，从而形成三角一般的稳固关系。

林毅夫在1997年便提出了有关公司治理的原则性问题。他认为公司治理结构就是指公司的所有者对企业进行管理和绩效监督的同时，制定出一套完整的监督机制与制度策略，他为了证明他的观点是正确的，引用了米勒的定义。另外他还认为人们所关注的公司治理结构实际上就是公司直接进行控制与固定范围的那一部分。

李维安和张维迎细化了公司治理的概念，从狭义和广义两个角度来研究公司治理。李维安在2000年提出了狭义公司治理的基本内容。他认为公司治理的主要特点是通过持股人管理股东大会、董事会、监事会以及公司管理层内部所运作构成的一个有整体治理体系的公司治理组织架构。而从一个广义的治理角度上来看，公司治理可以大致分为正式和非正式两个部分，并且由这两个组成部分共同完成对于利益的层层划分和结构调整。这里的利益关系涉及者具体包括政府、管理人员、供应商、持股人等。

张维迎在1999年对中国公司经济治理提出了他的关于在狭义上的公司治理的基本观点。他特别指出，公司治理策略是指相对应的对于公司内部权力的合理划分，以及公司股东各个基本权利等各方面的一个具有整体性和制度性的管理策略。从广义上来讲，这些策略是指有关于公司控制权和剩余索取权分配的一整套法律、文化和制度性安排。这主要包括如何能够推动一个公司的经营战略目标发生关键性的变化，在什么样的状态下应该实施什么样的风险控制，如何明确控制公司相应的利益关系以及一个企业公司在承担风险和分配公司利益时，各个公司内部组成部分之间应该得到怎样的明确划分的这一类治理问题。从广义的公司治理体系结构上来说，就是该公司在所有权划分上是否完全能够明确做到将所有权划分到每一个公司利益体中。

三、公司治理概念界定

通过之前国内外学者对于公司治理概念的争论我们可以看出尽管国内外学者对此做了多方面的研究，但也存在着些许不足，第一是过度关注公司治理结构，关注委托代理问题，却忽视了公司治理的内在机制。第二则是尽管公司治理是一个互相制衡的过程，公司治理是公司政治，但公司治理应该有一个完整的流程，包括最终的科学决策机制、评价机制，现代的概念大多忽略了这一点。

概念的定义决定了研究重点，我们不难发现现代的公司治理轻视科学决策过程，轻视公司治理机制。良好的公司治理不仅仅需要董事会、股东大会、监事会等内部机构的配合，还需要外部监管市场、证券市场、经理市场等外部治理机制的互相配合。基于以上观点，我们认为所谓的公司治理就是通过一系列正式、非正式、内部或者外部的制度治理机制，协调公司所有利益相关者关系，保证公司作出科学决策的制度和行为安排。

第三节 公司治理的研究内容

随着现代企业制度的形成，企业虽然可享受组织和资金规模扩大的便利，但公司治理问题也随之而生。这些问题成为阻碍公司利益最大化的障碍，必须有解决公司治理问题的手段，以维护现代企业制度带来的好处。那么首先我们要对公司治理内容有所了解。

一、代理型和剥夺型公司治理

代理型公司治理其主要是对内部高层管理人员进行监督和管理。这种治理主要是针对股权不够明确，且缺乏股东控制的公司而进行的。这种类型的公司治理在美国、英国、新西兰等国家的公司中较为普遍，在早期美国公司制最先发生的时段内，公司只属于少数几人甚至是一个人，独立的股东股权结构相对于现今来说是比较集中的。随着公司的不断发展，时代的不断进步，资本的流动与改变使公司股权结构逐渐分散，大量的股票面向社会发售，社会公众通过购买成为新一轮的股东。20世纪60年代以来，两权分离日趋严重，CEO兼董事长现象普遍。在上述情况下，股东利益与经营者利益偏离，经理与公司行为目标的冲突日益明显。代理型公司治理重点要放在对高层管理人员权责的监督上，并且公司要不断地加大监督的力度。这个中心问题的背景如下：

① 在任职期间的公费支出过多。包括经理人员利用公款进行为自身利益的谋划，包括挪用公款为自己购买较高等级的住房，以及吃喝玩乐、旅游外出等费用。

② 直接侵占或转移公司的资产。部分经理人员会通过一些非法手段将公司资产转移到其他集团的名下，从而利用职务之便进行资产转移，划分实业资产，侵吞公司资产等各类行为。

③ 经营决策行为缺乏长期规划。公司发展的过程中没有针对长期发展的规划，而是把决策权仅仅放在经营者可以预知的范围之内进行决策，这有可能导致公司在短时间之内过度投资，过度使用资金导致资金缺乏而周转不灵，使公司投资和资金使用率的效率十分低下，造成公司经济发展的停滞。

④ 信息的对外公开不够明确，财务关系缺乏公开透明性。一些公司对财务进行造假，谎报财务状况，实际上是在利用不作弊的方式进行划分资产，从而为自己获取经济与各种利益进行了相关的条件铺设。

⑤ 坚决抵触公司兼并改制重组。有些大型公司一旦发现进行兼并、并购或重组可能会大大损害自己公司经济利益，管理层人员就会对其进行坚决的反对抵制。但兼并重组也同样可以给自己公司带来巨大的经济利益和可观的收入，经营者和管理层是否愿意对一家公司进行兼并重组很大程度就取决于此。

剥夺型公司治理其主要是通过控制股东的利益进行的。这种公司治理模式在欧洲大陆以及各个东亚国家的家族性企业公司中比较常见，而在美国等资本主义市场资本性比较强的国家当中，企业集团大多是以一个个股东利益体集中的集团形式出现的，这种公司内部复杂的交易关联并不是商业活动的重要内容。但是在这些国家以外的地方，大多数企业是有阶级分化的，不仅是在亚洲，包括德国、瑞典、巴西、南非、加拿大等都有着金字塔型的公司结构。企业集团呈现着复杂的金字塔型谱系结构，是在资本市场不明显的情况之下产生的。剥夺型公司治理以东亚家族企业为典型，是因为这一地区属于新兴市场，产品市场不完善，融资机制不健全，金字塔型结构的企业公司集团可以通过多样经营来缓解问题的发生，来克服市场不完全以及市场调控不均，将成本与交易成本转化为内部的固有成本，在很大程度上有助于分散经营风险。亚洲金融危机之后，在这一地区之内相关企业的交易额格外吸引人的目光，关联交易上都是在企业与企业之间互相进行的，这些系族企业尽管是有着自身独有的股东与董事会，但在最终的操控人上却是有着相同的特点与习性。

二、公司治理与内部控制的联系

实现公司治理发展目标和公司经营组织管理发展目标，需要充分借助内部风险控制和建立相应的公司组织管理结构。公司经营治理与内部成本控制的共同部分也就是直接监督、信息直接传递、权责直接分配，治理经营主体应当评价内部成本控制制度运行管理的效果，经营者应当有一定责任向公司治理主体机关部门报告内部成本控制制度执行绩效情况。该共同治理区域的规模大小由公司所有权治理结构和内部治理控制结构的具体特点直接决定，所有权与主体经营权有机合一时，治理控制结构与内部控制结构趋于有机合一；内部治理机制为主的公司，股东和全体股东会、董事会一般是拥有监控权的主体，因而共同治理区域较大；内部两权分离或者以外部治理机制为主的公司，主要通过外部治理监控机制充分发挥作用，经营者一般是拥有控制权的主体，因而共同治理区域较小。

公司的治理与内部的控制相互影响，治理型内部控制的建立有助于公司的治理控制主体与内部的控制管理主体有效地沟通，从而为公司进行科学决策和效率经营提供了保障。内部的控制与公司的治理不能完全割裂，需将内部的控制纳入实现公司治理的路径之上。两权合一时，股东和股东会直接地实施内部的控制；两权分离时，利益直接相关者通过董事会或监事会间接实施控制，由股东会或董事会设计制定和监控公司治理制度，考核、评价公司经理层的绩效。

因此，只有公司的治理机制有效，才能从根本上保证不同的层次内部控制目标的明确和一致性；只有从源头实施内部治理和控制，才能从根本上维护各利益相关者的合法权益。有效的内部治理和控制的目标应当是能够维护所有利益相关者的合法权益，而不是仅能够维护某一类或少数的利益相关者的合法权益。如果内部的控制不能与公司的治理机制相兼容，将有可能导致公司的治理机制成本的骤增；如果公司没有健全的内部治理和控制，公司的治理机制留下的空间将有可能导致机会主义的行为，由此也就有可能进一步演变成会影响公司生存和发展的顽疾。

三、公司治理的模式

公司治理的结构目前已在全球各国引起广泛的重视，许多发达国家都积极地致力于对公司治理问题的深入研究。目前公司治理已经完全超越了国界，受到了全球的普遍重视和关注。公司治理的结构按照公司投资者实际行使权力的情况，可以大致分为外部人模式和内部人的模式。

（一）外部人模式

英、美等国家采用此种公司治理模式，此种模式的公司治理特征主要是包括：① 投资者主要以个人和其他机构投资者为主，股权分散。在这些发达国家里，个人持股已经成为一种时尚，同时出现了投资者朝着机构化方向发展的一种趋势，股权广泛地分布在那些由个人和其他机构持股的投资者手中。机构的投资者不仅在管理层持股的比例进一步上升，而且积极参与了公司的管理，一改过去只关心短期投资回报的“消极投资者”形象，开始致力于公司的内部治理。② 以完善的市场经济来约束公司管理。在这些发达国家里，由于大量流动资本和市场经济比较发达，流动性高，从资本市场直接的融资已经成了公司融资的主要方式。来自资本市场的强大资本压力，构成对于公司股东和管理层强有力的约束，特别重要的是通过资本市场对公司管理层股东进行的监督，成为股东监督和约束公司管理层的一种重要途径。③ 以完善的资本市场立法保护股东利益和保障管理层信息的披露，规范了资本市场和机构化公司的运营。比如美国和日本以及英国都较早地通过了立法，来有效保护股东的利益同时保障管理层信息的披露。

（二）内部人模式

国际经合组织（OECD）成员国和发展中国家大多采用此种专业化公司内部治理结构模式。此种内部人模式的基本特征主要是包括：① 内部人的投资者主要以公司内部人和集团投资者为主，股权管理高度集中。在发达国家中，像美国、英国作为较大、较为活跃的股东阶层的养老基金、共同基金以及保险公司等往往因自身受到了法律的约束和限制，难以发展成为市场上主流的投资者，投资管理机构化的程度比较低。内部人的投资者主要是集中在家族、工业企业投资联盟、银行和其他控股的投资公司等。由于公司内部人投资集团的规模小，成员间彼此熟识，常常很容易导致内部人成员之间以及内部人成员与公司之间的关系错综复杂。除了投资关系外，还常常掺杂着其他的关系。② 主要通过公司内部严密的治理组织结构来制约公司的治理和经营者，由公司内部的控制层和管理机制对公司的管理层进行直接的监控。

在这些发达国家里，由于其资本市场不够发达，通过政府和银行间接的融资方式成了企业直接融资的主要途径。这一方面有效地使得公司的管理层摆脱了公司长期来自资本市场的外部压力，不受小投资者的直接利益约束；另一方面，这也使得公司与政府和银行之间保持着较为紧密的合作和联系。内部人也可以凭借其持股多数或其他方式进行安排。

第四节 公司治理的意义

公司治理的概念最早是在欧洲国家被提出的。公司治理起源并发展于西方发达国家的公司治理过程中，研究人员提出，公司治理的好坏决定了企业发展的好坏，在企业的发展当中，需要公司治理机构进行相应的调控，这是两大基本。公司治理学近年来已经形成了一个新兴的科学领域，即成了一个学科，在管理学中也占有一定的地位，但地位尚未明确，需要进行相应的界定，从得到国际社会普遍认可的具有权威性的《OECD公司治理准则》中不难看出公司治理的重要性。

公司治理问题的重要性究其根本在于良好的公司治理是现代市场经济和证券市场运作在微观上的基础条件。从这个角度来看，主要包括以下几个方面：

（一）公司治理如果运行有效可以改善公司绩效

在目前看来，公司治理与绩效之间的关系是公司在治理过程研究中一个重点关注的问题，但是这个问题往往争议性很强，目前仍未得到明确的解决方案。通常来说，公司的治理模式机制是否恰当是与公司绩效是否增长处在紧密相关的状态的。研究人员根据1998年至2002年有关数据的显示得出了相应的公司发展性规律。一间公司一旦治理得当，将会比其他公司的绩效上升12%。由此背景看来，公司治理处理得当就能够刺激资本流动以及权益与债务的划分，从而可以获得更有效的方式进行企业融资，包括于市场上进行相应的产品服务售卖的同时，在高回报率的基础上得到较高的利益与回报。公司治理得当，能够约束企业管理经营者的行动，进而对经营者提出一定的要求，导致稀缺资源进行有效的重组与再利用，进行资源合理配置，实现公司与股东的利润要求。最后公司治理健康运转能够提升公司的经营管理方式以及应对风险的能力，从而促进公司相应的发展完善。

（二）良好的公司治理可以增加投资者的投资动机

随着资本市场的国际化发展，我国公司可以利用外国的投资进行发展。一个国家的公司是否能够吸引外国融资，在一定的程度上取决于公司的治理是否能够给投资者带来相应的信心进行投资与资金流入。一国公司的资金需要进行相应的国外资本流入，即使并不需要全部依赖国外融资也能够进行相应的公司治理，遵循良好、健康、公平的原则也能够增加在本国之内的资金吸引力，以此来减轻公司所面临的资金周转压力，吸引多方资金流入本公司，促进公司的良好发展。由此可见良好的公司治理架构可以吸引投资者进行投资。公司就能够降低融资的成本，获得许多固定而质优的资金来源与资金支持，从而获得更高的投资回报率。

（三）良好的公司治理是机构投资者的投资要求

近年来，机构投资者发展迅速，近期的调查研究表明，世界上20个流动性最好的股票市场，许多大型金融机构控制了股票市场的20%，机构投资的迅速增长，使得公司治理中来自机构投资者的压力逐渐增强。

（四）许多发展中国家和新兴国家经济的发展与改革需要公司治理的支持与配合

经过了1997年的金融危机，人们普遍开始提高认识，并开始意识到了公司治理的重要性。而公司治理同样是存在着一些问题的。这个问题主要表现在投资者没有相应的保护机制，股权集中导致操控过强，资本市场缺乏有效监督机制，加之原有的“裙带资本主义”，导致了投资者对于这些国家金融体系信息信任的崩溃。很多企业盈利能力低下，财务信息不透明，企业的负债水平往往超过财务报告的披露信息。那些公司治理标准极低的国家，尤其是在对小股东的保护方面，他们的货币贬值和股市衰落也最为严重。在经历了金融危机之后，西方的各类银行开始要求发展中国家的政府以及交易所和机构来对企业进行相应的调控与控制操纵，为了获得贷款就要对公司治理整体架构进行一个翻天覆地的改头换面。

第五节 公司治理研究成果与发展方向

公司治理作为我国经济学一个新兴的分支学科，自20世纪70、80年代末开始兴起于西方发达的市场经济国家，于20世纪90年代初首次传入我国。迄今为止，已经成了我国经济学、金融学领域研究的一个热点与前沿，受到了企业界、政府和学术界的高度关注。近些年来，我国国内关于公司治理的研究发展迅速，关于公司治理的概念可分为广义与狭义，学术界已经基本达成了共识。“股东主权论”“人力资本主权论”“利益相关者共同治理论”的学术争论也已基本得到了解决和平息。对于我国公司治理上创新路径的选择，也不再仅仅局限于以欧美还是日德为师，而是更多把研究重点和精力放在如何从与我国实际情况的适应性和制度出发进行治理创新，找到一条符合当代我国国情和制度的最优研究道路。接下来，将对我国在公司治理领域已有的最新研究成果一一进行列举，并对其发展的方向和趋势作出预测。

（一）公司治理与绩效的关系是公司治理研究的核心与主线

公司治理之所以这么重要，原因在于公司治理环境、治理结构与治理机制能够降低公司运行的成本，相应地提高公司业绩和企业价值，所以公司治理与公司绩效的因果关系无可争议地成了公司治理研究的核心问题。

（二）国企改制和股权分置改革成为具有中国特色的公司治理研究对象

国有企业实行公司制股权分置改革一直是我国的经济体制管理结构改革的一个核心和重要的环节，对于加快培养一批合格的、我国微观资本市场主体的发展意义重大。实行股权分置的改革也被认为是发生在我国资本市场上的重要体制革新，对于改进和克服国有企业上市公司的治理和机制的缺陷有着重要的意义。

（三）对我国上市公司董事会和控制权市场特征的前瞻性研究呈逐步深入趋势

董事会治理是我国公司治理的主要内部模式和机制，无论英美治理模式还是日德的治理模式，董事会在公司的长期战略决策、经理层的监管等方面都发挥着重要的作用。由于美国安然等大型的上市公司财务报告造假事件引发了公众对上市公司董事会的大量关注和激烈讨论，随之也掀起了如何建立和完善上市公司董事会控制权治理机制的前瞻性研究和实践热潮。

（四）双层代理成本框架下的公司治理研究可能成为理论创新的重要方向

就现今国际范围来看，对于公司治理与双层代理成本的问题研究可以分为两个主要的阶段：在公司股权高度分散的条件下如何有效处理分散的股东与公司经理之间的代理成本的问题和股权相对集中的条件下，中小股东如何有效控制其他控股股东的资本利益和股权侵占的问题。在我国这两类公司代理成本的问题都比较普遍，与发达国家的实际情形相比差异较大，因此对该治理成本框架下分散经营公司治理成本问题的研究的开展有着非常重要的理论和社会现实意义。

（五）对于“谁应拥有公司治理主导权”的问题存在争论

关于股东和公司众多利益相关者的问题成为争议的重点。前者的观点是认为，在正常的状态下，股东对于公司资产拥有合法的所有权，公司的治理主导权是一个对股东承担有效义务和责任的问题，解决公司治理的问题就是要使治理机制的运行更有效率。后者的观点则认为，股东只是一家公司众多的利益相关者中的一员，每一个利益相关者都对公司享有合法的权利，那么一个股东就没有必要特别地比别的公司利益相关者享有更优先权。

（六）对高级管理人员报酬计划的深入研究

高级管理人员的报酬与公司整体绩效的关系已经成为国内外上市公司治理文献研究中的一个重要并持续存在广泛争议的管理问题。这些争议包括：公司的报酬多少是合适的；这些报酬与公司的绩效在多大程度上密切相关等。我们普遍认为如果能够给予合适的报酬可以激励人们将工作做得更好，更好的经理人员将向能提供给他们最优报酬的工作转移，更大更复杂的高级公司会要求和雇佣更好的经理人，高级的管理人员过去的工作绩效很大程度上反映了他们的人力资本。

本章小结

作为本书的第一章，本章主要介绍了公司治理的产生背景，公司治理的概念以及公司治理的内容与意义。我们可以发现公司治理概念被提出的时间较晚，但其发展极快，受到各个国家企业的认同，纷纷把良好的公司治理作为企业发展的目标之一。然而关于公司治理的概念始终没有明确的定义。笔者认为所谓的公司治理就是通过一系列正式、非正式内部或者外部的制度治理机制，协调公司的所有利益相关者的关系，保证公司能够作出科学决策的制度的行为安排。

接下来叙述了公司治理的基本内容，由于第一章只是简要的概括，具体内容在后续章节会有更为清晰的解释。而公司治理的意义主要包括以下几个方面：第一，有效的公司治理可以改善公司绩效。第二，良好的公司治理可以增加投资者的投资动机，有利于企业扩大规模。第三，良好的公司治理是机构投资者的投资要求。第四，许多发展中国家和新兴国家的经济发展与改革需要公司治理的支持与配合。公司治理作为我国经济学的一个新兴分支学科自传入我国已经迅速成了我国经济学、金融学研究领域的一个热点与前沿。受到了企业界、政府与学术界的高度关注。本章末尾也对我国公司治理的研究方向作出了预测，学有余力者可进行更深一步的研究与探索，也为我国公司治理的发展作出贡献。

思考题

1. 公司治理问题是如何产生的？
2. 公司治理学的研究对象是什么？
3. 公司治理学有哪些特征？
4. 公司治理的意义有哪些？
5. 结合世界范围内公司治理实践论述公司治理的研究主题。
6. 你准备怎样学习公司治理学？

第二章 公司治理的模式

学习目标

1. 了解英美公司治理模式的背景和特征。
2. 了解德日公司治理模式的背景和特征。
3. 了解家族公司治理模式的背景和特征。
4. 三种公司治理模式的优缺点。
5. 了解公司治理模式的未来发展趋势。

第一节 英美公司股东至上的公司治理模式

一、英美公司治理模式产生的背景

“股东至上”的英美公司治理模式，也称为市场导向型公司治理，是外部控制型治理模式，为英美等国上市公司普遍采用。在该模式下，公司只设置股东大会和董事会。其中，董事会由股东大会选举产生，直接对股东大会负责，承担决策并监督公司重大事项、聘任高级管理人员的职责。其产生背景如下：

第一，股权结构分散。英美等国自由市场经济发达，政府几乎不干涉公司的治理，自然人在证券市场活跃度高，因此公司的股权结构分散。一些只持有少量股份的股东难以取得公司控制权，更难以直接参与公司治理，并且实施治理的成本十分高昂，小股东无能力也无动力去进行，只能采用间接手段，将其决策权委托给大股东或董事会，董事会再授权给经营者代为管理。

第二，资金来源以直接融资为主。英美等国的法律限制商业银行参与直接投资经营、直接持有公司股票，一般规定只能经营短期贷款和政府债券，不能经营7年以上的长期贷款，也不得从事股票和证券业务（1933年《拉格斯——斯蒂格尔法案》)。因此，公司的主要资金来源是证券市场的直接融资。

第三，机构投资者兴起。英美等国的法律具有反对垄断、推崇公平竞争的特点，如美国推出了一系列股票限购的法案，来打压因财富集中造成的垄断现象；英国也规定了许多股票交易谨慎性原则。在这种情况下，非金融机构，即机构投资者，逐渐兴起，对公司的持股份额也逐渐增加。但是，出于谨慎性原则和风险规避原则，机构投资者往往会倾向于进行投资的“有机组合”。

第四，职业经理人是公司治理的中坚力量。英美等国的经理人市场较早成熟，产生了一支专业化、职业化、高质量的经营管理人队伍，并且市场经济体制的发达、证券市场的活跃以及管理人员教育培训体系的完善，都为职业经理人成为公司治理的中坚力量提供了条件。

二、英美公司治理模式的特征

1.股权的分散与高度流动

英美等国崇尚经济的自由，强调市场的作用，证券市场活跃。公司的股份一般大多为社会公众持有：一方面机构投资者为了降低投资风险进行分散化、多元化投资；另一方面则是法律的限制，美国法律限制持股人的持股比例，反对垄断，限制商业银行直接参与非金融产业；英国法律看似对银行等金融机构没有明确的限制，实际也存在许多谨慎性原则。股权的分散使得大多数股东无法取得公司的控制权，难以对公司实施管理，一般会根据公司的经营业绩，采取“用脚投票”或者并购等方式对经营者进行约束，从而使得股权的流动性强。

2.实行单层治理结构

英美公司实行一元化，即单层治理结构，在股东大会之下只设置董事会（见图2-1）。

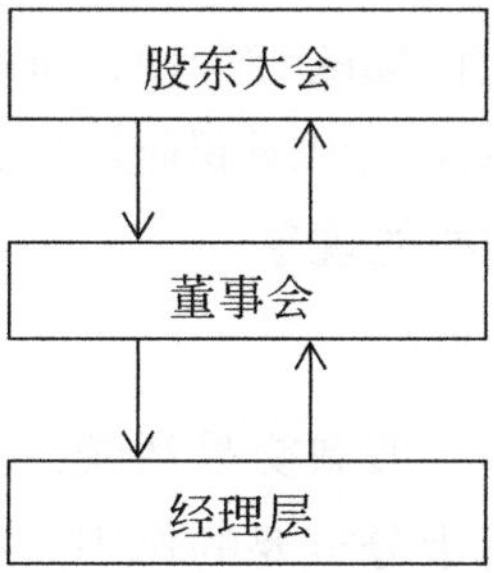

图2-1　英美公司内部治理结构

（1）股东大会

股东大会是公司的最高权力机关，依照公司的基本章程，享有公司给予的回报，并承担公司经营管理的责任。但英美公司股权结构高度分散使得股东直接对公司实施经营管理难以实现。因此，股东选举出董事会并委托以公司日常决策的权力。

（2）董事会

董事会作为由股东大会授权的、对股东大会负责的、承担生产经营管理决策责任的常设机构，具有决策和监督双重职能，一般由内部执行董事和外部非执行董事组成。执行董事既是公司内部执行董事会决策的重要岗位的员工，又作为公司的董事会成员授权参与公司日常决策。为了防止董事会成员与经理层的相互勾结以及大小股东之间的利益纠葛，又引入了独立董事制度。独立董事通常是各个领域的专家学者，在公司内部并没有实在任职。独立董事主要承担监督职能，使得董事会能够客观提供公司决策所需要的信息以及独立评价并监督经营者的业务执行行为，有利于维护股东的利益。另外，董事会内部设立具有不同职责的专门委员会，分职能地协助董事会进行公司日常经营决策。专门委员会由专业人员组成，就专业问题提出意见和建议，降低信息不对称，优化董事会工作，使得决策程序更加结构化。

（3）经理层

董事会有权聘请职业经理人，授予其经营管理权，并对其进行监督。英美等国的公司中存在一种董事会成员兼任CEO的现象，这种身份的重叠，削弱了董事会的监督作用。为了杜绝这种现象，英美公司雇佣职业经理人作为公司的经营者。另外，经理人市场的存在会迫使职业经理人为实现自身价值最大化而在不同企业甚至企业内部流动。因为经营业绩是职业经理人的“招牌”，如果在他所任职期间，其公司的经营业绩不善，那么经理人很有可能被辞退，甚至永久退出经理人市场。经理人市场的健全使得维护股东利益，创造良好绩效的经理人得到认可，同时也可以避免出现职业经理人在公司任职期间为了满足其自身利益而罔顾公司和股东利益的现象。

3.外部审计机构进行对外报告

英美等国的证券市场发达，股票交易活跃，公司的财务状况、经营成果和现金流量情况的真实披露具有十分重要的作用。英美公司的董事会内部虽然设置了审计委员会，但它的主要职责是监督公司内部的财务情况，对于一些对股东决策有用的财务信息和非财务信息的及时性和真实性的披露方面存在缺陷。因此，在英美等国，独立的第三方审计机构逐渐兴起。公司可以聘请他们来对公司的财务状况、经营成果和现金流量进行审计并发布报告对外披露，证明公司信息的可靠性。这种外部审计机构的参与很大程度上避免了公司违法经营的发生，对公司现在的以及将来的股东负责。

4.采用股票制期权激励经营者

对于经营者的激励，除了高水平的短期激励外，还可以授予其公司的“股票期权”。这种长期激励方式与公司未来的经营业绩相联系，公司未来的经营业绩越好，经营者通过买卖股票赚取的差价收益越高，这样经营者就会产生更大的动力并付出更多的努力去提升公司的经营业绩。同时，这种激励方式没有要求经营者必须回购股票的义务，经营者不必承担风险。

5.控制权市场活跃

英美公司股权高度分散化的一个影响就是并购市场的活跃。并购者通过收购市场上小股东或机构投资者手中的股票来实现对公司的控制。如果并购活动成功，那么公司的经营者就会面临被解雇甚至永久退出经理人市场的风险。为了避免并购活动发生，经营者制定了反并购议案、毒药丸计划、金色降落伞计划等一系列计划，但这些计划并不能从根本上阻止并购活动的发生。因此，要避免并购活动发生，经营者必须努力提高经营业绩，提升公司的市价，满足股东利益的要求。

三、英美公司治理模式的评价

1.英美公司治理模式的优点

（1）资本的优化配置

英美等国的证券市场发达，股东根据证券市场上公司股价的涨落、回报率以及资本的流向来决定其自身的投资方向，降低了投资的盲目性，保证了资本合理流向优势产业。

（2）保障股东的利益

英美公司的经营目标是“股东利益至上”，通过证券市场的活跃、公司对外信息的披露，股东可以监控公司的经营情况，确保对公司的出资可以得到最大化的回报。

（3）完备的法律体系

在自由市场经济背景下，公司能够有效合理地发展，制度上的引导是必需的，公司所发生的纠纷需要依靠法律来解决，因此，英美等国市场经济的成功一定是具备了完备的法律体系。

（4）独立董事制度

独立董事作为来自公司以外的人员，使得董事会更加独立于经理层，可以有效监督经营者业务执行行为，避免经营者出现“内部人控制”的问题，维护公司和股东的利益。

（5）外部审计制度

聘请独立的外部审计机构对公司的财务状况进行审查，保证对外公布信息的质量，使股东可以从公司对外报告中获取有效的财务信息和非财务信息，作出有效的决策。

（6）专门委员会

通过设置不同的专门委员会，使董事会成员分别参与、决策、解决专业“对口”的事项和问题，提高公司决策机制标准化程度和决策效率。

（7）成熟的经理人市场和创新的股权激励机制

经理人市场的成熟与健全为公司聘请到更加有能力的经营者提供了保障。而给予经营者的，与公司的经营业绩紧密相连的长期股票期权激励促使经营者更加努力工作，提高公司业绩。

2.英美公司治理模式的缺点

（1）股东的“搭便车”和“用脚投票”

英美公司股权高度分散，股东为了避免经营者只顾个人利益罔顾公司利益的行为发生，必须对其行为进行监控，由此产生“代理成本”。但是，许多小股东不肯或者难以监督经营者，便寄希望于其他股东，这就是“搭便车”。证券市场的发达以及股东对监管权的消极对待使得股东在公司业绩不良时习惯“用脚投票”，即通过转让股票来给经营者施加压力。

（2）存在经营者的短期行为

股东为了得到出资回报，习惯追求公司投资效益的最大化，如果公司的经营业绩不善，就可能会引发股东转让股票，甚至发生并购，不利于经营者的职业发展。因此，为了迎合股东对于利益的需求，经营者通常会以追求当前利益作为公司的首要经营目标，而不考虑公司的长久发展问题。

四、英美公司治理模式的发展趋势

（1）重视“用手投票”

随着英美等国的非金融机构快速发展壮大，机构投资者的持股份额增加，外部投资者的所有权更加集中，短期大量抛售股票不再现实，这使得机构投资者必须把眼光放长远，注重被投资公司的长期利益，并且机构投资者一般都是公司治理领域的专业人员，有能力参与公司的治理，可以积极实施对公司的监管权力，这也能够促使公司经营者制定公司的长期经营目标，谋求公司的长远利益。

（2）推行员工持股计划

对于对公司的成功有突出贡献的员工及有创新的技术人员，给予他们公司的股份，落实员工公司利益相关者的身份，既能提高员工的工作责任感，激发员工的工作积极性和创造力，又能对遏制恶意收购公司发挥重要作用。

（3）放松对商业银行从事非传统银行业务的限制

通过法律解除或者放松对商业银行直接投资的限制，准予商业银行可以有限度地进行直接投资，可以以股东的身份直接参与公司的监控。

第二节　德日公司利益相关者至上的公司治理模式

一、德日公司治理模式产生的背景

德国、日本等国家的公司崇尚“利益相关者至上”的理念。“利益相关者至上”的德国、日本公司治理模式，也称为银行导向型公司治理，是一种内部控制型治理模式，为德国、日本等国上市公司普遍采用。在该模式下，法人、商业银行是公司的大股东，具有重要作用，证券市场不活跃，资本流通率较弱。其产生背景如下：

第一，经济环境脆弱。德日等国家在历史上属于二战战败国，在经济发展方面都面临着相似的困境，战争结束后，经济受到重创，资金短缺。如何快速恢复其经济发展水平，成为这些国家亟待解决的问题。许多公司基本上都是在这个背景下成立或恢复生产的。

第二，股权集中。德日模式与英美模式最大区别就是其公司的股权集中，控制权基本掌握在大股东手中。主要表现在两方面，一是，德日等国公司通过商业银行贷款，获取资金，是公司最主要的资金来源方式。二是，在日本，二战后出现了财阀大银行，且自然人少有投资的闲置资金，使得法人持股的比重上升，并且日本为了防止资本市场上外国公司对本土公司的吞并，开展股东稳定活动，促进了持股的法人化，法人股份制占据主导地位；而在德国，法律没有限制银行可以持有的股份数量，只要求其金额不要超过银行资本的15%，并且二战后，公司融资主要依靠银行，由此确立了银行的核心地位。

第三，银行是公司的主要股东。二战后，德日等国的经济环境紊乱，证券市场不发达、自然人缺少闲置资金投资，公司为获取融资，只能向商业银行求助。并且德日等国对于金融机构持有公司股权方面的管制十分宽松，给予商业银行很大的自由度。在德国，根据全能银行原则，银行可以提供从商业银行业务到投资银行业务的广泛服务（包括信贷、信托、证券投资等），可以无限量地持有任何一家非金融公司的股份，但有金额的限制。

第四，严格管理证券市场。德日等国严格限制公司进行直接融资，对公司对外公开筹资设置了严苛的条件，这导致德日等国的证券市场落后于英美等国的证券市场，并且经理人市场也不健全。

第五，对外信息披露制度不完善。德日等国公司对于公司信息披露制度的制定不够严格，对于外部投资者来说，公司信息的不全面或者不真实，会影响其对公司价值的判断，影响投资决策的正确性，影响其投资积极性，从而对公司的直接融资渠道产生影响。

德日等国公司在追求“集体利益”的独特文化价值下，公司法人持股的目的比起获得个人利益和短期利益来说，会更重视公司的集体利益和持续发展，股权流通性差。并且相对于英美模式下股东“用脚投票”的决策方式，德日模式下，公司股东更倾向于通过“用手投票”来使公司与股东的利益、目标一致。

二、德日公司治理模式的特征

1. 公司股权比较集中，商业银行在公司治理中拥有核心地位

德日等国崇尚集中管理、共同利益的文化特点，在该模式下，股权较为集中。二战战败后，商业银行不仅在公司融资中具有主导作用，还能够进入公司的内部体系、参与公司治理。日本实行主银行制度，主银行即公司接受贷款中的第一顺位的银行，它们的关系主要体现在三个基本面：一是公司与主银行之间在融资、持股、管理等方面结成很深的、几乎一体的关系；二是银行之间基于公司的联系形成的“主办银行群”关系；三是政府与银行之间的关系。在德国，银行最初只是为公司提供贷款，当公司拖欠贷款不还时，银行就变成了该公司的股东。股东可以将其所持有的股票授权给信任的银行代为保管。通过这种方式，银行间接持有公司股份，可以使用投票权；被代理的股东则可以通过

银行对公司进行监控。

2.资本流通性相对较弱

二战后，德日等国的公司主要从商业银行获取所需资本，政府对于自然人或者非金融机构投资的管制十分严格，资本在证券市场的交易受限，因此德国日本等国的证券市场相对不发达，资本的流通性较差。

3.双层治理结构

德日等国的公司采用二元化，即双层治理结构，设置股东大会、董事会、监事会三种内部机构，完成权力的分配、实现权力的相互制衡。

（1）股东大会

由于历史和经济的因素，在德日公司中，商业银行是主要股东，在股东大会中居于主要地位。德日等国的公司在表决权方面高度集中，与英美模式存在很大差别。

（2）董事会和监事会

作为股东大会下设机构，董事会和监事会分别具有公司业务执行的权力和监督的权力。但监事会的地位和作用在德国和日本的公司中有所差异。

① 德国公司内部治理结构（见图2-2）。

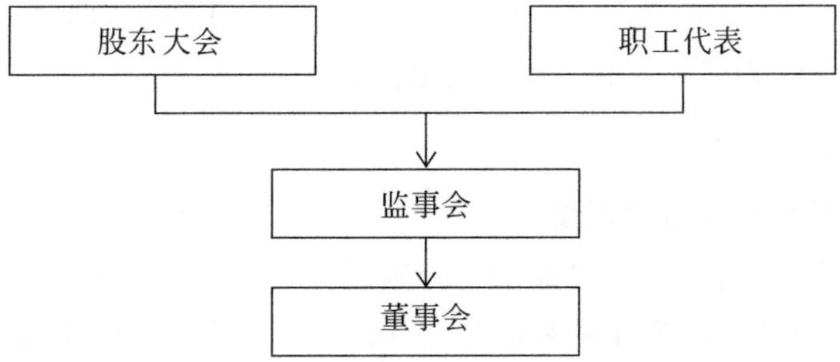

图2-2　德国公司内部治理结构

在德国，监事会是在股东大会和工会之下、董事会之上的一个内部管理机构，对公司的财务状况、经营成果以及董事会的业务执行情况进行监督。董事会主要负责对公司日常决策的执行，监事会成员则独立于董事会成员，行使监督职能，对董事会成员进行任命或解聘。除此之外，监事会对于影响公司的重大事项，比如企业的贷款问题等，也具有决策权力。

② 日本公司内部治理结构（见图2-3）。

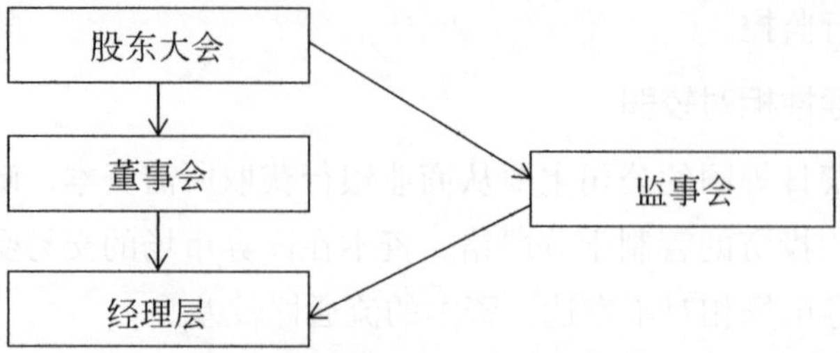

图2-3 日本公司内部治理结构

在日本，公司董事会与监事会分别承担不同方面的监督职能。一方面，董事会主要负责公司日常经营决策问题并对经理层的业务执行情况进行监督；另一方面，监事会对董事会成员职务执行情况以及公司的财务状况、经营成果进行监督，且有权在董事会成员的工作违反公司规章制度甚至国家法律时终止其行为。

4.法人持股或法人相互持股

法律没有限制相互持股，因此在德日等国，尤其是日本，法人持股或法人相互持股的股权结构十分普遍。在日本，二战后，股权所有主体多元化，但是，这种多元化主要是向法人集中，形成了股权法人化的现象。而法人相互持股有两种方式，一种是建立母子公司关系的垂直持股方式；另一种是建立资产和经营的“生产链”关系环状持股方式。公司通过相互持股形成具有稳定利益关系的“生命共同体”，互相支持、互相制衡。

5.股东监控制度

（1）德国的股东监控制度

一方面是设立董事会和监事会，分别履行业务执行职能与监督评价职能。监事会代表公司股东与职工的利益对公司的经营状况以及董事会的业务执行情况实行监督。

另一方面是职工参与制度，即选派职工代表，授予表决权，参与公司重大事项的决策。这是德国监控机制与其他国家的最大差异。德国历史上就有职工经济民主的思想，1951年的《关于职工在矿山和钢铁制造企业监事会和董事会中的共同决策法》要求在采矿和钢铁企业的董事会、监事会中必须要设有劳方代表。1976年的《参与决定法》规定，在公司员工超过2000人以上的情况下，劳方代表在监事会中的比例应为1/2。职工代表的参与使公司的经营决策更加公开、透明，增强了对公司经营行为的监控力度；降低了公司被兼并的风险，保护了经营者对公司付出努力的积极性。

（2）日本银行治理机制

日本主银行作为公司的主要股东，银行在公司经营业绩良好时，并“不出风头”；一旦公司出现经营不善，由于银行的特殊身份，可以通过公司的信贷资料等途径获取相关信息，发现问题。并且可以在问题十分糟糕的情况下，申请召开股东大会或者董事会来决议公司经营者的去留。

三、德日公司治理模式的评价

1.德日公司治理模式的优点

（1）股权结构稳定

作为公司的重要股东，银行注重长期投资，法人股东或者法人相互持股的现象也代表一种长期持股行为，这种股权结构稳定使得股东与公司的利益紧密联系，股东会更加注重公司的长远利益，有利于公司的持续发展。

（2）避免经营者“利己”行为

德日公司中银行或者法人股东作为主要股东，有动力也有能力对公司的经营决策事项进行控制和监督，具有“用手投票”的积极性，为了自身利益，会主动监控经营者的管理行为。经营者为了自身发展，必然会努力满足股东的需求，把眼光放长远，为公司谋求持续发展，为股东追求长期利益。

（3）职工忠诚度高

无论是德国的职工参与制度，还是日本的职工终身制，都将职工融入公司发展，提高了职工的凝聚力以及对公司的忠诚度。

2.德日公司治理模式的缺点

（1）证券市场不发达、控制权市场不成熟

股权的高度集中、股权的稳定以及政府的限制使得德日等国的证券市场不发达，股票的流动性差，一方面信息披露的不全面、不及时使得对于小股东权益的保护不够，不利于小股东在自身利益受到损害时进行反抗；另一方面，许多公司难以通过尚未健全的控制权市场获取有效信息，无法通过兼并等方式重新配置资源并解决公司内部的经营问题。

（2）资产负债率过高

德日等国的公司主要融资方式是间接融资，通过银行贷款的方式获取所需资金，使得公司的资本成本较高，对企业的长期发展不利。

（3）公司的创新能力下降

一方面银行和法人持股制度使得公司的股权高度稳定，公司安于现状，造成产业创新能力下降；另一方面"论资排辈"的董事会现象，终身雇佣制虽然提高了职工对公司的忠诚度，但是董事会成员的等级差别也不利于独立决策的作出，抑制了职工的创新能力。

四、德日公司治理模式的发展趋势

（1）降低资产成本，削弱银行的监控作用

政府放松对证券市场的管制，公司可以通过证券市场直接融资获取资金，降低资本成本。另外，泡沫经济的出现使得银行为加强自身经营管理，无力顾及对公司的有效管控，对所持公司的股票进行抛售，这样既降低了公司的资产负债率，又削弱了银行对公司的控制。

（2）证券市场活跃

随着政府管制的放松，证券市场逐渐活跃，小股东甚至机构投资者可以通过市场获取更多与公司有关的信息并进行股票买卖，并且可以在公司业绩下滑、自身利益受到损害时，及时抛售，及时止损。

（3）弱化法人相互持股，并引入外国资本

泡沫经济的爆发，法人相互持股被稀释，控制权市场和证券市场逐渐发展，除了国内投资者的大量参股，外国资本也大量进入，收购被稀释的股权，拓展了海外市场。

（4）建立独立董事制度

2002年，日本对其《商法》进行改革，首次确立了独立董事制度的立法地位，并引入了执行官制度。虽然此次修改并没有强制要求日本的公司必须调整治理结构，但是商法的修改完善了日本的公司治理模式。

（5）对经营者进行激励

终身制和递延报酬造成了经营者创新能力的低下以及对工作的懈怠，可以通过给予经营者股票期权的方式，激发经营者的工作热情。

第三节　血缘关系至上的家族公司治理模式

一、家族公司治理模式的产生背景

家族公司治理模式是指家族成员在公司中起主导作用，占有公司股权的相对多数，公司的所有权与经营权不分离的一种以血缘为纽带的治理模式。这种治理模式以中国的香港和澳门，韩国以及东南亚的新加坡、马来西亚、泰国、印度尼西亚等国家和地区的公司为代表。其产生的背景如下：

第一，文化传统与价值理念。在这些国家和地区人们普遍十分认同儒家文化中重视家族、重视血缘纽带、重视和谐等思想观念。在这种文化观念的影响下，一般认为权力的传递与交接应该以血缘为纽带，在家族成员内传承，这影响了公司的治理结构，形成了公司的家族性。

第二，与当地原住居民的矛盾、商人的社会地位低。对于东南亚华人来说，独立前受当时的殖民者歧视，独立后受到土著居民的排斥，在当地创办公司，家族成员团结协作、共同经营是经营公司、维护公司最好的方式。在韩国，商人的社会地位低，创办公司所需的资金和人力一般只能借助家族的力量，公司一般由家族成员共同经营。

第三，市场经济体制落后，银行无法进入公司内部。市场经济体制落后、股票市场不活跃，经理人市场不成熟，由家族成员对公司进行治理是最合适的选择。另外，银行的行为受到政府的干预，虽然可以向公司间接融资，但是却无法进入公司内部控制体系。

第四，政府政策支持。东亚及东南亚国家的家族企业形成于殖民体系崩溃后，是在不发达的国家工业基础上建立起来的，为了促进经济发展，政府推出了一系列经济发展政策，其中，韩国政府一直对家族企业进行大量的财政支持和政策优惠。

二、家族公司治理模式的特征

1.所有权与经营权主要由家族成员控制

家族公司一般由家族成员控制“两权”。家族成员在公司治理中占据主要地位，有绝对的话语权，对公司的大小行政事务、经济事项进行决策、执行与监督。

2.企业决策家长化

家族公司大家长对于公司的发展和决策“说一不二”。对于公司重要事项的决策，家族大家长在位时，由其一人作出；退出一线后，也需征求其意见或许可。而其他家庭成员作出的公司日常决策也需要经过大家长的批准才能确定。

3.激励约束双重化

在家族公司中，“家族”会对家族成员产生双重激励和约束。对于家族公司创办者来说，经营行为是为了扩大公司并让家庭、子孙后代过上更好地生活；对于后代经营者来说，公司就代表家族，经营行为是为了维护公司的发展、推动公司的进步、增加公司的利益，这使他们受到双重激励和约束。这种形势下，作为经营者的家族成员，一般会以公司和家族的集体利益为先，发生道德风险可能性很低。

4.公司员工管理家庭化

家族公司努力为员工营造一种家庭式的工作氛围，让员工感受到自己作为公司的一部分，是不可或缺的，使员工对公司具有归属感、对工作具有成就感。这种员工管理方式，一方面能够增强员工对公司的信任，另一方面也能够减少员工与公司之间的摩擦和矛盾，有利于公司的持续发展。

5.银行的外部监督弱

在东南亚地区，许多银行作为大型家族公司的内部公司存在，以公司整体利益为目标，服务于内部其他公司。而在韩国，银行是政府的，对家族公司来说，一般只是作为一种筹资组织。在这些国家和地区，银行对家族公司几乎不存在有效监督。

6.强有力的政府干预

在东南亚地区和韩国，政府都参与了家族公司的治理与发展，但参与方式有所不同。在东南亚，华人家族公司是掌握着经济命脉的存在，并与土著公司之间存在竞争，为了公司的发展，他们只能与政府合作，在公司中安置政府官员。而在韩国，政府对符合国家经济发展趋势的家族公司进行扶持，为他们提供融资便利、税收优惠等支持，推动公司的发展。

三、家族公司治理模式的评价

1.家族公司治理模式的优点

（1）降低公司的初创成本

家族公司在初创时期需要的资本基本来自家族成员的共同集资，降低了公司的融资成本，同时在企业发展需要资金来源时，家族成员的内部集资为其融资提供了保障。另外，家族成员对于公司发展、追求利益等方面的想法上具有一致性，家族成员的加入，既解决了公司创办时的人员短缺问题，又降低了人员成本。

（2）决策执行效率高

在家族公司内部，家族成员对问题认识的相似性以及对公司大家长决策的绝对服从，使得大家长所作出的决策能够被快速理解并迅速执行，提高了决策确定和执行的效率。

（3）降低委托代理成本和交易费用

所有者一般是委托人，经营者一般是代理人，公司委托—代理问题就是双方追求利益不一致、代理人追求自身利益最大化导致的。而家族公司的“两权”一般均由家族成员掌控，委托代理身份合一，他们从公司获取的信息是对称的、追求的利益也是一致的，因此，能够有效降低委托—代理成本。另外，家族公司一般是多元化经营，有的经营范围甚至涵盖所涉行业的上下游，公司内部之间的关联交易比重较大，节省了交易费用。

（4）内部激励约束有效

家族成员既是所有者又是经营者，既享受公司给予的回报激励，又承担提升经营业绩的责任约束，既要推动家族公司的发展，又要维护好家族成员的利益。他们对于公司有一种强烈的认同感和忠诚感，对追求公司的利益有着极强的向心力，他们相互信任、互相配合，共同奋斗，增强了凝聚力，降低了公司的监控成本。

2.家族公司治理模式的缺点

（1）决策机制独断

在家族模式下，公司的重要决策往往由公司的最高领导人即大家长作出，这样的决策机制比较单一，缺乏科学性与民主性，缺少监督。这种机制虽然比较高效，但是风险也很大，并且大家长的决策不可能保证一直不存在偏差，一旦决策失误，会造成公司震荡。

（2）未考虑小股东的利益

家族公司基本上完全由家族成员操纵，在进行决策时，往往会主要考虑家族的利益，而忽视小股东的利益。并且公司对外相对封闭，小股东获取的信息有限，难以监控公司的经营行为，易损害小股东的权益。

（3）其他利益相关者难以进行有效监督

一方面，银行作为债权人，其地位无论是家族公司的一部分还是政府控制下提供资金的组织，都无法发挥监督作用。另一方面，公司对外披露信息有限且无法保证信息的质量，都会使外部股东难以获取真实有效的公司信息，从而无法监督经营者的行为，也无法根据企业的信息作出正确的决策来维护自身的利益。

（4）产权封闭，政府干预强大

家族公司对外透明度低，外部投资者难以获取有效的信息判断其投资价值，公司难以获得外部融资。投资规模的有限，势必限制公司的发展，难以扩大公司的规模。另外，政府在家族公司的融资、监管以及银行管理方面都具有重要影响力，虽然在一定程度上使得家族公司稳定发展，但是过度干预也使得外部监督基本无效。

（5）重人治，轻法治，易导致人才危机

家族公司对家庭成员的信任强于对体制的信任，家族成员担任公司各种重要的管理岗位，公司在用人制度上存在任人唯亲的问题。另外，家族公司对于外部人员的“防范”使得外部员工对企业缺乏归属感，容易导致人才危机。

（6）家族权力继承存在一定的风险和纷争

家族公司权力的交接具有“继承”的特点。当创办人将权力交接给下一代时，继承人是否具备凝聚力和管理实力是公司能否继续发展壮大的重要因素。一方面，如果继承人无法得到其他家族成员的支持，那么权利的交接会在家族成员之间引起纷争，造成权力争夺的局面；另一方面如果继承者管理能力不足，在公司的发展战略上，作出错误的决策，那么可能导致公司的经营面临困难。这些问题都有可能是引发公司分裂、解散甚至破产的导火索。

四、家族公司治理模式的发展趋势

（1）完善决策机制

家族公司应切实落实各层次公司内部治理结构权责的科学规划，建立完善的权力分配体系，确保权力之间的相互制衡关系，完善公司的决策机制，提高公司决策的民主性与科学性。

（2）提高公司的透明度

为了公司的发展和扩大，应提高公司的透明度，健全对外信息披露制度，保证其他利益相关者能及时获取公司的相关信息，能更好地对公司进行监督；保证外部投资者能够了解到比较全面的公司信息，增加投资机会，拓宽融资渠道；推动家族公司的两权分离，保证公司持续发展。

（3）重视外部员工的激励

家族公司要打破传统的“家文化”，在公司用人方面，应不论亲疏，任人唯贤，完善对外部人员的激励机制，按照公司发展要求选择能力匹配的人员任职公司重要岗位。对于有重要贡献的经营者、技术人才等，还可以给予股票期权奖励，使其与公司成为一个利益共同体，更加具有奋斗的动力。

本章小结

本章我们讨论了世界上三种主流的公司治理模式，分别是英美公司股东至上的公司治理模式、德日公司利益相关者至上的公司治理模式以及血缘至上的家族公司治理模式。公司治理模式的选择受到国家的政治局势、经济发展、文化观念、历史背景、法律制度等因素影响。这三种治理模式各有利弊，各有发展，各有借鉴。

而相比于西方发达国家，我国的资本市场尚且不成熟，公司治理研究时间较短。因此，我们要充分汲取国外公司治理的先进经验，结合我国国情，走出一条具有中国特色的公司治理道路。

思考题

1. 三种公司治理模式各自的特征是什么？
2. 比较三种公司治理模式的优缺点。

第三章 股东大会与运行机制

【学习目标】

1. 掌握股东大会的运行机制。
2. 掌握股东大会的召开程序。
3. 掌握大小股东的冲突原因及利益保护。

第一节　股东权益概述

一、股东的定义

（一）股东的概念

股东是指持有公司股份或向公司出资者，并根据其股份或资本获得股息和红利的个人或单位。

（二）股东资格的确认

依照《中华人民共和国公司法》（以下简称《公司法》），股东资格的认定相关规定如下：

1. 出资与股东资格认定

股东出资是确定股东资格的实质要件，是股东资格认定的标准之一。《公司法》第二十七条规定，股东可以用货币出资，也可以用实物、知识产权、土地使用权等可以用货币估价并可以依法转让的非货币财产作价出资；但是，法律、行政法规规定不得作为出资的财产除外。对作为出资的非货币财产应当评估作价，核实财产，不得高估或者低估作价。法律、行政法规对评估作价有规定的，从其规定。

2. 公司章程与股东资格认定

公司章程作用于公司内部，具有明显的自治性质，主要对公司的运行进行管理。《公司法》第二十五条规定，有限责任公司章程应当载明股东的姓名或者名称；股东的出资方式、出资额和出资时间。股东应当在公司章程上签名、盖章。

一般情况，股东如果被公司认定，会记录在公司章程中。

3. 股东名册与股东资格认定

《公司法》第三十二条规定，记载于股东名册的股东，可以依股东名册主张行使股东权利。

4. 股东出资凭证与股东资格认定

投资者出资后，出资证明或股票都可以作为股东出资的证明。但是，出资证明不一定可以证明是公司股东，需要根据实际情况确定。

5. 工商登记与股东资格认定

我国《公司法》规定，公司应当将股东的姓名或者名称向公司登记机关登记（我国的公司登记机关是国家工商行政管理局和地方各级工商行政管理局）；登记事项发生变更的，应当办理变更登记。未经登记或者变更登记的，不得对抗第三人。

二、股东的分类

股东按照不同的分类标准可以分为创始股东与一般股东、个人股东与机构股东、控股股东与非控股股东、实际股东与名义股东。

（一）创始股东与一般股东

创始股东指出资参与设立公司，构成企业的原始资本，并承担相应责任的自然人或单位；除创始股东外，其余股东被称为一般股东，他们没有直接参与公司的设立，一般股东出资形成公司的新增资本。

（二）个人股东与机构股东

个人股东即自然人股东，包括中国公民和具有外国国籍的人，可以通过出资等方式获得公司的股份。机构股东是指出资获得公司股权的法人，如公司、企事业单位、社会组织等。

（三）控股股东与非控股股东

根据《公司法》第二百一十六条规定：控股股东，是指其出资额占有限责任公司资本总额百分之五十以上或者其持有的股份占股份有限公司股本总额百分之五十以上的股东；出资额或者持有股份的比例虽然不足百分之五十，但依其出资额或者持有的股份所享有的表决权已足以对股东会、股东大会的决议产生重大影响的股东。

根据《上市公司章程指引》的规定，控股股东必须具备下列条件之一：

① 此人单独或者与他人一致行动时，可以选出半数以上的董事；

② 此人单独或者与他人一致行动时，可以行使公司30%以上的表决权或者可以控制公司30%以上表决权的行使；

③ 此人单独或者与他人一致行动时，持有公司30%以上的股份；

④ 此人单独或者与他人一致行动时，可以以其他方式在事实上控制公司。上述所称“一致行动”是指两个或者两个以上股东以协议的方式（口头或者书面）达成一致，通过其中任何一方取得对公司的投票权，以达到或者巩固控制公司的目的的行动。

不具备上述特征的股东称为非控股股东。

（四）实际股东与名义股东

实际出资人是实际股东，名义股东没有出资，但是记载在公司章程等书面文件中。最高人民法院《关于适用〈中华人民共和国公司法〉若干问题的规定（三）》第二十四条规定，有限责任公司的实际出资人与名义出资人订立合同，约定由实际出资人出资并享有投资权益，以名义出资人为名义股东，实际出资人与名义股东对该合同效力发生争议的，如无合同法第五十二条规定的情形，人民法院应当认定该合同有效。

三、股东权利

股东权利是指公司赋予股东获得收益、参与公司管理活动的权利。根据《公司法》第四条规定，公司股东依法享有资产收益、参与重大决策和选择管理者等权利。根据《公司法》以及《上市公司章程指引》第三十二条规定，股东主要有以下权利：

（一）资产收益权

股东对公司出资，依法根据出资份额享有对公司资产的收益权，包括：股利分配权、剩余财产分配权、优先购买权等权利。

1.股利分配权

股利分配权是指股东依照其所持有的股份份额获得股利和其他形式的利益分配的权利。

2.剩余财产分配权

剩余财产分配权是公司终止或者清算时，股东按其所持有的股份份额参加公司偿还债务后剩余财产的分配。

3.优先购买权

《公司法》第七十二条规定，人民法院依照法律规定的强制执行程序转让股东的股权时，应当通知公司及全体股东，其他股东在同等条件下有优先购买权。其他股东自人民法院通知之日起满二十日不行使优先购买权的，视为放弃优先购买权。

（二）参与重大决策权

股东以其所持股票比例有参与公司管理和重大决策的权利。主要有出席股东（大）会会议权、表决权、提议召开临时大会的权利、知情权等。

1.出席股东（大）会会议权

只要是公司认定的股东都有出席股东（大）会会议的权利。

2.表决权

《公司法》第四十二条规定，股东会会议由股东按照出资比例行使表决权。但是，公司章程另有规定的除外。我国现行《公司法》第一百零三条规定，股东出席股东大会会议，所持每一股份有一表决权。但是，公司持有的本公司股份没有表决权。

3.提议召开临时大会的权利

《公司法》第三十九条规定，代表十分之一以上表决权的股东，三分之一以上的董事，监事会或者不设监事会的公司的监事提议召开临时会议的，应当召开临时会议。

4.知情权

《公司法》第三十三条规定，股东有权查阅、复制公司章程、股东会会议记录、董事会会议决议、监事会会议决议和财务会计报告。股东可以要求查阅公司会计账簿。股东要求查阅公司会计账簿的，应当向公司提出书面请求，说明目的。公司有合理根据认为股东查阅会计账簿有不正当目的，可能损害公司合法利益的，可以拒绝提供查阅，并应当自股东提出书面请求之日起十五日内书面答复股东并说明理由。公司拒绝提供查阅的，股东可以请求人民法院要求公司提供查阅。

5.建议或质询权

股东可以监督公司经营，拥有建议权、质询权；质询权即有权向包括董事、监事、高级管理人员提出询问并要求作答的权利。《公司法》第一百五十条规定，股东会或者股东大会要求董事、监事、高级管理人员列席会议的，董事、监事、高级管理人员应当列席并接受股东的质询。董事、高级管理人员应当如实向监事会或者不设监事会的有限责任公司的监事提供有关情况和资料，不得妨碍监事会或者监事行使职权。

6.临时提案权

《公司法》第一百零二条规定，单独或者合计持有公司百分之三以上股份的股东，可以在股东大会召开十日前提出临时提案并书面提交董事会。

（三）选择管理者的权利

股东有选举权和被选举权。我国《公司法》对股东的选举权和被选举权作出了规定，股东有权根据公司章程的规定，选举自己信任的，符合任职资格的董事或监事。同时，股东本人符合《公司法》规定的公司董事或监事的任职资格，也有权被选举为公司的董事或监事。

（四）救济权

救济权是指当公司权益或股东权益受损时，股东有权采取措施保护公司或自己的利益。

当公司权益受损时，在符合法定情形下，股东有权为了公司的利益以自己的名义直接向人民法院提起诉讼；当股东权益受损时，股东有权提起诉讼。《公司法》第一百五十二条规定，董事、高级管理人员违反法律、行政法规或者公司章程的规定，损害股东利益的，股东可以向人民法院提起诉讼。

第二节　股东（大）会的召开程序与权利

一、股东大会特征

股东（大）会，是由公司全体股东组成，是公司的最高权力机构。对于有限责任公司，由公司全体股东组成的机构称为股东会，对于股份有限公司，则被称为股东大会。股东（大）会具有以下特征：

① 股东（大）会由全体股东组成

作为公司认定的股东，无论出资份额多少，都是股东（大）会的一员，都有参与公司股东会会议的权利。每一位股东都有权行使作为股东（大）会成员应享有的资产收益、参与重大决策和选择管理者等权利。

② 股东（大）会是公司的最高权力机构

无论是股东会还是股东大会都是公司的最高权力机构，由股东（大）会召开决定管理、财务等事项的会议。

一般情况下，公司必须设立股东会，特殊情况除外。例如：我国《公司法》第六十六条规定，国有独资公司不设立股东会，由国有资产监督管理机构行使股东会职权。

二、股东大会权利

根据《公司法》第三十七以及第九十九条规定，有限责任公司的股东会和股份有限公司的股东大会行使的职权相同，主要有：

① 决定公司的经营方针和投资计划；

② 选举和更换非由职工代表担任的董事、监事，决定有关董事、监事的报酬事项；

③ 审议批准董事会的报告；

④ 审议批准监事会或者监事的报告；

⑤ 审议批准公司的年度财务预算方案、决算方案；

⑥ 审议批准公司的利润分配方案和弥补亏损方案；

⑦ 对公司增加或者减少注册资本作出决议；

⑧ 对发行公司债券作出决议；

⑨ 对公司合并、分立、解散、清算或者变更公司形式作出决议；

⑩ 修改公司章程；

⑪ 公司章程规定的其他职权。

除了以上的基本职权，上市公司股东大会还有以下特殊职权：

① 有权对公司聘用、解聘会计师事务所作出决议；

② 审议批准变更募集资金用途事项；

③ 审议股权激励计划（但可以依照公司章程的规定或者股东大会的授权，经三分之二以上董事出席的董事会会议决议）；

④ 审议上市公司应当由股东大会审议的对外担保事项。

三、股东大会会议的类型及运行机制

（一）股东会会议的概念

股东大会会议是由股东大会召开决定管理、财务等事项的会议，是股东大会的工作方式。股东大会通过会议的方式来形成对公司事项的决议，股东通过参加股东大会行使表决权，选举权等权利来参与公司的运营管理。

（二）股东大会会议的类型及运行机制

1.股东大会会议类型

《公司法》第三十九条规定，股东会会议分为定期会议和临时会议。

定期会议，也称为年会，是应当依照公司章程的规定按时必须召开的股东会会议。《公司法》第一百条规定，股东大会应当每年召开一次年会。有下列情形之一的，应当在两个月内召开临时股东大会：

① 董事人数不足本法规定人数或者公司章程所定人数的三分之二时；

② 公司未弥补的亏损达实收股本总额三分之一时；

③ 单独或者合计持有公司百分之十以上股份的股东请求时；

④ 董事会认为必要时；

⑤ 监事会提议召开时；

⑥ 公司章程规定的其他情形。

而对于有限责任公司来说，代表十分之一以上表决权的股东，三分之一以上的董事，监事会或者不设监事会的公司的监事提议召开临时会议的，应当召开临时会议。

2.股东会的召开程序

（1）召集机关和主持人

《公司法》第三十八条规定，首次股东会会议由出资最多的股东召集和主持，依照本法规定行使职权。

《公司法》第四十条规定，有限责任公司设立董事会的，股东会会议由董事会召集，董事长主持；董事长不能履行职务或者不履行职务的，由副董事长主持；副董事长不能履行职务或者不履行职务的，由半数以上董事共同推举一名董事主持。有限责任公司不设董事会的，股东会会议由执行董事召集和主持。董事会或者执行董事不能履行或者不履行召集股东会会议职责的，由监事会或者不设监事会的公司的监事召集和主持；监事会或者监事不召集和主持的，代表十分之一以上表决权的股东可以自行召集和主持。

（2）通知

《公司法》第四十一条规定，召开股东会会议，应当于会议召开十五日前通知全体股东；但是，公司章程另有规定或者全体股东另有约定的除外。

（3）决议规则

① 表决权。《公司法》第四十二条规定，股东会会议由股东按照出资比例行使表决权；但是，公司章程另有规定的除外。

② 决议规则。《公司法》第四十三条规定，股东会的议事方式和表决程序，除本法有规定的外，由公司章程规定。股东会会议作出修改公司章程、增加或者减少注册资本的决议，以及公司合并、分立、解散或者变更公司形式的决议，必须经代表三分之二以上表决权的股东通过。

③ 会议记录。《公司法》规定，股东会应当对所议事项的决定作成会议记录，出席会议的股东应当在会议记录上签名。

第三节 控股股东与信息披露质量

一、大股东和中小股东

1.大股东和控股股东

大股东是指出资占公司股票份额较大的股东，具有较大的话语权，对于公司的经营、人事、财务有较大的影响力。控股股东是指出资占有限责任公司资本总额50%以上或者持有的股份占股份有限公司股本总额50%以上的股东；出资额或者持有股份的比例虽然不足50%，但依其出资额或者持有的股份所享有的表决权已足以对股东会、股东大会的决议产生重大影响的股东。

控股股东一般是大股东，但大股东不一定是控股股东。

2.中小股东

中小股东与其他股东相比，出资只占公司股票份额的一小部分。虽然中小股东与大股东或控股股东具有同等的表决权，但由于所持股份较少，声音微弱，对公司的影响有限。

二、大股东减持与信息披露质量

（一）大股东减持

大股东减持是指出资占公司股份较大的股东卖出手中股票，减少持有的公司股票份额。会计信息披露是指公司以公开报表的形式提供反映企业经营成果，财务状况等影响会计信息使用者决策的重大会计信息。会计信息披露质量的关键在于披露是否真实可靠，披露是否充分及时以及披露的对象之间是否公平。

依据《国务院关于推进资本市场改革开放和稳定发展的若干意见》，中国证监会于2005年4月29日发布了《关于上市公司股权分置改革试点有关问题的通知》，标志着股权分置改革正式启动。这次改革后，A股市场进入全流通时代，大股东减持也越来越受到关注。

（二）信息披露质量的相关研究

在股改之前，上市公司的大股东所持有的股份不能够上市流通，大股东只能在上市公司中通过利润分成和利益侵占获取利益。股权分置改革后，大股东能够在二级市场上进行股票交易，为了提升股价获取收益，大股东可能会依靠在公司的控制权，在减持前降低信息披露质量，增加信息披露环境的不透明程度，以便在股价较高处减持，在股价较低处抄底，从而获取超额收益。

Rogers（2008）对管理层交易激励是否影响信息披露质量进行了研究，研究发现为了规避诉讼风险，管理层在出售股票之前会提高信息披露质量，为了保持其信息优势，管理层在购买股票之前会降低信息披露质量。研究发现，发生减持的上市公司，控股股东在减持前倾向于披露好消息，或是将坏消息延迟到减持后披露，同时发现大股东减持规模越大，大股东操纵上市公司信息披露的概率越高。夏宁（2013）在《信息披露质量、上市公司盈余管理与大股东减持》中通过研究2008～2011年深交所上市的发生减持事件的A股公司数据，得出企业信息披露质量水平与大股东减持负相关的结论，即：大股东为了高价售出股票，可能会降低公司的信息披露质量。

大股东可以操纵信息披露质量来实现自身利益最大化的原因如下：

1.信息不对称

即使公司的财务报表是公开的，但是仍然存在内幕信息。公司不同的内外部信息使用者对于公司信息的了解程度不同，对信息了解越充分越全面的股东，往往越有利。作为持有公司较多股份的大股东，对公司可以产生重大影响，了解到的公司内幕信息也更充分，因此很有可能操控公司信息披露质量来影响股价，高价出售股票或低价购买股票，从而获得超额收益的，而这样直接侵害了掌握较少信息的中小股东的利益。

2.监管体系不完善

股市的监管体系不完善，使得大股东可以通过控制公司信息披露质量来达到盈利目的。因此监管部门要建立完善的信息披露考评体系来减少上市公司故意降低信息披露质量的行为；同时，我国法律只是规定了上市公司信息披露的义务而对于信息披露的内容却没有详细规定，因此审计师需要对财务报告的内容进行严格审查，以此来出具公正的审计意见，这对于提高上市公司的信息披露质量，控制盈余管理行为，保护中小股东的利益具有重要的意义。

（三）目前关于大股东减持的相关规定

为了规范上市公司股东及董事、监事、高级管理人员（以下简称董监高）减持股份行为，促进证券市场长期稳定健康发展，2017年5月27日，中国证监会发布《上市公司股东、董监高减持股份的若干规定》（证监会公告[2017]9号），以下称《减持规定》，主要适用于上市公司控股股东和持股5%以上股东（以下统称大股东）、董监高减持股份，以及股东减持其持有的公司首次公开发行前发行的股份、上市公司非公开发行的股份。

1.减持前信息披露

《减持规定》第五条规定，上市公司股东、董监高减持股份，应当按照法律、法规和本规定，以及证券交易所规则，真实、准确、完整、及时履行信息披露义务。第八条规定，上市公司大股东、董监高计划通过证券交易所集中竞价交易减持股份，应当在首次卖出的15个交易日前向证券交易所报告并预先披露减持计划，由证券交易所予以备案。上市公司大股东、董监高减持计划的内容应当包括但不限于：拟减持股份的数量、来源、减持时间区间、方式、价格区间、减持原因。减持时间区间应当符合证券交易所的规定。在预先披露的减持时间区间内，大股东、董监高应当按照证券交易所的规定披露减持进展情况。减持计划实施完毕后，大股东、董监高应当在两个交易日内向证券交易所报告，并予公告；在预先披露的减持时间区间内，未实施减持或者减持计划未实施完毕的，应当在减持时间区间届满后的两个交易日内向证券交易所报告，并予公告。

2.减持规定

《减持规定》第六条规定，具有下列情形之一的，上市公司大股东不得减持股份：① 上市公司或者大股东因涉嫌证券期货违法犯罪，在被中国证监会立案调查或者被司法机关立案侦查期间，以及在行政处罚决定、刑事判决作出之后未满6个月的。② 大股东因违反证券交易所规则，被证券交易所公开谴责未满3个月的。③ 中国证监会规定的其他情形。

《减持规定》第七条规定，具有下列情形之一的，上市公司董监高不得减持股份：① 董监高因涉嫌证券期货违法犯罪，在被中国证监会立案调查或者被司法机关立案侦查期间，以及在行政处罚决定、刑事判决作出之后未满6个月的。② 董监高因违反证券交易所规则，被证券交易所公开谴责未满3个月的。③ 中国证监会规定的其他情形。

第四节　大小股东的冲突与控制权争夺

一、大小股东的冲突

虽然股东所持有的股份具有平等的表决权，但股东所持有的股份数量不同，导致大股东与中小股东的地位悬殊，容易产生激烈的利益冲突。对于持有股票数量较多的大股东甚至控股股东，自然处于比较有利的地位，可以直接影响到公司的经营决策，而对于持有股票数量相对较少的中小股东，处于弱势地位，无法掌握充分的信息，对公司事项没有比较大的话语权，因此，中小股东的利益容易受到侵害。

（一）大股东与中小股东利益冲突的原因

1.集中型股权结构是股东利益冲突的基础

股权是指投资者对公司出资而拥有的股票份额相对应享有的权利和需要承担的义务。股权结构是指公司总股本中，不同性质的股份所占的比例及其相互关系。股权结构按股权集中度，即前五大股东持股比例来分，有三种类型：一是股权高度集中，绝对控股股东一般拥有公司股份的50%以上，对公司拥有绝对控制权；二是股权高度分散，公司没有大股东，所有权与经营权基本完全分离、单个股东所持股份的比例在10%以下；三是公司拥有较大的相对控股股东，同时还拥有其他大股东，所持股份比例在10%与50%之间。

股份比例都小于10%的情况下，不存在大小股东的区分，自然也不存在大小股东利益冲突的问题。而在股权高度集中和相对集中的股权结构中，由于大小股东所持股份比例悬殊较大，中小股东基本没有话语权，而大股东由于所占股票份额较多，根据一股一权，在公司有较大的话语权，甚至会直接影响企业经营决策等事项，而大股东与中小股东对公司发展目标和利益诉求未必相同，但是中小股东人微言轻，不能很好保障自身权益，甚至有些大股东只求己利，不顾中小股东的利益，由此使得二者利益冲突尤其激烈。因此由于集中型股权结构的存在，使得大小股东间存在利益冲突。

2.信息不对称是大小股东利益冲突的重要原因

由于大股东掌握较多的股份比例，大股东自身利益与企业营运，盈利能力成正相关，两者联系十分紧密，企业运营情况越好，盈利能力越强，则大股东按照股份比例所分得的利润也越高，因此相比于中小股东，大股东有更强的动力去参与公司运营，去更加了解公司情况。

并且正因为大小股东股份份额不同，股东地位悬殊，大小股东间存在信息不对称的问题。大股东掌握较大的话语权和决定权，相比中小股东，大股东有能力获取公司更多更真实的运营情况和盈利状况，掌握的信息更加真实全面。有时大股东作出的一些有利于公司长久发展的决策，因为与中小股东短期利益冲突，可能无法获得中小股东的理解和支持；并且由于存在信息不对称，大股东可能会利用内幕信息，操控企业信息披露质量来达到自身利益的最大化，这样直接损害了中小股东的利益，从而加剧了大小股东的利益冲突。

（二）大股东与中小股东利益冲突的表现形式

1.股东持有份额不同导致表决权利不平等产生的冲突

作为公司股东，行使股东权利最直接的方式就是参与股东大会，根据自己所持有的股票份额所拥有的表决权、选举权来参与公司的运营，参与公司经营、财务政策等事项的决议。虽然每一股份都拥有一表决权，但是大小股东所拥有股票份额差异较大，直接导致了在公司重要事项的决议上，中小股东按照出资比例进行表决，在大股东面前，人微言轻，中小股东没有办法很好表达自己的诉求，维护作为公司股东的合法权益。

2.选举董监事产生的冲突

股东行使股东权利主要途径是参加股东（大）会会议。然而，其不具有常设属性，只有每年一次的定期会议和不定期的临时会议。公司日常事务的相关规定更多通过董事会、监事会召开的会议进行决议，而董事、监事的代表则是通过股东（大）会会议投票产生。由于大股东拥有更多的股份，他们可以选择更倾向于保护大股东利益的董事会和监事会成员，这不利于中小股东保护自身合法利益，容易激发二者矛盾。

3.定向增发中大小股东的利益冲突

定向增发是指上市公司向符合条件的少数特定投资者非公开发行股份的行为。定向增发中，大股东偏向折价发行，为了预期收益提高折价率，然而，小股东倾向溢价发行，提升本身股权价值，二者的矛盾焦点就是如何制定定向增发价格。大股东提高折价率，低价发行股票，在禁售期过后可以高价卖出，获得更多收益，但是小股东由于股票份额较少，低买高卖并不能带来多少收益，反而由于定向增发，增加了股数，而被迫接受自身股权的稀释，降低了手中股票的价值，从而损害到了中小股东的利益。

4.企业并购中大小股东利益冲突

企业并购即企业之间的兼并与收购行为，是企业法人在平等自愿、等价有偿基础上，以一定的经济方式取得其他法人产权的行为。企业并购主要包括公司合并、资产收购、股权收购三种形式。

企业并购决策基本上由公司的控股股东和领导层决定，控股股东可能会在并购过程中通过改变公司股权分布、高估标的资产价值、注入不良资产、低价发行股份等方法来实现自身利益的最大化，在大股东的这个利益权衡过程中，很可能会侵害中小股东的权益。而中小股东拥有股票份额较少，话语权、影响力有限，无法左右并购决策的决定，不能很好保护自己的合法权益。

此外，在涉及股利分配、关联交易等相关事项时，由于大小股东利益诉求不同，或者大股东为了掠夺公司资源而牺牲中小股东的利益，利用信息不对称赚取高额收益，使得大股东和中小股东也容易产生利益冲突。

二、控制权争夺

控制权是指拥有大于特定比例的股份，或无特定比例但是通过各种方式（如协议）对重大事项进行影响、决策的权力。拥有50%以上的公司股份，就可以控制公司，但是现实中大多数股权结构并不高度集中，所以股东有大于一定比例的股份就能得到大部分表决权，达到控制的目的。此外，还可以通过协议获得对重大事项进行影响、决策的权力。

争夺控制权在股权和董事会层面展开，目的即控制公司。股权的控制权争夺，通常指的是为了控制公司，在证券市场上购买股份来增加股份比例。

第五节 中小股东权益保护

一、公司法

2018年，《中华人民共和国公司法》第四次修正，新《公司法》为现代企业在市场经济条件下的经营发展提供了法律依据，进一步削弱了大股东的控制权，同时进一步加强了对中小股东合法权益的有效保护，使中小股东可以更合法和合理地行使权利，能够更好地表达自己的利益要求和保护自身的合法权益，和大股东共同管理公司，确保公司在一个公平、透明的治理环境下正常运行。

二、公司法对中小股东合法权益的保护与完善

（一）明确股东具有质询权

《公司法》第一百五十条规定，股东会或者股东大会要求董事、监事、高

级管理人员列席会议的，董事、监事、高级管理人员应当列席并接受股东的质询。董事、高级管理人员应当如实向监事会或者不设监事会的有限责任公司的监事提供有关情况和资料，不得妨碍监事会或者监事行使职权。

股东质询权是指在股东大会召开的股东会议上，股东有权向董事、监事、高级管理人员提出询问并要求作答的权利。根据新《公司法》的规定，质询权属于股东自身的权利。参加股东大会会议的股东，只要持有公司的股份，无论持有多少股份，都有质询权。质询权有效地保障了中小股东参与公司经营的权利。

但是《公司法》对质询权的规定内容较为简单，只是赋予了权利，并没有深入探讨该权利的实际行使情况。《公司法》规定只有出席股东会议的股东才可以行使质询权，未出席股东会议的股东质询权就得不到很好的保障，然而他们也属于公司投资者中的一份子，质询权理应保障公司全部股东的合法权益。并且因为没有对质询权进行具体详细的规定，因此在实际中，中小股东行使质询权时，确实很难操作，也很难保护自身的权益。在这一问题上，我们需要以《公司法》为理论基础，制定符合公司情况的质询权和股东权利规则，并明确说明股东可以行使质询权和话语权的条件。

（二）扩大股东查阅权

《公司法》第三十三条规定，股东有权查阅、复制公司章程、股东会会议记录、董事会会议决议、监事会会议决议和财务会计报告。股东可以要求查阅公司会计账簿。股东要求查阅公司会计账簿的，应当向公司提出书面请求，说明目的。公司有合理根据认为股东查阅会计账簿有不正当目的，可能损害公司合法利益的，可以拒绝提供查阅，并应当自股东提出书面请求之日起十五日内书面答复股东并说明理由。公司拒绝提供查阅的，股东可以请求人民法院要求公司提供查阅。

修正后的《公司法》扩大了股东的查阅内容，中小股东也可以出于合法目的要求查阅公司的会计账簿，使得中小股东也可以更加了解公司的真实运营情况，便于中小股东对公司的监督，进一步解决了中小股东知情权受限，掌握公司信息不充分的问题，更有效保障了中小股东的权益。

（三）实行表决权排除制度，践行累积投票制

股东表决权的践行应当做到公平、透明，虽然一股一权，但是大股东所占

股票比例较高，使得大小股东投票权利不平等，大股东会为了满足自身利益，通过有利于自身的决议，牺牲中小股东的利益。针对这一现象，《公司法》规定，对利害关系股东的表决权予以限制或者排除，利害关系股东也不能委托代理人或其他股东进行表决。一旦发现大股东试图利用自身权力参与某些与自身利益相关的事项的表决，中小股东有权实行表决权排除制度。这一规定有效地保障了中小股东的权益。

对于公司提供担保事项的决议，《公司法》第十六条规定，公司向其他企业投资或者为他人提供担保，依照公司章程的规定，由董事会或者股东会、股东大会决议；公司章程对投资或者担保的总额及单项投资或者担保的数额有限额规定的，不得超过规定的限额。公司为公司股东或者实际控制人提供担保的，必须经股东会或者股东大会决议。前款规定的股东或者受前款规定的实际控制人支配的股东，不得参加前款规定事项的表决。该项表决由出席会议的其他股东所持表决权的过半数通过。

同时新《公司法》践行了累积投票制度，更好地保障了中小股东的权益。《公司法》第一百零五条规定，股东大会选举董事、监事，可以依照公司章程的规定或者股东大会的决议，实行累积投票制。本法所称累积投票制，是指股东大会选举董事或者监事时，每一股份拥有与应选董事或者监事人数相同的表决权，股东拥有的表决权可以集中使用。

（四）完善股东诉讼制度

当公司权益受损时，在以下法定情形下，股东有权为了公司的利益以自己的名义直接向人民法院提起诉讼。《公司法》第一百四十九条规定，董事、监事、高级管理人员执行公司职务时违反法律、行政法规或者公司章程的规定，给公司造成损失的，应当承担赔偿责任。《公司法》第一百五十一条规定，董事、高级管理人员有本法第一百四十九条规定的情形的，有限责任公司的股东、股份有限公司连续一百八十日以上单独或者合计持有公司百分之一以上股份的股东，可以书面请求监事会或者不设监事会的有限责任公司的监事向人民法院提起诉讼；监事有本法第一百四十九条规定的情形的，前述股东可以书面请求董事会或者不设董事会的有限责任公司的执行董事向人民法院提起诉讼。监事会、不设监事会的有限责任公司的监事，或者董事会、执行董事收到前款规定的股东书面请求后拒绝提起诉讼，或者自收到请求之日起三十日内未提起诉讼，或者情况紧急、不立即提起诉讼将会使公司利益受到难以弥补的损害的，前款规定的股东有权为了公司的利益以自己的名义直接向人民法院提起诉讼。他人侵犯公司合法权益，给公司造成损失的，本条第一款规定的股东可以依照前两款的规定向人民法院提起诉讼。

当股东权益受损时，股东有权提起诉讼。《公司法》第一百五十二条规定，董事、高级管理人员违反法律、行政法规或者公司章程的规定，损害股东利益的，股东可以向人民法院提起诉讼。

（五）完善中小股东退出机制

1.《公司法》明确规定了异议股东股份回购权利

《公司法》明确规定了有异议的股东有请求公司股份回购的权利，即对公司法规定的事项有异议的股东可以请求公司按照合理价格回购其持有股份。《公司法》第七十四条规定，有下列情形之一的，对股东会该项决议投反对票的股东可以请求公司按照合理的价格收购其股权：① 公司连续五年不向股东分配利润，而公司该五年连续盈利，并且符合本法规定的分配利润条件的；② 公司合并、分立、转让主要财产的；③ 公司章程规定的营业期限届满或者章程规定的其他解散事由出现，股东会会议通过决议修改章程使公司存续的。自股东会会议决议通过之日起六十日内，股东与公司不能达成股权收购协议的，股东可以自股东会会议决议通过之日起九十日内向人民法院提起诉讼。

2.设立股东提请解散公司的权利

《公司法》第一百八十二条规定，公司经营管理发生严重困难，继续存续会使股东利益受到重大损失，通过其他途径不能解决的，持有公司全部股东表决权百分之十以上的股东，可以请求人民法院解散公司。

综上所述，新《公司法》再次加强了对中小股东权益的保护，但是仍然有许多需要完善的地方，例如：应该更加详细规定和完善股东质询权的内容，使用条件等，进一步保护中小股东的知情权、发言权和查阅权等权利，从多方面保护中小股东权益。

本章小结

在本章我们对股东大会进行了简单介绍，了解了股东的概念与分类。之后我们又介绍了股东应有的权利，包括资产收益权、参与重大决策权，选择管理者的权利和救济权。本章内容参考了《公司法》，对股东大会的运行机制、股东大会的权力进行了完整的叙述。无需死记硬背，做到了解即可。第三节我们介绍了大股东减持与信息披露质量，根据研究，我们发现大股东为了高价售出股票，可能会降低公司的信息披露质量。我们对其中原因进行分析，主要是由信息不对称、监管体系不完善的原因导致。第四节，我们对大小股东的冲突进行介绍，包括产生冲突的原因、冲突的方式与控制权的争夺，更多具体的内容在本书的第十一章会进行详细讲解。在本章最后我们对我国目前中小股东权益保护现状进行了分析，也对完善中小股东权益保护提出了建议。例如应该更加详细规定和完善股东质询权的内容，适用条件等，进一步保护中小股东的知情权、发言权和查阅权等权利。

股东是公司的所有者，股东大会是公司的最高权力机构，股东在公司治理中也扮演着举足轻重的角色。因此本章内容极为重要，请大家认真理解掌握。

思考题

1. 什么是股东？股东有哪些权利？
2. 什么是股东大会？股东大会会议有哪些类型？
3. 股东大会与股东会有何区别？
4. 大股东与中小股东利益冲突的表现形式有哪些？
5. 如何保护中小股东权益？

第四章 董事会与决策机制

【学习目标】

1. 掌握董事及董事会基本概念。
2. 分析董事会结构对企业业绩的影响。
3. 判断董事会独立性对企业创新的影响。

第一节 董事会概述

一、董事与董事会

董事（member of the board，director），是指由公司股东（大）会或职工民主选举产生的具有实际权力和权威的管理公司事务的人员。董事是董事会成员，是公司相关制度、计划方案等重大决策的参与者与制定者，对于公司的内部经营决策发挥着不可替代的作用，同时参与公司外部活动的进行。另外，董事也是受托对股东的出资进行管理的人员，因此，对于公司股东来说，其负有勤勉义务和忠诚义务。

依据董事与公司的所属关系，可以将董事成员划分为参与公司经营管理的内部董事和不在公司任职的外部董事。内部董事，即执行董事，以公司管理层的身份在公司任相关职务并兼任董事。总经理是必然的内部董事，因为其是具体经营管理公司业务的关键人物。外部董事作为公司聘任的具有相关专业能力的董事，不在本公司担任任何职务，其职责主要是作为外部独立董事，对公司或董事会面对的相关问题提出客观的意见及建议，同时起到监督公司管理层、参与制定公司业务及事务上的战略方向的作用。

董事会（board of directors）是依照有关法律、行政法规和政策规定，按照公司章程设立并由全体董事组成的业务执行机关。董事会是公司治理结构中最核心的部分，由股东大会选举产生，是受托于股东大会对公司管理层及公司事务进行监督决策的主体，是股东大会的代理机构，贯彻股东大会作出的各项相关决议，是公司法人经营决策和执行业务的常设机构，能够对公司的规章制度、投资方向等重大问题作出决策，对公司管理层人员进行监督，并对股东大会负责。此外，股份有限公司必须按照我国《公司法》的相关规定设立董事会，董事数量应在五至十九人之间，具体人数公司可根据实际情况决定。

二、董事会的职权

董事会应按照公司规定履行如下基本职权，见图4-1。

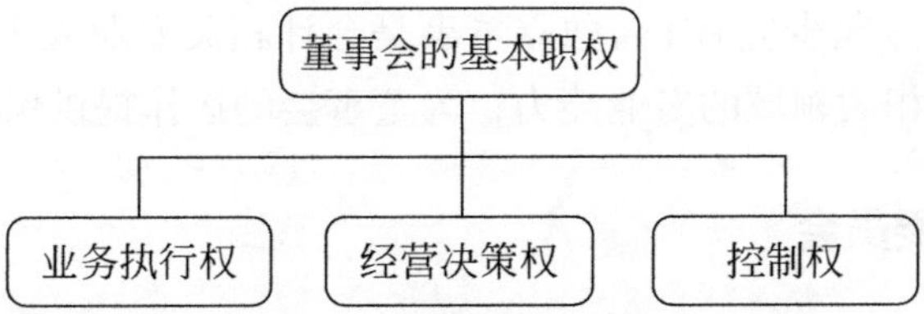

图4-1 董事会的基本职权

（1）业务执行权

负责召集股东大会，并向股东会报告工作；执行股东大会的决议；听取公司经理的工作汇报并检查经理的工作。

（2）经营决策权

决定公司的重大方案，如：预算决算方案、经营计划方案、投资方案以及担保事项等；决定公司内部管理机构的设置与安排，制定本公司的基本规章制度等。

（3）控制权

公司董事长的选任、解任及报酬；聘任或者解聘公司经理、董事会秘书；根据经理的提名，聘任或者解聘财务负责人等高级管理人员；评价管理人员的业绩，并决定其报酬事项和奖惩事项。

三、董事会专门委员会

随着市场经济的发展，公司的外部市场存在着大量的不确定因素，内部环境也逐渐变得复杂化，为了保证董事会高效地作出高质量的决策，上市公司董事会可以根据公司实际运营情况，依照股东大会作出的相关决议，设立相应专门委员会（图4-2），如上市公司常设的有战略委员会、提名委员会、审计委员会、薪酬与考核委员会等。专门委员会成员由公司董事组成，其中，在审计委员会、提名委员会、薪酬与考核委员会中，独立董事应占多数并担任召集人；

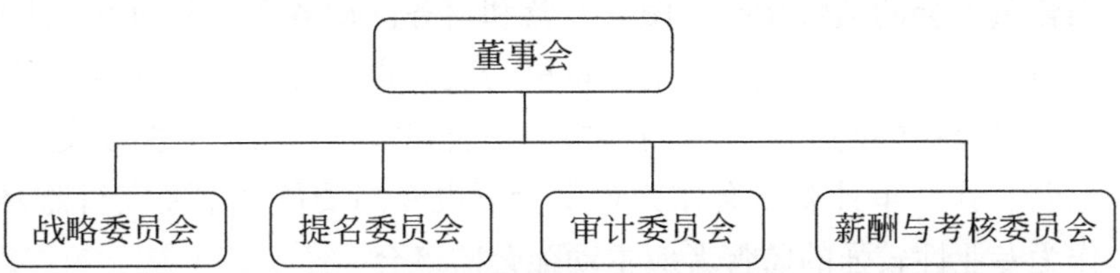

图4-2 董事会专门委员会

在审计委员会中，至少应有1名独立董事是会计相关专业人士，这些专业委员会通过发挥其在相关领域的专业能力，为董事会的运作提供保障。

（一）战略委员会

为顺应公司战略方向的发展，提高战略决策的科学性，提高对于公司重要决策的质量以及其所能取得的效益，公司董事会设立战略委员会。按照相关规定，战略委员会成员由3～7名董事构成，这些董事经董事会选举产生，为了保证战略方向的正确客观性，应至少包括1名独立董事。

战略委员会可以按照战略委员会工作处提出的议案召开会议，针对经营中遇到的问题进行讨论总结，再以书面的形式将会议讨论成果提交给公司董事会，并及时反馈给战略委员会工作处。战略委员会的会议频率应保证在一年两次或以上，会议的相关制度、程序方式等需遵守法律、法规以及公司的各项规章制度。参与会议的成员要对会议内容进行保密，不得损害公司权益。

（二）提名委员会

伴随着我国公司治理体系的不断优化与进步，那种由大股东或公司总经理对董事会或者高级管理人员进行任命的行为已经不能顺应如今市场发展需求，为了对公司董事及管理层人员的选任机制进行完善和规范，丰富董事会的成员构成，可在公司董事会中设置提名委员会来提高公司治理能力。

提名委员会的主要职责是根据公司的经营发展情况制定董事及管理层人员的聘任标准和相关流程，对候选人的提名给予一定的建议，分析和评价董事会成员、管理层人员的任职能力，判断现任董事的任职资格。提名委员会凭借其客观性和中立性，能够充分释放外部董事的力量，相应地会提高董事会的独立性。

（三）审计委员会

为强化董事会的监督功能，做好经营和财务活动各个环节的审计工作，确保公司董事会有效发挥其监督职能，董事会设立审计委员会。董事会审计委员会主要负责对公司的财务工作、内部控制和公司审计以及重大关联交易事项的沟通与监督工作。审计委员会作为董事会下设专门委员会主要实行监督职能，同时，作为专业性较强的监督者应主动配合监事会。

审计委员会每年至少要有一次对外部审计的会计师事务所有关情况的评

估和判断，如评估和判断注册会计师在最近的质量控制评估中提出的有关问题、需要关注的重大审计问题以及实施相应的处理措施、步骤、审计机构的独立性等。另外，审计委员会依赖于公司内部审计，内部审计也需要审计委员会给予重视和工作支持配合，促进审计委员会在公司治理的审计与监督环节提高效率。

（四）薪酬与考核委员会

为了完善公司董事及管理层的薪酬体系和考核管理制度，公司可以根据其结构在董事会下设薪酬与考核委员会。薪酬与考核委员会的主要职责包括：制定董事及管理层的工资薪金标准与绩效考核方案，并监督其实施，同时对其方案进行考核。

薪酬与考核委员会对企业董事和经理进行人员绩效考评程序：① 公司内部董事和经理人员向董事会薪酬与考核委员会做述职和自我发展评价。② 按照绩效评价标准和程序，对董事及管理层人员进行绩效评价。③ 按照不同岗位的绩效及工资薪金方案，向公司提出董事及管理层的薪酬等级与激励方法。

第二节　董事会的结构与企业业绩

我国市场经济和资本市场在不断完善中向前发展，从管理层到外部信息使用者对公司治理问题的关注度也在逐渐提高。在公司形成的治理结构以及不同类型的治理体系中，董事会处于重要位置，由此，对于董事会的治理也逐渐成为公司治理的重要任务。董事会能否得到高效治理的关键在于董事会结构，董事会结构合理有效能够促进董事会整体的高效运作及其专业职能的运用，从而影响企业的业绩。

董事会结构是指对董事会内部的组成及其比例关系所做的一套制度安排，为实现董事会的有效监督和科学决策提供组织保障，直接关系到董事会在公司中的责任承担以及监督决策的能力和水平。郝云宏（2010）认为董事会独立性与绩效之间存在着跨期联系，董事会独立性的增加对绩效的影响从短期来看有负面的倾向，从长期来看表现的是正面性。谢志华（2011）等人认为董事会的基本功能是决策，其基本结构应该具有互补性，能使决策的时效提高。影响董事会结构的因素诸多，从对企业业绩的影响角度来看，主要包括董事会的规模、董事会领导权结构即两职兼任情况、董事会成员的构成以及董事会专业委员会的设置情况等因素。

一、董事会规模与企业业绩

（一）董事会的规模

董事会的规模指的是公司董事会中成员的数量。我国《公司法》规定，有限责任公司设董事会，其成员为三人至十三人；股份有限公司设董事会，其成员为五人至十九人。

在规定范围内，公司可根据实际情况选择合适的人选，但具体选择标准因公司的实际规模、发展战略、是否设置专业委员会等因素的不同而异。

从公司规模来看，当公司规模和业务相对较大或者逐渐扩大时，为了决策更加科学专业，公司也会选择提高董事的人数扩大董事会的规模，增加有专业知识和经验的董事来应对新的问题与挑战。

从公司发展战略来看，当公司将发展战略方向定位为集中战略时，体现出公司目前良好的运营状态和能够克服挑战的技术与能力，公司会采取小规模的董事会且成员多由内部董事担任；当公司定位为外部发展战略时，说明公司正处于外部扩张时期，所面对的市场不确定性上升，为了顺应市场，公司会聘任更多的外部专业人士来担任董事，增加董事的数量来扩大董事会规模，共同克服市场发展的多变性，这些人士通常较多为外部董事；当公司的战略方向是多样化战略时，除了公司任职人员所提供的专业技能外，还需要能够从外部市场获得资本以及多样的专业技术能力。由于内部人员较外部专业人士而言，缺乏相应的知识与技能，公司需要依靠外部专家来提供这样的专业知识和技能。因此，公司战略多样性与董事会的人数规模以及外部董事成员的比例同向变动。

从专业委员会设立情况来看，设立专业委员会的公司，其董事会规模较仅作为执行机构发挥职能的董事会规模要大，因为作为专业委员会要履行其专业方面的职能，人员也会根据职能需求增加。因此，设立的专业委员会越多，职能分工越具体，董事会规模越大。

（二）董事会规模与企业业绩

究竟多大规模的董事会结构的监督和决策效率高，其规模又会对企业的经营业绩造成何种影响？

对于相似规模的企业来说，规模较大的董事会结构可能对企业业绩产生不同的影响。一方面，较大规模的董事会会对公司治理能力产生正向作用，提升企业业绩。首先，董事会规模大意味着具有不同专业知识和管理经验的内部成员较多，会相应增强董事会的业务执行能力，达到良好的监督决策效果。第二，董事会规模大意味着在其中存在利益追求不同的群体，内部的讨论决策有助于促进各利益主体的权益维护。第三，董事会规模大意味着能够吸收来自多种角度的策略和建议，有利于规避企业经营中遇到的风险。

另一方面，董事会规模较大也会对企业业绩产生负面作用，导致企业业绩下滑。首先，董事会人数过多会导致董事之间协商与讨论的复杂化，造成效率的下降，可能会淘汰掉一些创新的思路和理念，对董事会职能的发挥造成阻碍，从而对公司的业绩造成影响。另外，董事会规模过大会产生部分成员不尽职的行为，从而出现因无关自己的利益而不作为的思想，都会造成监督不力或决策失误的问题，以至于对公司的战略发展方向造成影响，导致企业业绩的下滑。

（三）建立适度规模的董事会

各个企业发展阶段以及战略定位不同，面对的外部市场环境和风险也不一样，公司董事会的规模构建也是没有统一标准的，规模过大或过小的董事会结构都会对企业治理造成两方面的影响。因此，应依据公司的实际运营情况以及战略定位，建立一个适度规模的董事会，既能保证董事之间的充分决议，又能科学有效决策，促进公司治理体系的逐渐优化和经营业绩的提升。

二、董事会领导权结构与企业业绩

（一）董事会的领导权结构

董事会领导权结构主要指的是董事长与总经理这两个职位的设置情况，即公司董事长与总经理的职位是由同一人担任还是互相分离，它能体现出董事会的独立性程度以及管理层处理公司事务的自由范围。其中总经理是否兼任是最有争议性的问题之一，因此，总经理的兼任性是董事会进行治理体系结构设计中一个重要且基本的特性。

两职状态一般受到公司的股权结构、资本结构、公司的模式和董事会的规模等因素的影响。

（二）两职状态与企业业绩

采用不同的理论视角以及不同的业绩指标会对二者关系的分析产生不一样的结论，在外部环境基本相同时，不同企业董事长与总经理的兼任情况会产生两方面的影响。

就两职合一而言，一方面，两职合一在一定程度上有利于企业绩效的提高。首先，两职合一将职权集中，避免职权过于分散，能够提高经营决策效率。董事长同时作为总经理，从企业经营决策到企业的日常事务管理都由一人负责，能够使董事长从不同角度了解企业的实际运营情况以及面临的外部市场风险，对于企业事务的决策会提高及时性和有效性，同时促进企业业绩的提升。其次，董事长担任总经理有利于充分利用集体决策的作用，更快地达到业绩目标。董事长能够在业务决策执行时及时发现新问题并召集董事会讨论，吸纳董事会成员的建议，对已制定的战略进行调整，以顺应外部市场的发展趋势，发挥企业优势，提高企业业绩。最后，董事长与总经理一人兼任，减少对于重大决策以及实际营运管理过程中的矛盾出现，促使董事会的决策更加适合企业的发展。

另一方面，董事长与总经理由一人担任也会对企业业绩带来负面作用。首先，两职合一会使得对总经理等高管的监督不力，降低了董事会的监督效力，可能会造成企业的业绩下滑。其次，将总经理和董事长职位的权力赋予同一人执行，意味着决策和管理的权力集中于一人，必然造成权力过于集中，出现一人专权的现象。另外，同时兼任总经理的董事长还需要处理日常的经营管理工作，不易将所有精力集中于探索企业未来发展战略的问题，可能造成董事长精力分散，一定程度上会影响到董事长作为决策者的决策效率和决策质量，从而影响到企业业绩。

所以，执行机构的董事长和管理层的总经理兼任与否，两种领导权结构都会对企业的业绩产生积极和消极两方面的影响。

（三）领导权结构的确定

对于一家企业来说，对于职权的界定不是为了限制某一方的权力，相反是为了让各方更充分地运用自身的职权。两职合一或分离各有优缺点，当职责、权力以及利益能够有机结合时，各职位的职能发挥越充分，切不可走极端。因此，企业应根据自身经营管理的要求、企业的规模、经理人的能力来配置权力结构，不宜过于分散或过于集中。

三、董事会成员构成与企业业绩

（一）董事会成员构成

董事会成员构成是指董事会成员的组成及其比例关系，是指每位董事的从属关系，可细分为内部董事、有关联的外部董事和无关联的外部董事，其中无关联的外部董事又称为独立董事。对于董事会成员的构成，企业管理者以及其他利益相关者较多地关注独立董事的数量对企业业绩的影响。

中国证监会在《关于在上市公司建立独立董事制度的指导意见》中指出，上市公司董事会成员中应当至少包括三分之一独立董事。如果上市公司董事会下设薪酬、审计、提名等委员会的，独立董事应当在委员会成员中占有二分之一以上的比例。公司可根据实际经营管理情况设置具体的独立董事占有比例。

（二）独立董事与企业业绩

独立董事的设置对企业业绩的影响是两方面的。

当独立董事占董事会总人数的比例较高时，一方面会对企业业绩产生促进作用。首先，独立董事作为无关联的外部董事具有很强的独立性，可以更充分地实施对企业实际管理人员的监督职能，促进企业运营更加规范，促使内部正常高效运转，促成业务的良好有序开展，提高企业业绩。其次，独立董事处于企业环境之外，更多地熟悉整个市场行情，了解行业的发展趋势，独立董事数量多，方便为企业作出更合适的发展战略，作出更优决策，促使企业以更完善的治理向更有利的方向发展。另外，独立董事在利益上也是独立的，为企业做决策时，不会因为一己私利的诱惑而造成错误或效率低下的判断，而且，独立董事拥有专业的技能或经验，有一定的业务素质水平且具有相关的知识和经验，独立董事占比高时，能增强董事会向企业作出的重大决策的正确性。

另一方面，独立董事人数过多也存在对企业业绩提升不利的要素。独立董事作为与企业无关联的外部董事，对企业的发展以及存在的缺陷未必十分了解，没有处于企业内部实际经历企业的运营管理，作出的决策存在不适宜企业当前发展的可能性，当独立董事比例过高时，可能会造成决策失误，影响企业战略选择，造成业绩下滑。

（三）董事会成员构成的确定

董事会成员的构成受企业经营业务、行业性质以及董事会规模的影响，没有一个确定的适用于所有行业和企业的标准，独立董事占比与企业业绩的关系会因企业不同而异。因此，企业应该根据实际运营和管理情况确定董事会成员中独立董事的构成比例，促进企业的治理效率和企业业绩的提高。

四、董事会专业委员会与企业业绩

（一）董事会专门委员会

为了促进董事会的专业性和决策有用性的提升，一些上市公司会选择在董事会设置相关领域的专门委员会。专门委员会的设置会受到董事会其他结构特性的影响，例如董事会的规模小则不能设置较多的专业委员会，而其又会对其他结构特性造成干预，如，专门委员会的设立能扩展公司董事会的规模、增加其中独立董事的数量。

（二）专门委员会的设置与企业业绩

设立专门委员会可以促进董事会基本职能的运用，从而促使企业业绩的提升。第一，专门委员会界定了董事会的各项职责，并把各项职责分配给相对应的专业人士，有助于促进董事会各项工作的高效化和专业性，从而促进董事会的准确高效决策，有助于提高企业业绩。第二，会增加独立董事的数量，让更多的外部独立董事与企业内部业务接触，帮助独立董事熟悉企业的运营和实际情况，也加强了内部董事与外部独立董事的互相配合和协作，共同促进企业向有利方向发展。

然而，设立董事会专门委员会同时会给企业业绩造成负面的作用。首先，其设立标志着董事会规模的扩大，存在董事会机构复杂、成员不尽职的可能性，会造成董事会的规模效益递减，不利于提高董事会的决策水平和办事效率。其次，一些专门委员会要求独立董事的数量必然会提高独立董事的占比，出现独立董事占比高对企业带来的不利影响，不利于企业业绩的提升。

（三）专门委员会设置的确定

从理论研究以及实际经验来看，设立董事会各专门委员会会产生一定的积极作用，随之而来的也有一些不利的因素。因此，董事会在成立各专门委员会时，应全面分析各种可能要素的作用，特别是董事会结构对其他影响因素的作用，并要分析专门委员会将对其他结构特性造成的影响，要妥善处理各因素之间的关系，以此来判断是否需要设置各类专门委员会。

第三节　董事会的独立性与企业创新

实施创新驱动发展战略已经成为党和国家的一项基本国策。在当前市场竞争环境中，企业创新对于其在行业中的长期发展十分必要，影响企业创新的因素诸多，例如：社会制度、企业规模、治理方式、产权性质、融资约束等，其中董事会的战略决策起到了基础性作用，是企业创新决策形成和制定的关键。

董事会作为公司的业务执行机关，必须具有独立性才能够很好地实现其作用，完善公司治理，需要充分发挥董事会的决策机制和监督职能，维护董事会的独立性。李维安、徐建（2014）认为董事会的独立性能够有效抑制新任总经理冒进带来的公司绩效降低行为。郑岚清（2019）认为董事会的独立性对企业的技术创新有着先增后减的影响，说明董事会独立性的提高可以一定程度上促进企业的创新绩效，而且存在着所谓的“最优独立性拐点”。

董事会的独立性、董事会的结构特征等，都是具体衡量董事会职能发挥是否有效的重要标志。董事会的独立性主要通过董事长与总经理的职位是否兼任这一情况和外部董事数量占比来体现。

一、两职兼任情况与企业创新

董事与经理两职合一势必会降低董事会在业务执行过程中的独立性，而针对两职兼任的现象，相关部门已经在一系列法律法规中对其加以规定。例如，在我国的《公司法》以及证监会公布的《上市公司章程指引》中规定，经理是可以由董事会成员兼任的，但出于对维护董事会相对独立的考虑，兼任人数不能超过公司董事总数的二分之一。为了方便董事会了解并监督经理层行为，降低信息不对称的程度，同时通过职位晋升激励经理层更加努力地工作，从而缓解股东与经理间的代理冲突，董事会可以让部分董事同时具备经理身份。

企业创新行为一般是在资源有限和环境不确定的条件下，维持探索与利用两者间的平衡，因而为了更合理地分配资源，必要的取舍是不可避免的。当董事与经理兼任的现象广泛地存在于企业治理结构当中，是否能够缓解企业的代理冲突，又会对关系到企业核心竞争力的创新活动造成什么样的影响?

一方面，当一家企业的董事会席位被更多的经理占据时，会出现战略计划或经营管理的决策制定者、执行者以及对于实施结果进行监督的监督者出现交叉，难以形成有效的监督决策机制。董事会会被经理层控制，变得形同虚设，很难再向股东传递有关经理层对于公司经营的真实信息，加重了两者间的信息不对称，并没有起到降低信息不对称的作用。这就导致抑制创新活动的机会主义行为很难被股东发现，造成企业创新水平的下降。

另一方面，董事与经理兼任增加了经理层的权力。经理层所拥有的权力越大，其受到的监督则会越弱，经理层权力的增大为其谋取个人私利提供了便利。当经理同时兼具董事身份，即拥有了对公司重大事项进行决策的权力，并具备排斥创新活动的动机。企业创新不同于其他类型的生产活动，它具有周期长、风险高、投入大等特点，因而需要能在短时间内承担创新失败的风险，兼任的高管为了防止由于创新失败而带来的损失，会利用手中的投票权阻止创新活动通过董事会决议或者降低创新投入。

因此，董事与经理兼任在企业的创新活动中存在着一定的负面效应，当企业长远的发展重心为提高创新能力时，应适度控制董事与经理兼任的比例。

二、外部董事占比与企业创新

董事会独立性最主要的特征体现在外部董事的占比，当外部董事占比提高时，能够促进董事会的客观判断与独立决策，董事会的独立性在一定程度上会随之增强，而董事会独立性对企业的发展创新能力有很强的积极作用。因此，外部董事占比提高，会增强内部控制能力，促进企业创新。主要体现在以下几个方面：首先，外部董事占比高可以提高企业创新战略决策质量。企业聘任的外部董事一般具有专业的知识背景、技术水平以及丰富的公司经营经验，能够扩大董事会层面的经济视野，促进公司治理结构的完善与发展，并且与外部环境相结合，能够更多地接触到发展前景良好的投资研发项目，并能依据各外部董事的独特视角在董事会创新决策过程中加入独立判断，从而在战略决策上对创新起到促进作用。其次，董事会独立性可以提高企业的资源配置效率。一般而言，外部董事与内部董事相比，具有更加丰富的外部关系网络，能够在很大程度上处理企业面临的种种不确定性问题，提高企业长期发展能力。另外，具有专业背景的外部董事能够促进企业与资本市场各种利益相关者的共赢关系，在降低企业财务风险的同时，提供更多相关事务的关键外部联络渠道，如确保企业和供应商、购货商等相关机构交易的完成，减少交易成本等，促使企业更多地将资源配置到创新活动中去，以此提高企业的创新能力。

最后，董事会的独立性有助于提升企业的创新能力，利于企业发现更多创新的可能性。由于知识共享、沟通交流对于职业技能提升的促进作用，致使团队合作日渐成为知识型员工必不可少的生存和成长载体。我国上市公司的外部董事多由相关领域的专家、学者或其他公司退休高级管理人员担任，其所提供的知识技能涉及财务、法律、公共关系等多领域。同内部董事管理行为的交互会丰富企业的管理方式，提高管理效力，有利于企业发现更多技术创新可能性。

三、董事会独立性过高的影响

董事会独立性在一定程度上会促进企业创新，但当独立性程度过高时，董事会独立性的提高反而会抑制企业的创新发展。

第一，董事与经理兼任的比例过低，会降低企业管理者与监督者之间的沟通交流，董事会成员对企业内部经营的信息得不到充分及时的获取，会造成信息不对称程度增强，一定程度上会影响决策的制定与实施，更无力促进企业的创新能力的提升。

第二，尽管外部董事能够给企业提供相应的指引，但过多的外部董事难免使企业发展方向得不到统一，难以构成企业发展合力；且当外部董事数量过多时，更多是为了向外界释放相关讯号，并非真正发挥其实际作用，会在企业决策咨询、参与方面出现外部董事失灵的状况。

第四节 如何确保董事会的有效决策与高效运作

一、强化决策职能，提高运作效率

企业发展到不同的时期会遇到不同的挑战，董事会应该顺应企业发展的趋势，强化决策职能，提高运作效率，为企业战略选择作出正确决策。

要坚持董事会的规范运作。董事会应当严格依据法律及企业的规章制度对业务进行监督与决策。在征集提案、召开董事会、讨论提案、审议决策等每一环节都应保证遵守制度规范，严格按照相关要求进行，有效提高决策水平与决策质量。另外，继续增强决策的时效性，可以采取董事会对管理层进行授权的决策体系。董事会将部分事务的决策权授予管理层，并按期对已授权事项的进展以及决策进行监督，听取管理层的汇报，建立决策授权机制将部分决策权转移到对公司业务熟悉的管理层，能够使所做决策更加适应公司的发展，提高效率。

此外，董事会要保证运作规范，做到规范并且高效，有序地衔接各职能部门对于各项决策的执行程序，能够大大缩减决策时间，促进效率的提高。如此，能够充分发挥管理层的提议作用、各专门委员会对董事会的专业知识支持与执行配合能力、监事会的监督职责，同时也为董事会决策的科学、民主提供了保障。

二、明晰职责权限，到位而不越位

科学合理界定公司各治理结构在公司管理中的职权。公司应在相应规章制度中确定三会以及管理层的职能权限，特别是董事会和管理层的关系，强化董事会的决策职能，各机构的职责清晰不交叉。

树立分权制衡的公司治理理念，通过章程明确界定董事会和经理层的职责，形成董事会决策、经理层执行的公司运行机制，保证董事会工作到位而不越位，实现所有权和经营权分离、决策权和执行权分开，达到相互制衡、相互促进、共同提高的目的。

董事会与管理层相互配合。董事会在对经理层提出要求、进行质询以及审核批准经理层提出的各项议案的同时，也要主动提出工作思路，接受经理层的咨询，帮助经理层解决公司日常运营中存在的问题。公司每年董事会、专门委员会都要向经理层提出关于经营发展、投资规模、预算管理、业绩考核等方面的咨询和指导意见和建议。经理层对于董事会的业务工作也要做到支持与配合，理解和尊重董事会的工作及决议。董事会与经理层始终应该保持良好的沟通和协作，促进公司能够持续健康快速发展。

三、健全外部董事制度，发挥外部董事作用

企业应该聘任拥有较强专业知识能力、丰富的企业经营管理经验的人士担任董事会外部董事。外部董事更加熟悉整个市场行情，了解行业的发展趋势，有较强的判断决策能力，客观地进行决策，同时维护股东利益和公司整体的利益，带来专业的知识和经验。

企业应当建立健全外部董事制度。我国的各项法律以及规章制度的完善，对于外部董事的任职条件和标准、职责义务逐渐明确，企业也应当根据经营情况完善外部董事的管理机制、工作保障体系以及决策评价体系，充分发挥外部董事的职能。公司内部管理层也应支持外部董事的工作。为了保障外部董事能够更好地发挥作用，管理层应将企业的运营发展情况及时传送给董事，也可协调外部董事对企业事务进行实地考察，使外部董事可以更加全面地了解公司的经营发展情况，作出更加科学的决策。公司应尽力为外部董事营造良好的讨论决策氛围，注重听取、采纳其意见，为其创造履行职能的条件。

企业应该协调外部独立董事与内部监事会的监督职能。由于两者都具有监督职能，应该明确各机构监督的时点及权限，避免重复监督或者环节遗漏，促进两种方式的结合。外部独立董事作为业务决策层的关键成员，能够参与公司重大业务或战略定位的决策过程，属于事前监督以及过程监督。而监事会作为企业常设性三会之一中的监督机构，一般是在事后对董事、管理层的行为以及公司事务进行监督。因此，配置监督权时，可以把外部董事的监督权界定在为决策有效性而进行的监督，当需要作出关于企业战略定位、重大交易等决策时，由外部独立董事进行监督，而把监事会的监督限定在结果性监督，例如对

公司财务规范性监督、公司运作的机制监督以及管理者的行为监督、各项对外披露的信息监督等，二者相互协调，共同发挥职能。

本章小结

在本章中我们学习了董事会的相关知识。了解到董事分为执行董事与外部独立董事，是由股东大会选举产生。董事会是股东大会的代理机构，贯彻股东大会作出的各项决议，能够对公司的规章制度，投资方向等重大问题作出决策，对管理层人员作出监督。董事会拥有业务执行权，经营决策权与公司的控制权，并且董事会下常设专门委员会，此种模式已经在各个国家中实行。专门委员会的建立，有利于其发挥在相关领域的专业能力，为董事会的运作提供保障。在国内外学者的研究中，我们发现董事会的规模与企业的业绩具有一定的相关关系。就相似规模的企业来说，较大的董事会机构有利于提升企业业绩，但是如果董事会规模过大也会对企业的业绩产生负面影响。此外两职状态，董事会成员构成比例都与企业业绩呈一定相关关系。在第三节中讲到学者发现董事会的独立性可以一定程度上促进企业的创新绩效，而且存在所谓的最优独立性拐点。最后，本章对如何确保董事会的有效决策与提高企业的公司治理水平提出了一些建议。

思考题

1. 董事会专门委员会设置是否有必要？举例说明。
2. 董事会的结构受哪些因素的影响？分别会对企业的业绩产生什么作用？
3. 董事会的独立性主要体现在哪些方面？
4. 谈谈你对董事和经理两职兼任的看法。

第五章 监事会与监督机制

【学习目标】

1. 了解监事会的概念与特征、组成和会议规则。
2. 掌握监事会的设置与如何发挥作用。
3. 了解我国监事会的发展现状与存在问题。
4. 掌握我国监事会制度如何高效运作。

第一节 监事会与监督机制概述

监事会（supervisory board）这一概念最早起源于德国。1861年，德国颁布《德国普通商法典》，承认了监事会作为股份公司的机构的地位，从此开始了以法学为主导的对监事会在公司中如何发挥作用的研究，可称之为是监事会治理理论的萌芽。1899年日本颁布的《新商法典》、1966年法国颁布的《商事公司法》以及1993年我国颁布的《中华人民共和国公司法》，均将监事会制度引入至本国的公司治理体系。随着监事会制度在世界范围内的广泛应用，关于监事会治理理论的研究逐渐丰富，角度也更加多元化起来。

一、监事会的概念及特征

1.监事会的概念

监事会是公司中依法对公司董事、经理及高级管理人员的经营管理活动行使监督权，对公司财务进行检查的常设机构。

2.监事会的特征

（1）公司监事会设立具有法定性

监事会一般是由依法选举产生的监事组成，受我国现行《公司法》的保护和承认。《公司法》明确规定，监事的产生主要有两种形式：通过公司股东代表大会选举产生与通过公司职工代表大会的选举产生。

（2）公司监事会是公司的监督机构

监事会进行监督的主要内容应当包括：对公司董事、高管人员和公司管理人员职务的情况和行为依法进行的监督；对管理公司财务人员依法进行检查；依法对公司董事、高管人员的不法行为提起诉讼。同时，监事会或者监事会成员个人应当能够依照《公司法》第五十四条、第五十五条的规定行使其监督权。

（3）公司监事会成员具有独立性

我国《公司法》明确规定，董事、高管人员不得同时兼任下属公司的监事，这就是在某种程度上为了保证公司的监事会行使监督管理职权的合法性和独立性。

（4）公司监事会具有专门性

监事会是公司中行使监督职能的常设机构，根据我国《公司法》第五十一条、第一百一十七条规定，只有股东人数较少或者规模较小的有限责任公司可不设监事会，但也必须设一到二名监事行使监事会的权利，除此之外的有限责任公司和股份有限公司都应当设立监事会。

二、监事会的组成及会议

1.监事会的组成

监事会中的监事主要有两种来源，一种是由股东大会选举的股东代表，另一种是职工代表大会选举产生的职工代表，此外，一些公司还聘请了少量的外部独立监事。监事会中职工代表的比例不能低于三分之一，具体的比例由公司章程规定。不论是股份有限公司还是有限责任公司，设立监事会的人数不得少于三人。对于股东人数较少或者规模较小的有限责任公司，可以不设监事会，但要求必须有一到二名监事。监事会中要设置主席一名，监事会主席由全体监事过半数选举产生，股份有限公司监事会中可以设副主席一名，选举产生方式和主席相同。监事的任期每届为三年。监事任期届满，连选可以连任。监事任期届满未及时改选，或者监事在任期内辞职导致监事会成员低于法定人数的，在改选出的监事就任前，原监事仍应当依照法律、行政法规和公司章程的规定，履行监事职务。[1]

2.监事会会议

监事会会议定期召开，依照我国《公司法》第五十五条的规定，有限责任公司的监事会每一个年度至少召开一次会议，监事会也可以直接提议定期召开临时监事会的会议；第一百一十九条明确规定，股份有限公司的监事会每六个月至少定期召开一次监事会议。此外，对于其他上市股份有限公司，依照现行的我国《上市公司治理准则》第四十四条与第三十条，监事会应当定期召开会议，并根据需要及时召开临时会议。监事会会议议题应当事先拟定。

---

[1] 参见《公司法》第五十一条、第五十二条、第一百一十七条。

对于公司监事会会议记录，依据《公司法》第五十五条、第一百一十九条以及《上市公司治理准则》第四十四条与第三十二条的规定监事会会议应有记录，出席会议的各级监事和负责会议记录人员代表应当在监事会议记录上签字。监事会会议记录应当妥善保存。

监事会会议，根据我国《公司法》第五十五条、第一百一十九条规定，监事会的议事方式和表决程序，除本法有规定的外，由公司章程规定。监事会决议应当经半数以上监事通过。

三、监事会的职权

我国公司监事会成员的产生主要由公司股东大会选举，这从一个侧面上也反映了设立监事会的主要目标和任务是为了维护全体公司股东的利益。与此同时，在现行的我国《上市公司治理准则》第四十七条中明确规定，监事会依法检查公司财务，监督董事、高级管理人员履职的合法合规性，行使公司章程规定的其他职权，维护上市公司及股东的合法权益。监事会可以独立聘请中介机构提供专业意见。

根据我国《公司法》第五十三条规定，监事会、不设监事会公司的监事行使下列职权：

① 检查公司财务；

② 对董事、高级管理人员执行公司职务的行为进行监督，对违反法律、行政法规、公司章程或者股东会决议的董事、高级管理人员提出罢免的建议；

③ 当董事、高级管理人员的行为损害公司的利益时，要求董事、高级管理人员予以纠正；

④ 提议召开临时股东会会议，在董事会不履行本法规定的召集和主持股东会会议职责时召集和主持股东会会议；

⑤ 向股东会会议提出提案；

⑥ 依照本法第一百五十一条的规定，对董事、高级管理人员提起诉讼；

⑦ 公司章程规定的其他职权。

此外，监事可以列席董事会会议，并对董事会决议事项提出质询或者建议；监事会、不设监事会的公司的监事发现公司经营情况异常，可以进行调查；必要时，可以聘请会计师事务所等协助其工作，费用由公司承担；监事可以提议召开临时监事会会议。

四、监事的资格和义务

监事会作为公司的常设组织和监督机构，承担着维护和保障公司全体员工和股东合法利益的职责与重任，行使对公司董事、经理和其他高级资产管理人员的监督权及公司财务情况的检查权。有研究表明，不同专业背景的监事对公司的监督作用不同，比如提高拥有会计专业背景与拥有高校学术背景的监事占比能够提升企业盈余管理的水平[1]。因此，监事的道德水平、业务能力、职业背景等各方面的素质对监事职能的有效发挥起到关键作用。监事一般应具备两种任职资格，分别是积极资格和消极资格。

1.积极资格

我国现行《公司法》只对监事任职进行了身份的限定，监事会应当包括股东代表和适当比例的公司职工代表，其中职工代表的比例不得低于三分之一，具体比例由公司章程规定。

在《上市公司治理准则》的第四十五条中规定，监事会的人员和结构应当确保监事会能够独立有效地履行职责。监事应当具有相应的专业知识或者工作经验，具备有效履职能力。上市公司董事、高级管理人员不得兼任监事。上市公司可以依照公司章程的规定设立外部监事。

此外，在我国现行的一些行政法规中也有对监事积极资格的涉及。如《国有企业监事会暂行条例》第十八条规定监事应具备下列条件：熟悉并能够贯彻执行国家有关法律、行政法规和规章制度；具有财务、会计、审计或者宏观经济等方面的专业知识，比较熟悉企业经营管理工作；坚持原则，廉洁自持，忠于职守；具有较强的综合分析、判断和文字撰写能力，并具备独立工作能力。

2.消极资格

我国《公司法》第一百四十六条明确规定，有下列各款规定情形之一的，不得担任公司的董事、监事、高级管理人员：

① 无民事行为能力或者限制民事行为能力；

② 因贪污、贿赂、侵占财产、挪用财产或者破坏社会主义市场经济秩序，被判处刑罚，执行期满未逾五年，或者因犯罪被剥夺政治权利，执行期满未逾五年；

---

❶ 冉光圭，方巧玲，罗帅.中国公司的监事会真的无效吗[J].经济学家,2015（01）:73-82.

③ 担任破产清算的公司、企业的董事或者厂长、经理，对该公司、企业的破产负有个人责任的，自该公司、企业破产清算完结之日起未逾三年；

④ 担任因违法被吊销营业执照、责令关闭的公司、企业的法定代表人，并负有个人责任的，自该公司、企业被吊销营业执照之日起未逾三年；

⑤ 个人所负数额较大的债务到期未清偿。公司违反前款规定选举、委派董事、监事或者聘任高级管理人员的，该选举、委派或者聘任无效。董事、监事、高级管理人员在任职期间出现本条第一款所列情形的，公司应当解除其职务。

3.监事义务

董事、监事、高级管理人员应当遵守法律、行政法规和公司章程，对公司负有忠实义务和勤勉义务。董事、监事、高级管理人员不得利用职权收受贿赂或者其他非法收入，不得侵占公司的财产。[1]

第二节 监事会的设置与作用

履行监督职能的机构或人员是各国公司治理结构的重要组成部分。在不同国家、不同文化、法律等因素的影响下，对于行使监督职能的机构或人员是在董事会内部，抑或是在董事会外部设立监督机构，即是否设立监事会，并没有统一的结论。在学术界，各类监督模式也被认为各有其独到之处。因此，下面将介绍监事会设置在各国之间的差异、监事会在中国的实践以及监事会在中国运作的相关研究。

一、监事会设置的国别差异

1.“一元制”公司治理结构

“一元制”公司治理结构，也称之为单层制董事会制度。在这种制度下，没有另设独立的监事会，而是由外部董事行使监督职能，美国、英国等普通法

[1] 参见《公司法》第一百四十七条。

系的国家一般都采取这种公司治理模式。在“一元制”公司治理模式下，外部董事（其中包括了独立董事）被赋予了极大的权利用以实现对执行董事和公司经理人的监督和制衡。“一元制”治理结构形成的主要原因之一，是英、美公司股权结构的高度分散。在英、美等国，有时持有一家公司1%的股票就能成为这家公司的大股东，因此，没有一个股东能够实现对公司的绝对控制，就需要对执行董事和公司高级管理人员进行有效的管控，独立董事就显得尤为重要。

除此以外，独立董事制度还是董事和经理层的需要，这主要是基于法律层面来判断的。英美国家法律体系属于海洋法系，也称之为“判例法系”，主要是依照已有的判例来进行判罚，而已有的判罚案例中法院对有关公司经营、竞业等有关经济利益冲突的审查和判决中，一旦发现公司的这些行为经过董事会的同意，那么法院往往会作出董事会过错责任的注意义务或者按照经营判断准则来决定董事是否承担责任。在这样的背景之下，经营者考虑到自身的利益，赞同独立董事机制的引进也从侧面减轻了自身在经营和管理过程中面临的法律风险。

2.“二元制”公司治理结构

“二元制”公司治理结构，也称之为双层制董事会制度。在“二元制”治理结构之下，监督权和执行权分离，由两个不同的机构来行使，最典型的使用国家是德国。在德国的“二元制”治理结构中，股东大会选举的股东代表和职工大会选举的职工代表组成监事会，由监事会提名选出董事组成董事会，这样的结构之下，监事会具有以下几个特征：

（1）监事会拥有极高的地位和权利

德国公司治理结构之下，监事会集对董事的任免权和监督权于一身，和我国不同，德国的监事会还拥有批准特别交易的权利，这使得监事会已经具备了控制董事会的职权。

（2）员工代表在监事会中的地位高

与英美股东利益最大化的治理目标不同，德国主张企业价值最大化，也称之为“相关者利益最大化”，因此，德国要求职工参与公司治理，监事会中要有一半的员工代表。同时，在强大的工会支持下，监事会员工代表的权利能够很充分的行使。

（3）允许银行在公司监事会中拥有席位

德国的银行是全能银行，德国银行不仅仅是企业主要贷款提供者，“也是企业的主要股东，同时可以经营证券业，包括代客保管股票和代其行使投票权”[1]。

3.“业务网络”模式

与英美为代表的“一元制”治理结构、德国为代表的“二元制”治理结构不同，“业务网络”模式是日本公司的治理结构。在此模式下也设立监事会，但是从日本公司的股权结构来看，日本公司属于典型的交叉持股，一家公司的董事会成员往往由来自不同公司的代表组成，这种情况之下，董事会的权利往往集中在少数几个核心成员手中，而核心成员一般都是本企业内部产生的董事。因此，这样的治理结构很容易造成内部人控制问题，同样由股东大会提名任职的监事也来自不同的法人主体，无法对董事会进行有效的监督。为改变现状，日本公司借鉴外部独立董事机制，引入了外部监察人机制。但从实践来看，日本公司真正设立外部监察人的较少，监事会无法有效监督董事会的现象仍然严峻。

二、监事会的中国实践

从公司治理的结构来看，我国的治理结构类似于德国的“二元制”治理结构，设立监事会，但与德国监事会制度不同，我国的监事会和董事会均由股东大会和职工大会提名选举产生，属于平级机构，监事会对董事会行使监督权。在监事会引入、实践的过程中，我国于2001年引入了外部独立董事机制，对上市公司治理进行了补足。也就是说，我国目前的监督机制是以公司内部监事会制度和外部独立董事制度相结合的“双核心监督机制”为主。此外，由于我国的基本国情是以公有制为主导的经济体制，在国有企业中，党组织和纪委同样发挥了监督的职能。

自独立董事制度引入以来，关于监事会和独立董事的争论和研究有很多。有观点认为二者并存导致了很多冲突，诸如在维护中小股东权益这一方面基本一致、独立董事的监督范围被监事会全面涵盖、监事会和独立董事的监督职权被大部分重合[2]，这种现象不可避免地导致了两机构之间的互相推诿，不能

---

[1] 李曜．我国上市公司监事会制度研究[J]．财经研究，2002（04）：27-32.

[2] 罗礼平．监事会与独立董事：并存还是合一？——中国上市公司内部监督机制的冲突与完善研究[J]．比较法研究，2009（03）：87-94.

有效的发挥监督职能[1]。还有观点认为，独立董事的作用在于对公司发生问题的“事前和事中”发挥作用，而监事会更侧重于在“事后”起作用，这两种机制是可以相互协调的[2]。在针对党组织和纪委的研究中，有人认为，国有企业中，党组织参与公司治理中会使国有企业选择大规模的会计师事务所[3]，从而提高公司财务信息质量、提高董事会效率、降低高管薪酬与减少超额薪酬的发生[4]。纪委履行监督和检查职能，参与监事会治理能够显著降低公司代理成本[5]。

三、我国监事会制度如何发挥作用

自监事会制度引入以来，学术界对我国监事会制度的研究相较于董事会方面、股权方面还很少。研究多数是从法律角度出发，对经济和管理方面的研究也较少。由目前已有的从实证角度出发的研究来看，我国监事会有效性和作用机制如下：

1.监事会的有效性研究

监事会制度自引入以来，其有效性一直饱受诟病。在2005年以前，我国对上市公司监事会评价指标构建的研究处于空白状态，李维安、王世权（2005）[6]首先构建了以监事会能力保障性和监事会运行有效性为指标的监事会治理绩效评价模型，并利用2002年沪深两交易所上市公司样本数据进行了检验，结果证明监事会在财务安全方面有效性显著。在此之后，针对监事会虚化的问题，李

❶ 高旭军．对我国上市公司“双核心监督机制”的反思[J]．东方法学，2016（02）：58-67.

❷ 冯建生，徐会志．中国上市公司独立董事与监事会并购模式探析[J]．华北电力大学学报，2005（01）：39.

❸ 程博，宣扬，潘飞．国有企业党组织治理的信号传递效应——基于审计师选择的分析[J]．财经研究，2017，43（03）：69-80.

❹ 马连福，王元芳，沈小秀．国有企业党组织治理、冗余雇员与高管薪酬契约[J]．管理世界，2013（05）：100-115，130.

❺ 周泽将，雷玲．纪委参与改善了国有企业监事会的治理效率吗？——基于代理成本视角的考察[J]．财经研究，2020，46（03）：34-48.

❻ 李维安，王世权．中国上市公司监事会治理绩效评价与实证研究[J]．南开管理评论，2005（01）：4-9.

维安、郝臣（2006）[1]建立了监事会运行情况、监事会规模与结构、监事的胜任能力的监事会治理评价指标。王砚书等（2009）[2]也得出了相似的结论，考虑到监事的背景特征，冉光圭等（2015）[3]研究得出我国监事会发挥着积极的财务监督作用的结论。

2.监事会制度的作用机制

那么究竟是什么因素影响着监事会作用的发挥呢？监事会的职权是监督董事及高层管理人员，检查公司财务状况，其作用的发挥对公司绩效有显著的影响。从外生性视角来看监事会规模、监事任职资格、监事会运行情况、监事会持股比例、监事报酬和监事会会议次数，都影响着公司的经营业绩。从内生性视角来看，竞争性股权结构、股权激励都影响着监事会治理水平，股东、董事、经理人、监事四种内部治理机制之间存在着复杂的相互作用，监事会的经济独立性也能够提升企业市场价值。

第三节 我国监事会制度存在的问题

一种制度的引进，往往伴随着与本国文化、法律以及国情等因素相适应的“磨合”。就对监事会制度研究的总体而言，监事会制度实际运行评价较低，甚至有研究证明过监事会制度的失效。学界对于废除监事会制度，或是对监事制度进行完善，也有过很多的探索与讨论。那么我国监事会制度究竟有哪些问题？

一、监事会的地位低下

从中小企业板上市公司来看，我国的监事会发挥的作用很小，在公司治理

---

❶ 李维安，郝臣．中国上市公司监事会治理评价实证研究[J]. 上海财经大学学报，2006（03）：78-84.

❷ 王砚书，武侠，于佳欣．上市公司监事会制度与经营绩效关系研究[J]. 经济与管理，2009，23（11）：37-39.

❸ 冉光圭，方巧玲，罗帅．中国公司的监事会真的无效吗[J]. 经济学家，2015（01）：73-82.

结构中处于绝对的弱势地位，监事会的规模无法影响公司的业绩，这可能是经理级的强势地位造成的[1]。与此同时，我国上市公司董事会明显居于强势地位，这对会计信息质量产生了很大的影响，甚至波及监事会，董事会的强势也是监事会影响力弱化的主要原因[2]。

从委托代理理论视角来看，我国监事会制度的引进虽然参照的是德国“二元制”治理结构，但是并没有做到完全移植。在德国的公司“二元制”治理结构中，由监事会任命执行董事，并对董事会行使监督和任免职权，这就说明德国的公司治理结构中，监事会、董事会、经理层均有直接的委托代理关系，能够做到有力的约束。但是在我国的公司治理结构中，董事会和监事会均是由股东大会选举和任命的平行机构，经理层由董事会任命，监事会只行使监督职权和财务检查权。由于监事和其他二者之间没有直接的委托代理关系，现实中监事会行使职权需要董事和经理的积极配合。监事会有监督的职权，但是监督职权的行使受到制约是造成我国监事会地位低下的原因之一。

二、监事会独立性不强

从监事会成员构成来看，我国的监事会由股东大会选举的代表和职工大会选举的代表共同组成。研究结果表明，股权的竞争度与监事独立性成正比，也就是说股权竞争程度越高，监事会的独立性越强。但我国公司目前的股权结构状况大多属于股权高度集中，也就是公司控股股东对公司拥有绝对的控制权，可以利用自己的权威去推选监事，因此，股东代表的独立性很难保证。职工代表作为监事与其监督对象同属于一家公司，与自己的监督对象甚至有可能是上下级的关系，具有直接的利益关系，同时，我国的工会并不像欧美国家那样强大，无法对职工监事提供强有力的支持，因此，职工监事的独立性也无法得到保证。

---

❶ 石水平，林斌. 上市公司监事会特征及其经营绩效实证分析[J]. 贵州财经学院学报，2007（04）：73-76.

❷ 韩葱慧，沈琳. 上市公司监事会有效性的研究——基于会计信息质量视角[J]. 财会通讯，2010（06）：91-94.

三、监事的考核和激励机制不健全

首先，对监事会工作进行客观全面的考核是十分不易的。由于无法判断一家公司究竟存在着多少问题，也就无法根据监事会发现问题的多寡来评价监事会的有效性。学界构建了很多评价监事会绩效的指标，但是层出不穷的上市公司财务“暴雷”事件告诉我们，不能完全通过一家公司对外公布的信息来评判这家公司监事会是否发挥了作用。

然后，从激励的角度出发，由于我国存在“零薪酬”监事，大量的监事并不在任职的公司领取报酬，这就导致了监事失去了监督的积极性。与之相对应的，很多公司监事的薪酬低于经理的现象也使监事丧失了监督的动力。更有时存在着职工监事与被监督还是上下级的关系，造成了低代理成本，高监督风险的情况。

而缺乏完善有效的考核和激励机制又会使监事会的效率降低，从而形成了一个恶性循环。只有让监事会的报酬能够反映他们的工作量，才能有效地提升监事会的工作效率。有人提出，公司股票期权可以成为报酬的一部分，但持反对观点的人认为，监事持有股票期权会带来双向合谋的风险，对此，徐宁、徐向艺（2009）[1]对监事股权激励效应进行了检验，结果表明监事股权激励并不会带来独立性缺失与双向合谋问题，相反，在特定的公司治理机制的协调之下，对监事会实施股票期权激励对大股东和中小股东、股东和经理人这两类代理问题反而具有显著的治理效应。除此以外，针对我国国有上市公司，有观点认为国资委外派监事会，能够很好地避免考核和激励问题带来的委托代理问题，更加有效地实现监督职能。

四、与独立董事职能重叠

在我国目前的公司治理结构中，监事会的地位和权利既不可能像目前德国的监事会那样拥有直接任免和监督董事会的绝对权威，也不可能像目前英美公司的独立董事那样完全可以直接常驻公司并拥有很强的职权和独立性。正是对于这些制度背景和法律背景的忽视，导致了我国监事会的失效，因此才引入了独立董事制度对我国公司治理的监督机制作出了补充。但是，独立董事源于英

---

[1] 徐宁，徐向艺. 股票期权激励契约合理性及其约束性因素——基于中国上市公司的实证分析[J]. 中国工业经济，2010（02）：100-109.

美法系，而监事会是大陆法上的概念，二者之间可能存在矛盾和冲突[1]，在实际的运作中，独立董事制度与监事会制度存在严重的职能重叠，这就不可避免地产生了“搭便车”行为，二者相互扯皮、推诿严重降低了监督效率。但是，也有学者认为，独立董事更加注重在事前和事中发挥作用，而监事会在事后发挥作用，这两种机制是可以相互协调的。因此，监事会制度与独立董事制度在职能设定上的重叠，究其根本原因，很可能是对机构职能界定的问题，也就是没有明确的划清二者之间的界限。监事会作为我国法定的常设监督机构，并没有发挥出有效的监督作用，问题并不出现在制度层面，因此，独立董事制度的引入应当是对监事会制度的补充，而不是将二者职能进行重合的设定。引入一种监督的机制，更重要的应该是让其与本国的实际情况相适应，这样才能避免“三个和尚没水吃”的尴尬境地。

五、控股股东和高管的权利过大

在德国的“二元制”公司治理模式下，监事会拥有极高的地位和绝对的权威，因此，其监督权能够有效的行使；在英美“一元制”公司治理模式下，因为其股权高度分散，没有股东能够直接对公司实现绝对的控制，同时还有英美的司法背景让股东和经理层都希望有独立董事这样的存在来维护其利益，所以外部独立董事拥有很大的权利来实现对公司高效的内部控制。

但是在我国，上市公司股权高度集中导致了控股股东对公司实施过度支配，控股股东在事实上集股东权和经营权于一身，通过委派的经理实施对公司的控制，同时，由于监事会是由股东大会选举产生，这也就意味着监事会常常会在控股股东的控制之下，很难具有相应的独立性来行使监督职能。

第四节　保证监事会高效运作

从世界各国监督机制的形成和演进来看，都与本国的文化背景、法律背景和基本国情密切相关。我们要保证我国的监事会制度高效运作，要充分考虑目

[1] 范健，王建文.公司法[M].北京：法律出版社，2011：399.

前已有的各种问题，必须结合我国基本国情，才能最终形成具有中国特色的高效监事会制度。

一、完善监事会制度相关法律

1.明确监事积极任职资格

我国现行《公司法》中对于监事任职的积极资格并没有在法律上作出明确规定，而“中国上市公司监事会制度改革的逻辑起点是监督人员资质的专业化与独立性”❶，随着经济发展，企业规模不断扩大，企业内部管理越来越规范也越来越复杂，很多公司的监事并不具备足够的专业素质来对公司的各项经营活动进行监督。因此，要在法律层面对监事的积极资格进行明确，确保其具有读懂公司财务报告和审计报告的专业素质。

2.保证监事的独立性

而我国公司的最大特点是股权高度集中，股东大会选举的监事一般由大股东决定，公司内部人控制十分严重，监事的独立性很弱。因此，从完善法律角度确保监事的独立性是合理的。

首先，可以减小股份在监事选举过程中的权重。监事会设立的目的是保证全体股东的利益不受侵害，这其中当然也包括中小股东，但是由于大股东在监事选举过程中因其所占股份较多，很有可能在监事中安插自己的亲信，从而损害中小股东的利益。因此，为避免大股东侵占中小股东利益，保证监事的独立性和中立性，可以降低股份在监事选举中的权重。

其次，明确禁止交叉任职。我国《公司法》对交叉任职问题并没有明确的规定，有很多子公司董事或高管出任母公司监事的现象，这就造成了监督人同时也是被监督人的情况，严重损害了监督秩序。因此，应当明确禁止交叉任职。

最后，适当引入独立监事制度。考虑到我国股权高度集中带来的控股股东对公司过度控制的问题，独立监事的引入可以在一定程度上削弱内部监事和控股股东之间的利益关系。但是有实证研究证明，过多的聘请独立监事将导致监督效率的降低。因此，引入独立监事要适度。

---

❶ 王彦明，赵大伟.论中国上市公司监事会制度的改革[J].社会科学研究，2016(01)：89-96.

二、改善上市公司股权结构

从股权集中度角度来讲，股权结构有三种类型：第一种类型叫做股权高度集中，公司拥有持股比例超过50%的控股股东，其拥有公司的绝对控制权；第二种类型叫做股权高度分散，也就是所谓的“两权分离”即所有权与经营权分离，单个股东持股比例一般在10%以下；第三种类型介于上述两种类型之间，公司拥有相对控股股东，所持比例介于上述二者之间，同时公司还有其他大股东，但持股比例不多于相对控股股东。

在我国，大多数公司股权高度集中，控股股东拥有绝对的控制权，在这样的股权结构中，监事会的作用被弱化。“一股独大”的体制不利于监事会治理，形成前几位大股东相互制衡的垄断竞争型股权结构，才能提高监事会的效用。因此，可以通过改善上市公司股权结构的方式保证监事会的高效运作。

三、建立健全监事会考核激励机制

在之前的内容中，我们提到监事会工作很难进行客观全面的绩效考核，也正因为如此，考核激励机制不健全、激励不足，对监事行使监督职权的积极性会带来一定的影响。从目前来看，我国上市公司监事的薪酬水平不高，为提升监事工作的积极性，应当逐步建立监事的考核指标体系。从薪酬出发，完善考核与激励机制，建立能切实提升监事会工作积极性的激励机制。

首先，监事会考核激励机制的建立和健全是需要在明确的工作流程及更加细化的职责与权力的基础上的。要从法律和法规层面对监事会的运作有更详细的规定，以引导监事会合理高效的运作。

其次，改变监事的薪酬结构，监事会的薪酬水平和经营绩效是正相关的[1]，要使其薪酬能够全面客观地反映其工作情况，还要考虑到因其正常行使监督职权可能带来的损失。从薪酬设计方面保证监事的独立性。

最后，从激励的角度来看，针对内部监事和兼职监事可以予以股票期权激励、参加监事会议津贴等方式提升监事履职的积极性。

---

[1] 王砚书，武侠，于佳欣. 上市公司监事会制度与经营绩效关系研究[J]. 经济与管理，2009，23（11）：37-39.

四、优化监事会监督模式

“在二元制监督模式下，经营权与监督权的制度性分离，要求董事会与监事会紧密合作”[1]，才能使监事会更容易也更多地获取公司经营方面的各类信息。因此，要优化监事会的监督模式。从监事会对董事会与经理层行使监督和检查权来看，我们很容易将监事会放到与其他二者的对立面当中去，这就导致了被监督者抵制积极履职的监督者。而监事会一旦和被监督者过于紧密，又容易造成监事会失去独立性。所以要优化监督模式，建立合理有效的合作监督机制。

一是要清晰的界定监事会和被监督者之间的界限，避免出现“权力寻租”问题。我国的公司中有很多管理人员兼任监事的现象，应当从法律层面将经营管理权和监督权彻底分离。二是实现监事会和董事会的双向沟通，现行《公司法》中监事有列席董事会的权利，但并没有相关的协商机制，大大弱化了监事会对企业经营及财务风险的预防作用，因此，应当建立有效的协商机制，以使得监事会能够更早、更准确地获取信息。

本章小结

我国的监事会制度是对德国“二元制”公司治理结构的引进，但又有所不同，因此出现了一系列的问题，从引入监事会制度以来，我国对监事会制度的探索不断深入，逐渐形成了具有中国特色、符合中国国情的监事会治理机制。

监事会治理是我国公司治理中的重要一环，本章详细介绍了监事会的概念和特征，同时对世界各国典型的监督机制进行了简要的概述，从已有的研究成果出发，概括了我国监事会影响公司经营的一些方面。针对我国监事会制度的现状描述了我国监事会目前存在的一些问题，最后，为保证监事会的有效运作提出了一些建议。

思考题

1. 我国监事会制度中存在哪些不足?
2. 监事会如何保证其独立性?
3. 中国监事会治理存在哪些问题？未来如何改进?

---

[1] 彭真明，陆剑．德国公司治理立法的最新进展及其借鉴[J]. 法商研究，2007（03）：145-151.

第六章 管理层制度与公司治理

【学习目标】

1. 掌握管理层相关的基本概念，区分高管的分类。
2. 了解三种管理理论及其背景意义。
3. 了解管理层权力激励的原因及权利约束的几种方法。
4. 了解高管薪酬与公司审计质量之间的相互作用。
5. 掌握公司成长性的表现因素，了解高管薪酬对公司成长性影响。

第一节 管理层的内容概述

一、管理层基本概念

1.高管

根据我国《公司法》中定义，高管是公司的高级管理人员，分别包括公司经理、公司中的副经理还有财务负责人、董事会秘书等。而一般意义上的高管，是指拥有企业经营权并同时对企业经营的成果直接负责的管理者。目前我国公司高管可以大致分为三类：第一种是指总经理、副总经理和董事会秘书；第二种只包括董事长和总经理；第三种认为高管是指董事会、监事会和高级管理层人员。本书在后文中将讨论的管理层，是指由总经理、副总经理、非独立董事所构成的管理层团队。

2.高管薪酬

公司高管薪酬是世界范围内社会持续关注的话题，在一定程度上也是2012年美国出现“占领华尔街”运动的原因。游行者们除了反对华尔街拿高薪的高管之外，其实反对的也是整个美国商业社会的贪婪。从1970年开始的短短三四十年时间内，扣除通货膨胀因素以外，美国企业高管平均薪酬上涨了四倍左右。而与此同时，美国的普通员工，也就是蓝领或者白领职员的薪酬，在扣除通货膨胀因素后却没有什么实质性的上涨。公司高管巨额的薪酬上涨，其中一半左右是来自于股权激励，另一半则是工资和其他福利的增长。同时，高管高薪逐渐发展成为一个全球现象，不仅在美国，在其他世界各国，企业高管都拿到了越来越多的公司股权和越来越高的薪酬。

那么，高管的薪酬有多高呢？

一方面，从绝对水平的维度来看，美国有一项调查发现，即使在2007～2008年金融危机的时候，高管的平均薪酬仍高达1100万美元左右。当时股价大跌，美国股市下跌近30%，广大股东正承受高额损失，但高管的薪酬却没有出现明显的下跌。根据美国《福布斯》杂志的统计，2012年美国收入最高的高管是麦克森公司（McKesson）的CEO，这位公司高管在一年里获得的所有薪酬加在一起是1.3亿美元。他在过去五年里面，薪酬总额高达2.85亿美元。

另一方面，从历史的维度来讲，高管的薪酬和普通员工薪酬的比例也达到了非常惊人的水平。将美国高管的平均薪酬和普通工人的平均薪酬做比较，在1966年的时候，美国高管平均薪酬大概是普通工人的25～30倍，在1980年的时候，这个比例已经上升到了40倍左右，而到了1990年则达到了100倍，在此之后，这项比例变得完全失控，在2000年互联网泡沫最高峰的时候，这个数字达到了525倍。推动这个倍数不断上涨的原因，其中之一就是很多高管的薪酬不是从工资来的，更多是来自于公司授予高管的股份或者是高管可以以低廉的价格购买公司股份的权利。这种权利在牛市的时候是非常有价值的。在2007～2008年金融危机的时候，虽然上述比例比互联网泡沫的时候稍微有所改观，但是仍然处在一个历史高值。高管和普通员工的收入比例在2006年的时候是364倍，在2007年是344倍。

从一般意义上来讲，高管的薪酬可以分为显性薪酬与隐形薪酬。显性薪酬是指货币薪酬、股权激励等；而隐形薪酬主要是高管以在职消费为主的福利。自从我国资本市场建立以来，股权激励一直被视为有效激励手段从而被众多上市公司采纳。而近年来从很多的事实中证明，由于我国资本市场发展程度并不高，股票期权有难以计算等客观困难的存在，股权激励并不一定能够成为有效的激励手段。随着我国国有企业改革，民营资本地位逐步上升，管理层权力也越来越大，而与之对应的监督管理机制尚不健全，就为管理层操控货币薪酬与在职消费提供了平台。

二、管理层基本理论

（一）委托代理理论

委托代理理论是现代公司治理的重要理论基石，该理论源于公司所有权和经营权的日渐分离。随着近代生产力水平的大幅度提高，公司发展的规模日益扩大。企业的所有人因为精力有限，从而无暇同时兼顾企业所有者和管理者的双重身份，因此势必要引入具备专业技能的管理人才来代替自己管理和实行企业的正常制度和运行。由此逐渐产生了企业经营权与所有权的分离，公司的所有人与聘请的管理人员之间的关系就是委托代理关系。

委托代理关系包含有两个客观的基本条件：一是交易双方均是具有利益趋向的人，具有一切为追求自身利益最大化服务的天然属性；二是双方有存在信息不对称的现象，代理人比被委托人有更大的信息优势。

在委托代理关系中，委托人和代理人两方都期望以最小的付出成本获取最大的收益，因此他们之间很有可能会产生利益摩擦。一方面委托人希望代理人能够兢兢业业，穷尽自己的力量来实现股东团体利益和企业盈利，另一方面代理人也希望能用最短时间做完工作以平衡工作和闲暇，同时通过各种在职消费用于自己品质化的生活或者社会地位的提升，有的甚至采用某些过激的行为以损害企业的利益为代价来获取暂时的利益，导致企业承担了高昂的经济成本。

在委托方与代理方的合同中，由于信息不对称，委托方只能了解到代理方的能力并不能直接了解到代理人的行为，只能通过双方的表现、知识背景和从代理人的言语上进行判断，这就具有相当大的不稳定性和不确定性，因为代理人可以过度包装、制造虚假的信息或隐瞒真实的情况以得到利润。

此外，签订合同后，委托人将不直接参与企业的具体生产和经营。由于权力分散，委托人很可能无法及时发现受托人的自私或偷工减料等行为，受托人侵犯了企业的利益和寻租行为，这将导致大量的代理成本由公司支付，甚至导致公司的信任危机。

因此，委托代理理论的本质在于如何在信息不对称的情况下能够有效地激励代理人，产生出最大的企业价值，降低代理成本。在此基础上，逐渐衍生出两个重要的思想流派，即最优契约理论和管理权力理论。

（二）最优契约理论

20世纪70年代末，霍尔姆斯特伦通过模型示范了一个主体应如何为一个代理设计最佳契约，而代理的部分行为是无法被主体所察觉到的。这一信息原则精确地诠释了该契约如何将代理人的薪酬与绩效相关信息联系起来。霍尔姆斯特伦运用这一基本模型，展示了最优契约如何慎重权衡风险与激励。

在随后的研究工作中，霍尔姆斯特伦将这些研究成果推广到实际应用中，以更好地解决现实中的一些问题，例如代理人在很多任务上付出努力，但主体仅能观察到一部分；还有团队中的个别成员可以搭便车享用其他人的努力成果等问题。

到了20世纪80年代中期，哈特为契约理论的一个新分支领域研究作出了根本性的贡献，这一研究针对解决的是不完全契约这一重要问题。因为契约不可能指定每一种可能性，新分支理论阐明了控制权的最优分配，即契约的哪一方应该在哪些情况下作出决定。

在现代的公司和企业中，股东作为委托人会找到一些高级管理人才，赋予他们经营公司的权利。当然，为了使双方利益最大化，提高双方信息不对称导致的利益冲突所带来的潜在代理成本，股东主要会采取两种方式：监督和激励。

实际上，在监管层面，股东可以支付部分额外成本，聘请独立第三方来监督和管理高管的行为决策，但这可能不如直接增加高管的激励效果有效。作为核心的激励机制，薪酬激励可以说是用来协调和缓解委托人与代理人之间关系的一个有效的手段，和最好的解决委托代理问题的办法。

薪酬激励的根本目的是最大限度地将公司绩效与高管薪酬“挂钩”，提高高管薪酬与绩效的敏感性。换句话说，公司的业绩越好，高管的薪酬就越高。因此，最优报酬契约的设计理念，一方面，强调企业的销售业绩和股东最大化利润；另一方面，它可以有效地提高高管的个人能力，从而达到互相促进的结果。

当高管和股东达成协议签订合同，该公司的董事会通常会接受股东的要求议设立薪酬委员会，将用于招聘高管、对高管薪酬的制定和评估他们的表现。签约期间，应该以股东为主，主动维护股东的利益，以确保双方的共同利益，从而实现的合同的优化。在合同签订和履行过程中，应详细合理地制定薪酬合同，明确风险和责任分担方式，高管薪酬激励必须与公司业绩挂钩，保证其他股东提供的预期收益。同时，效用损失造成的不足或过度激励都应尽量避免，以真正实现有效合作和能够将利润分享给公司的高管与股东。

（三）管理层权力理论

最优契约理论是一种让股东和高管双方都能够得到利益最大化的最优薪酬激励方案，该理论需要一定的条件。如果不能同时满足这些条件，将无法顺利执行契约，从而使薪酬激励的作用变小。这样的话，高管的薪酬激励便将无助于代理问题的解决，反倒会有助于代理问题的产生。目前，最优契约理论有三个前提条件：董事会的谈判有效；市场对其有约束力；股东能够自如行使权力。

但是在实际企业的经营过程中，往往难以满足以上基本前提，尤其是在内部股权比较分散的企业，市场外部力量往往不够强大，在这种情况下，股东对管理者的监督权就会相对较弱，高管人员很可能会利用其日益增长的权力谋取私利，甚至干预企业的重大决策。对董事会的独立性与评判力产生重大影响，这样的话，最优契约理论的理想环境无疑就被打破了，现实理论指导意义就不那么明显了。在现实情况中，针对以上三个前提条件，容易产生以下几个问题：

1. 高管们往往可以绕开董事会的监督，利用自己的权力影响自己的薪酬

他们拥有的权力越大，他们得到的报酬就越多，他们也就越想要得到报酬。而高管薪酬总额越高，公司承担的代理成本就越高。虽然根据管理理论，高管的任命是由董事会以公平、公正、认真、负责的态度进行的，但在现实中，高管会在一定程度上利用自己的权利干预股东与董事之间的谈判。也就是说，他们愿意选择那些听话的、有利于自己的董事会成员，这使得董事谈判的有效性难以实现。

对于董事而言，一方面，由于董事自身的利益需求和公司制度的不完善，董事可能不会真正代表股东的利益，公司董事和其他股东之间可能会有代理问题，这极大地削弱了对管理层的限制性监督。另一方面，董事的职责不仅包括对高管人员的监督，还包括支持高管人员执行指令。基于成本、时间和团队利益，董事可能会主动避免与管理层发生冲突，故意弱化对其的监督。所以董事会与管理层谈判并不总是有效的。

2. 市场不能够有效发挥应有的约束效力

假如说，当某个企业经营不善，股票价格受到影响大幅下跌时，便会容易招致竞争对手的收购，同时有可能影响到高管的去留。现有的法律、法规、制度和高管与股东事先签订的薪酬安排均会对高管权益进行较好的保护，一旦发生高管被免职的状况，公司将付出高昂的薪酬补偿并向外传递出经营动荡的信号，所以股东一般不会轻易解聘高管而是与其达成一致从而避免这类现象的发生。这就导致了敌意收购往往难以撼动高管的既得利益，而其薪酬水平也可能不降反升，这更加纵容了高管的寻租行为。外部产品市场竞争对高管人员的行为起到了一定的规范限制作用，虽然无效率的行为将导致公司在激烈竞争中处于劣势，产生利润锐减、经营收缩甚至失败的负面效果，但管理者的薪酬却可能并未呈现出下降的趋势，因为公司总利润从股东到高管的再分配一般不会对生产经营效率产生重大影响。综上所述，市场的力量可能不会对高管薪酬产生严格约束，只是在发现高管薪酬定价违背最优契约理论时施加一定的引导控制，防止过大偏离的产生。

3. 如果股东不能充分有效地行使权力，那么就会促进管理层权力的进一步发展

理论上，股东可以通过起诉法院、抗议董事会和投票反对管理层持股计划的制定来限制高管薪酬。但在实践中，这是很困难的。

首先，虽然法院允许股东对高管薪酬契约提出质疑，但由于法院工作人员

不熟悉薪酬契约的设置背景，也缺乏时间、精力和专业知识研究薪酬契约的合理性，所以在一般情况下法院不会轻易对高管薪酬实施强制性的约束性的宣判。

其次，如果股东对董事会制定的薪酬契约提出抗议，必须提供相关证据证明董事会违背了公司章程，没有独立履行自身的职责，但是如何取证十分困难，同时股东不能直接对董事会提出基于高管薪酬契约的诉讼。所以股东对董事会的起诉只能以伤害公司利益为由，而不能直接针对高管薪酬提出，诉讼流程的迂回与复杂也阻碍了股东权力的有效实施。

再次，股东尽管可以投票反对高管实施股票期权计划，但其表决的往往只是一般化的期权合约，可能并不涉及单独具体的高管期权持有计划。从实践来看，只要高管薪酬不是高得离谱，股东一般不会强烈反对，因为有能力的高管很可能因本公司未通过的期权持有计划而离职，这将为公司价值带来较大损失。

然而，最优契约理论认为高管薪酬的增加不能完全归因于管理权力的扩大，董事会对期权感知的低成本和外部的职业经理人市场的逐步发展也是管理层薪酬持续增加的重要因素。管理权力理论有助于我们从侧面全面、辩证地思考行政权力、高管薪酬和公司治理，具有重要的理论和实践价值。

两种理论的指导环境并不冲突，而且可能有一定的互补性，最优契约理论一直强调执行动机建立在双方利益最大化的基础上，合理有效的薪酬合同可以减少代理问题，通过激励机制的耐心指导和有效监督，管理者可以控制和减少权力过大带来的不良后果。权力和管理理论在一定程度上可以弥补最优契约理论的不足，从管理者的角度看，公司治理结构的有效性和外部市场促使股东对补偿合同的检查能顺利实施，帮助股东更好地分析、审查、确定经理人行为，增强薪酬绩效的敏感性，达到最大化股东财富和公司价值的最终目标。

第二节　管理层的激励与约束

一、管理层的激励

如何提高企业绩效，一直是企业和公司集团等关注的焦点，而在提高企业绩效的道路中，管理者的权利引起了大家高度重视，“两权分离”会让公司管理人员与所有者出现利益方向的分歧，从而产生了“代理问题”，降低了企业的绩效。

为了解决“代理问题”，人们积极寻求各种有效的激励机制，使管理者的利益和企业的利益尽可能一致。目前来看，最常用的激励机制有两个，一是管理层薪酬激励机制，二是股权激励机制。

在高管薪酬激励机制中，管理层收入由基本收入和风险收入构成，风险收入取决于管理者当前为企业作出的贡献的多少，这将使管理层与企业管理效益紧密结合，从而形成的一种内部动力，鼓励管理层自发的管理来提高企业业绩。

在股权激励机制中，管理者被发放公司一定比例的股权，这就使得管理人员可以作为股东从而参与公司决策。这种个人利益与企业长期利益紧密相连的激励机制，促使管理者不得不注重企业未来的发展，可以有效避免短期行为的发生，形成长期风险共担模式，共同利益促进了企业长期健康稳定的发展。所以说企业管理激励机制可以在一定程度上，提高公司的绩效。管理层激励对于提高企业绩有非常大的作用。薪酬激励机制可以让管理层努力工作，统一公司利益和自身利益，通过各种手段提高公司绩效。管理层持股比例对公司绩效有明显的正向激励作用。股权结构对公司的绩效也能有很大提升。可以说每股的最终价值与控股人的工作效率有非常明显的关系，即当最终控股人为高管的时候，能够更好地促进公司绩效的提升。

二、管理层的约束

法国著名思想家孟德斯鸠曾经说过：“一切有权力的人都容易滥用权力，这是万古不易的一条经验，有权力的人们使用权力一直到遇有界限的地方才休止。”这句话同样适用于公司治理中的管理权。

如果管理层权力比较弱，那么对公司员工的掌控也会比较弱，这将会导致公司的日常经营和管理失控，公司发展就会受到限制；但是，如果管理层权力过大，则会产生更大的负面影响。例如，管理层权力过大，直接导致董事会和监事会失去了监督和约束的作用。公司的治理机制失效，管理层说一不二，那么公司的控制权和监督权便会合二为一，这就会使公司权力失去控制。在这种情况下，公司是否能够稳定发展就完全是看领导人的个人能力了。当领导人个人能力很强，同时有着很高的职业操守，始终贯彻以股东价值最大化为工作目标时，那么公司甚至能够得到非常好的发展；如果相反，他们必然会利用职权来谋取私利，这就会对公司经营发展造成很大影响，公司本身会走下坡路甚至衰亡，而高管个人却收获颇丰。所以说，管理层的权力必须受到合理的约束，必须利用长期有效的机制限制管理层的权力，把管理层的权力关到制度的笼子里。

在管理层权力形成后，从短期内来看具有一定的不确定性。在权力形成的初期，对公司存在着积极的作用：一方面这部分权力可以有效激励管理层，另一方面管理层可以在一定程度上影响公司发展方式，这有利于提高公司的工作效率。但是随着时间推移，权力逐渐增大，不良后果也会逐步产生。公司机构臃肿，效率降低，管理风气不正。所以说非常有必要对管理层权力进行有效的约束，对管理层的权力约束主要有以下几方面：

（一）股东方面的约束

在股权分散的情况下，股东对管理层有很大的约束。在这种情况下，薪酬合同牢牢掌握在股东手中，股东拥有对管理层的任命权。当太多的管理者拥有的权力不受约束，并带来更严重的经济后果时，股东可以考虑改变制衡机制或人事安排以解决问题。此时的约束力便来自调整组织结构，或使新管理层能够对原有管理层进行制衡，甚至完全改变管理层。当股权分散时，股东因素可以有效地抑制管理层的权力。然而，当公司股权集中时，那么公司管理层通常是大股东的代言人，他们会利用管理层进行架空。此时，小股东对管理层的监督作用非常有限，股东的约束作用将会减弱。在我国，基本上大股东持股比例较高，股东对管理层的约束作用有限。

（二）法律方面的约束

法律因素是制约管理权力的重要因素。当法律制度不健全时，内部控制人（大股东和高管）由于法律风险低，容易侵害外部投资者的利益。但是随着成熟的法律法规体系的建立，保护投资者，特别是中小投资者的机制不断增强，内部控制人面对的诉讼风险更高，外部投资者收益的成本也会增加，当成本高于个体所获得的收益风险的时候，内部控制人将会选择不去侵占公司的利益。在我国《上市公司治理准则》中有描述，如果一个公司的单一股东及其一致行动人拥有权益的股份比例超过30%，那么就需要采用累积投票制度，这种制度，有效保护了中小投资者的利益。然而，从全球角度来看，中国的法律法规在保护中小股东方面做得还不够。

（三）市场方面的约束

影响管理权力的市场主要是资本市场。在资本市场上，对于股东可以通过“用手投票”和“用脚投票”来限制。如果管理层权力过大，股东可以直接出售股票。在公司控制的市场中，当管理层的权力过大时，公司就会有可能被其他人收购，管理层也将会被更换。这间接增加了管理层侵害股东利益的成本。在成熟的职业经理人个人市场中，对职业道德有很高的要求。如果管理层滥用权力，将会降低其声誉，降低其竞争力，并且未来的现金流也会减少。我国资本市场的发展成熟度不高，我国大部分国有股无法在资本市场上流通，“用脚投票”机制的作用并不是很大，而且由于我国的股权相对集中，“用手投票”也无法发挥正常作用。并且，中国对公司收购有一定的限制，这限制了市场对公司控制权的作用。最后，我国职业经理人市场的发展还处于初步发展阶段。对于国有企业来说，管理层通常是由大股东任命的。这些都影响了职业经理人市场的制约作用。

（四）政府监管的约束

政府有改善上市公司治理模式、维护中小股东利益、发展资本市场的义务。除了市场因素外，政府也是一支强有力的力量。上市公司出现内部治理混乱、管理层危害中小投资者利益、影响资本市场秩序的状况时，政府可以利用行政手段强行停止管理层行为，对其进行制裁和管制，较为严厉的手段是处罚管理层成员终身禁入证券行业。在我国，现有的政府监管以宏观制定政策为主，管制手段采用较少，还不能完全满足市场的需求。但从长期来看，随着金融改革的深入，政府监管也将成为制衡管理层权力的一项关键因素。

（五）文化、风俗习惯的约束

在一个开放的社会中，强调的是每个个体，每个人都是平等的，那么管理的力量更容易受到质疑。比如说在欧美国家的公司管理层权力会受到更多的关注，舆论的压力也更大，具有更强的约束管理的力量。由于中国在历史上长期处于封建统治之下，强调服从，强化“最高领导人”的作用，因此对管理权力的质疑较少，管理权力的滥用更为明显。

第三节 高管薪酬与审计质量

一、高管薪酬与审计质量的关系

薪酬是公司内部治理的激励机制，审计质量是公司外部治理的监督机制。它们都可以在企业发展中发挥出积极的作用。当高管薪酬和审计质量共同影响一个公司的资本配置效率，会产生两种情况：一方面随着审计质量的提高，高管薪酬对一个公司的资本配置效率将提高；另一方面随着审计质量越高，高管薪酬对资本配置效率产生的作用反而越弱。

当所有权和管理者高度分离，将会产生非常严重的代理问题。如果将有效的激励机制和监督机制结合起来，减少代理冲突，将对提升企业价值有很大的好处。一个有效的薪酬激励机制可以减少代理问题，从而使股东得到最大利益。但如果，没有对高管人员的适当监督，单独的激励手段很难发挥作用。根据最优契约理论，对管理层的监督越困难，越需要用高管薪酬激励管理层，说明高管薪酬与审计质量之间存在替代效应。而且高管薪酬与外部审计均具有公司治理效应，有利于公司价值的提升，且在影响公司价值时他们存在可替换的情况。综上所述，如果审计质量提高，那么企业的会计信息就会更完整，从而有助于股东监督管理者的投资决策，约束他们利己的行为。所以，审计质量如果不断增高，那么管理层的薪酬激励的作用就会越来越不明显。

二、如何促进高管薪酬和审计质量的正向发展

高管薪酬和审计质量都会对公司的生产和发展产生积极的影响，但是有时也会产生替代效应，有可能审计质量越高，高管薪酬对公司发展的促进作用反而越小。因此在审计质量低的情况下，高管薪酬高的激励机制对提高企业的资本配置效率有很大的帮助。在审计质量比较高的情况下，审计监督机制与高管薪酬之间会产生替代。所以说，在审计质量较高的情况下，企业通过增加高管薪酬来提高资本配置效率的必要性就大大降低了。为此，我们可以从以下几个

方面着手：

（一）进一步细化完善高管薪酬的相关政策

因为两权分离的影响，管理层往往为了一己私利而侵犯股东的利益，导致公司运行效率低下。因此，进一步细化完善高管薪酬的相关政策对于提高公司运行效率非常有帮助。现如今，我国高管薪酬激励的方式过于单一，对高管的激励效果有限，所以应推动薪酬激励机制的多样化、个性化。

（二）从各个方面提高审计质量

可以适当加强会计师事务所的直接责任认定，如果会计师事务所出现审计错误，那么要适当给予一定的惩罚。这样，会计师事务所就会合理地规划审计资源，在一定程度上对审计程序进行规范，从而获得充分清晰的审计证据，得到比较贴合实际的审计结论，以提高审计的质量。

将审计费用放在阳光下运行。达到的会计师事务所就可以向公众进行公开审计收费，这样可以防止会计师事务所为了吸引客户等而做出损害审计质量的行为。最后，加强政府相关部门对审计市场的监管。如果相关政府部门能够妥善发挥合理的监督引导作用，那么就不仅降低了审计失败的风险，而且可以为审计人员提供良好的职场安全性。

第四节 高管薪酬与公司成长性

一、公司治理效率

目前，公司治理效率已成为公司治理领域的热点问题。公司治理效率可以分为两个层次：一方面是结构效率；另一方面是适应性效率。从通俗意义上讲，公司治理效率就是治理效益的最大化和治理成本的最小化。因此公司治理是指公司管理治理效率的机构的有效运行，在处理各种有可能影响运行效率的问题中，公司治理效率较高的表现是能够达到公司治理成本最小化和治理效率最大化。

英荷合资企业保健品制造商利洁时集团早在1996年就对内部各级管理层的薪酬机制进行过大的调整，成功地将公司业绩提高，此后盈利额连年攀升。2008年，公司净收入从53亿英镑增长为66亿英镑，涨幅达25%，净利润由9.38亿英镑增长到11亿英镑，涨幅达17%，可谓涨势喜人。

利洁时集团把所有高管的绩效薪酬与他们的经济附加值联结在一起，从公司及整个行业的角度，综合考量其在任期间公司的销售净增长额、税后利润、净运营资本等，而且不以个人绩效设定高管薪酬，而是全面考虑团队的表现。副总裁彼得·哈弗是推进这一系列改革的功臣之一，“这种方法非常直截了当，我们让每一位员工理解这一薪酬机制的运作，效果很好”。

另外，公司还有一套完整独立的长期激励方案，每年按级别与个人绩效为高管提供股票与期权奖励，以每股盈余增长来考量业绩表现，“每股盈余必须在3年间提高30%，高管才能拥有股票与期权的配发权，”哈弗表示，“而这一标准要远远高于业内平均水平”。也有一些股东愿意采取其他的业绩考核指标，如股东总回报，“但我们尽量避免采取这种方式，因为可能导致一些脱钩于公司总体业绩的结果”。

薪酬结构更新后，随着公司收入与股票价格的稳定攀升，CEO巴特·白克迅速成为英国当时最高薪酬的首席执行官之一——2008年他拿到了475万英镑的薪金。

二、高管薪酬与公司成长性

在3837家上市公司的2019年年报中，A股薪酬冠军为方大特钢原董事长谢飞鸣，薪酬为4122.46万元，紧随其后的是华夏幸福联席董事长、总裁吴向东和金科股份总裁喻林强，2019年薪酬分别为3868.93万元和2925.73万元。

公司的治理效率从一定程度上代表了公司的成长性，是公司成长性的重要体现。那么高管薪酬究竟是通过哪些方式影响公司治理效率进而影响公司成长性的呢？

（一）管理层权力与高管薪酬的关系

管理层权力的增大会影响高管薪酬规范。

在我国大部分公司中，很多都存在内部治理机制不健全的现象，导致公司管理层的权力缺乏控制和监督。具体来说，上市公司高管可以通过董事会及其拥有的相关权利，在很大程度上控制和操纵董事会的决议，此外，高管们也可以通过某些方式来控制监事会。在其他上市公司中，虽然可能存在现实意义上的大股东，但在许多公司中，大股东本身也是高管人员，或者与高管人员有关系，或者与高管人员串通。这样，高管人员很容易控制董事会、监事会等内部治理机构，这为中国上市公司高管利用权力操纵薪酬提供了一定的基础条件。

此外，由于我国市场经济发展起步较晚，约束高管行为的相关市场机制还不够成熟。一方面政府部门对上市公司的并购进行了严格的限制，因此高管薪酬异常导致公司控制权直接转移的风险较小。另一方面限制高管行为的相关政策法规不够完善，因为目前更多的关注点在于企业利润和业务量上面，而不是高管个人的非正常薪酬。这为公司高管利用自身的权力操纵薪酬提供了有力的支持。

然而，根据管理权力理论，当管理的力量足够大，没有相应的约束，管理人员可以使用他们的权力寻求租金，影响甚至控制他们行为所带来的报偿，造成高管薪酬的偏差，这可能最终导致高管薪酬成为代理问题的一部分。在中国上市公司中，由于存在高管利用职权操纵薪酬的内外部条件，所以高管可能会影响甚至操纵薪酬。

（二）高管薪酬与公司绩效的关系

高管薪酬会促进财务绩效、股票市场绩效。

在我国的大部分国有企业中，都存在复杂的多级委托代理关系，从而必然会出现各种代理问题，其中公司管理层和所有者之间的代理问题是比较棘手的问题。例如，委托人和代理人的定位明显，委托人追求的是盈利，有时甚至追求政治上的诉求，而代理人可能想要的是更多的钱。因此，在中国上市公司中，高管与股东之间代理缺失的概率和可能性都比较大。

那么这个时候通过短期和长期的薪酬激励机制的激励，就可以在一定程度上，缓解股东和高管之间的矛盾，使公司得到健康平稳的发展。因此，高管薪酬激励可以使委托人在一定程度上，在追求自身利益的同时也努力实现股东利益的最大化。

（三）高管薪酬与代理成本的关系

高管薪酬越高，管理费用率就越高，总资产周转率就越低。

上市公司高管与股东之间可能会出现代理问题，代理问题会导致代理成本的产生。由于我国上市公司的特殊性，在上市公司中可能普遍存在着国有大股东缺位和众多中小股东分散，或者是大股东与高管人员兼任或合谋的现象，再加上上市公司内外部监督管理机制的不健全等，其可能导致我国上市公司管理层权力较大，为管理层影响其薪酬制定创造了条件。

在这种情况下，中国上市公司的高管可以凭借自己的权力夺取董事会和监事会的权力，并影响甚至控制其薪酬的制定。此外，高管的薪酬增长可能很快，甚至过快。一方面，它可以激励高管努力工作，在一定程度上提高公司的业绩。另一方面，高管薪酬增长过快，可能偏离正常轨道，导致薪酬异常。但是，高级管理人员也可以在任何时候操纵他们的薪酬的制定。这样，高管在工作中会追求更奢侈的自我享受，会在工作上花更多的钱，导致管理费用比例较高。或者高管为了证明自己的经营能力，获得更多的个人利益，可能会进行一些高风险的投资。投资失败会导致公司资产周转速度下降，增加公司的代理成本。

本章小结

在本章中，我们系统学习了管理层的概念和一些基本原理，当然这些基本原理只是基础理论，通过了解和掌握这些内容，可以让我们对公司高管的产生和发展有一定的了解，并为之后内容的学习做好铺垫。其次，我们不但了解到了管理层为什么需要激励，更是知道了对管理层权力进行约束的种种办法，管理层权力的激励和约束之间的平衡点正是如今各大公司所追求的目标，掌握了平衡点，也就掌握了管理层权力制衡的核心内容。最后，我们知道了高管薪酬和审计质量之间复杂的相互作用关系。当然，影响公司审计质量的不仅仅只是高管薪酬，但是权衡好高管薪酬和审计质量之间的关系对公司的发展是大有好处的。此外，我们以公司治理效率为切入点，展开了对公司成长性的三个方面影响的讨论。高管薪酬作为公司治理的一部分，对公司健康发展产生的影响非常大。所以说，要想使公司长久稳定发展，势必要做好高管薪酬的管控工作。

思考题

1. 在公司治理中，还有哪些管理理论？
2. 在中国，国有企业和非国有企业的管理层关系有哪些异同？
3. 除了书中提到的管理层的激励方式，你还知道哪些呢？
4. 管理层约束的方式对公司发展会具体产生哪些影响呢？
5. 影响公司审计质量的因素中，除了高管薪酬，你还知道哪些？
6. 为了避免高管薪酬与审计质量的替代作用，你还能想到什么好方法？
7. 在公司发展的不同时期，高管的薪酬对公司的影响力是一样的吗？
8. 高管薪酬在中国公司与中外合资公司的影响力异同在哪里？

第七章

独立董事与公司治理

【学习目标】

1. 了解独立董事制度的产生与发展，了解在不同历史时期及体制下独立董事的不同及变化。
2. 了解独立董事任职过程中可能存在的风险及风险防控，着重掌握我国独立董事保护机制中的自我保护。
3. 了解我国独立董事目前的履责情况及客观环境。
4. 明确独立董事与企业绩效的关系。

第一节 独立董事与公司治理的研究现状

众所周知，公司管理层根据所在的岗位不同会对公司治理产生不同程度的影响，独立董事作为公司管理层的一员，在其履行职责的过程中也会对公司治理产生影响。目前，众多学者以不同的视角为切入点针对独立董事的特征对公司治理的影响展开研究，包括对上市公司经营绩效的影响、信息披露的影响及资源获取能力的影响，所关注的方面包括独立董事的津贴、比例、职业背景、专业背景、年龄等。

一、独立董事对上市公司经营绩效的影响

上市公司的业绩受到独立董事的津贴、比例及职业背景等特征影响。魏刚等（2007）通过研究证明独立董事的教育背景对公司业绩并没有正面的影响，同时发现有政府背景和银行背景的独立董事比例越高，公司经营业绩越好。陈伟民（2009）通过研究证明独立董事多重任职和任期与公司经营业绩负相关，且影响行业专长绩效作用的发挥。陈运森等（2012）通过研究证明用独立董事网络中心度解释的高管薪酬部分对未来业绩有促进作用。张恩众等（2015）通过研究证明从控制企业风险的角度看，独立董事占比并非越多越好。马如静等（2016）通过研究证明综合型学者独立董事在提高业绩、提升CEO变更——业绩敏感性中作用更为明显，业绩滑坡后公司董事会更倾向于聘任综合型、专家型学者为独立董事。

二、独立董事对上市公司信息披露的影响

上市公司的信息披露质量会受到独立董事的专业背景、津贴、年龄等因素影响。王臻等（2010）通过研究证明独立董事中学者型专家的比例提高有助于提高上市公司的信息披露质量。万鹏等（2016）通过研究证明独立董事在信息披露方面并不具有显著的治理作用。陈咏英等（2020）通过研究证明独立董事的学术背景、薪酬对环境信息披露质量产生正面影响；独立董事的财务背景、

独立董事任期、男性独立董事比例、独立董事年龄对环境信息披露产生负面影响。

三、独立董事对上市公司资源获取能力的影响

独立董事的专业背景和职业背景能够显著影响上市公司的资源获取能力。刘浩等（2012）通过研究证明银行背景独立董事咨询功能方面作用的发挥较为明显，企业的信贷融资得到改善，但监督功能没有明确的体现。谢志明等（2014）通过研究证明行政类独立董事可以帮助上市公司拿到其独自无法拿到的资源。黄珺等（2016）通过研究证明独立董事的政治关联能够增强企业进行银行信贷的能力。

第二节　独立董事制度的产生与发展

独立董事制度最早是因为一系列企业损害所有者利益及大公司破产案受到业界普遍关注而在国外率先发展起来，经过几十年的实践及发展后引入我国，根据不同的国情及企业发展状况，独立董事制度解决了不同类型企业所面临的问题。以下主要从独立董事制度在国外及国内的发展两个方面介绍独立董事制度的发展历程。

一、独立董事制度在国外的产生和发展

独立董事制度最早起源于美国，由于英美等国当时的公司治理模式股权高度分散，董事会的行为又缺乏常设机构进行监督，为使公司有效运转，减少内部人的控制问题，就在现有模式中逐步引入了外部独立董事制度。早在1934年美国颁布的《证券交易法》中就曾提及“非雇员董事”的内容。在非雇员董事形式试行的几十年中，越来越多企业从开始的观望与不确定转变为高度的认可和广泛的推崇，直到1990年，美国在《商业圆桌会议宣言》中正式提出：“大型上市公司的董事会应主要由不在公司内享有管理职责的独立董事组成，此外，董事会的一些重要组成部分，例如审计、薪酬、提名委员会，都应由外部

董事担任”。2002年7月20日，美国总统签发了《上市公司会计改革及投资者保护法》，该法案坚持独立董事制度，明确强调在财务审计方面独立董事的重要性。

英国在20世纪80年代后期受到席卷西方发达国家的公司治理运动影响，开始着手建设独立董事制度，根据运动精神及本国情况制定了一系列的法律准则以保证独立董事制度的有效执行与持续健康发展。其他发达国家在20世纪90年代中期以后，也逐渐确立了独立董事制度，各国政府通过自身或者第三方组织发布文件或者研究报告的形式，对独立董事的具体任职资格要求、比例、职责等各个方面都进行了具体的规定。20世纪90年代末，因金融危机的爆发，发展中国家也开始意识到独立董事制度的重要性，并通过准则或报告的方式确定下来。

二、独立董事制度在国内的产生及发展

独立董事制度在中国经历了从全面自由到强制执行的制度变迁。在我国引入独立董事制度时，因为我国企业跟美国企业特点及所处环境的不同，所以我国引入独立董事制度所要解决的问题与国外独立董事制度完全不同。我国独立董事制度引入的根本原因是我国上市公司在公司治理方面存在着许多通过当前形势无法解决的问题，例如股权集中在极少数人手中导致出现的“一股独大”现象、董事会职责定位不明确容易出现职责重叠或者互相推诿的状况、监事会未发挥有效监管作用等。因此我国于1988年开始逐步在公司中推广并结合我国国情实践独立董事制度。直到1997年12月，中国证券监督管理委员会才以《上市公司章程指引》的形式将独立董事制度以制度规定的形式表现出来，但是其中也将独立董事条款认定为可选择性质的条款，并未对公司做出强制性执行要求。最早设立独立董事制度的公司主要是为了满足境外上市的要求从而实现境外上市的目标。2000年9月深圳证券交易所发布《创业股票上市规则》，其内容对独立董事制度进行了详细的规定，特别强调了独立董事对于公司关联交易起到的重要作用。2001年8月，中国证监会发布《关于在上市公司建立独立董事制度的指导意见》(以下简称《指导意见》)，要求“各上市公司在2002年6月30日前，董事会成员中应当至少包括2名独立董事；在2003年6月30日前，上市公司董事会成员中应当至少包括三分之一独立董事”，至此，我国的独立董事制度正式拉开序幕。

《指导意见》发布后，得到了各方的认可和响应。中国人民银行率先对

《指导意见》做出回应并对所管辖企业进行了规范，于2002年发布《股份制商业银行独立董事和外部监事制度指引》。2007年，中国保监会发布了《保险公司独立董事管理暂行办法》对保险行业的独立董事制度进行规范。以上两个制度直接针对独立董事进行了制度管理与规范，其他部分规范性文件也提到了独立董事相关的内容，但是这部分文件并未上升到一定的法律高度，基本上都是公司或者政府的内部性规定。

2005年修订完成的《公司法》中规定“上市公司设立独立董事，具体办法由国务院规定”，这是第一次将独立董事制度提升到国家法律层面的高度，至此，独立董事制度正式融入上市公司的日常生产经营活动中来。2006年，中国证监会重新修订了《上市公司章程指引》，根据公司发展面临的新环境、新挑战进一步扩充上市公司独立董事职责。

第三节 独立董事的个人风险与保护

为了更好地认识、控制独立董事在任职过程中遇到的风险及保护独立董事，我们按来源将风险主要分为：环境风险、制度风险、公司风险及个人风险。独立董事在任职过程中最容易把控的，同时也是和自身息息相关的风险是个人风险。

一、个人风险

独立董事在任职过程中面临的个人风险主要有：

（1）信用风险

如果独立董事在其参与公司董事会的过程中没有发挥应有的作用从而使得所有者或公司权益受损，可能会丧失自己作为专业人士的诚信声誉，造成信用风险。

（2）专业风险

目前我国公司经营情况较为复杂，面临着大量的可能以前尚未遇到的问题，比如法律问题、经济问题、管理问题等，这就要求其管理层、董事会成员及独立董事具有多方面的知识。虽然独立董事在其擅长领域已经是专家，但是由于专业限制，不可能了解公司在经营过程中可能会遇到的问题所涉及的所有内容，这势必会对独立董事行使表决权造成一定障碍，因此独立董事在董事会发表独立的意见并承担责任会增大他们的职业风险。

（3）决策风险

独立董事由于自身对事件的判断性失误造成的错误决策或者其他原因导致的决策错误，对于给公司及投资者造成的损失应当承担相应责任。独立董事的独立性特点使得其获取公司内部信息存在缺陷，又因为目前我国公司管理透明度较低，使得独立董事很难获得真实的信息，这降低了其根据已掌握信息通过客观分析作出正确判断的概率，如果董事会作出的最终决策给公司和投资人造成严重损失，且主要原因是由于违反法律法规的规定，则参与此次决策的独立董事也需承担连带赔偿责任。

（4）违反公司章程

独立董事在执业的过程中可能会出现超越公司章程所赋予的权限的情况，这种情况可能会对公司造成影响甚至产生经济损失。但是该项风险的形成原因分为故意而为或疏忽所致，如果是故意而为的，则需对自己的越权行为承担责任。我国《公司法》第一百四十九条规定："董事、监事、高级管理人员执行公司职务时违反法律、行政法规或者公司章程的规定，给公司造成损失的，应当承担赔偿责任。"

（5）泄露公司机密

独立董事虽不像其他管理层那样对公司的运营情况了如指掌，但是作为参与重大决策的一员，还是能通过参加董事会会议，阅读会议资料掌握不少外部人员所不能获得的内部资料的，这些内部资料有的甚至涉及公司的核心秘密，一旦泄露会对公司造成不可估量的后果。独立董事有为公司保守秘密的义务，我国《公司法》第一百四十八条规定："董事、高级管理人员不得有下列行为：（七）擅自披露公司秘密"，如果独立董事在未经许可的情况下将其掌握的内部资料透漏给别人为自己谋利，属于独立董事的主观行为，应由其承担相应责任及损失。

（6）渎职风险

独立董事一般承担多种社会职务，他们的工作压力及内容相对烦琐复杂，在工作较为集中时可能会出现力不从心的情况，也可能由于疏忽甚至不作为产生渎职风险。

（7）法律风险

《公司法》规定“董事应当对董事会的决议承担责任”。独立董事虽然不像内部董事一样参加公司日常经营活动的管理，但是法律地位是一样的，可能会因为未能发挥应有的作用而面临被起诉的法律风险。

二、独立董事的风险防范

如何减少独立董事在执业过程中的风险，使其可以根据所掌握的知识积极参与到董事会决议中来是各国政府及企业一直关注的问题。国际上对于独立董事利益的保护有数种做法，我国也有着独立董事保护机制。

1.国际上对于独立董事利益保护的做法

（1）经营判断原则

经营判断原则是美国在实践中发展总结出来的一项判例法规则。经营判断原则是基于以下假定的：董事参加董事会会议所作出的决策是以熟悉公司的经营管理情况为基础，从为公司大局着想为出发点，心怀善意并且所作出的决策是符合公司最佳利益的。独立董事在此假定的情况下因判断失误而给公司造成的损失可以免除责任。在美国的上市公司中，对于独立董事是否承担在执业过程中对公司造成的损失及其他责任，根据美国判例法中的经营判断原则，如果独立董事符合以下三项条件，他就被认为履行了相关义务：① 与决策事项无关联关系；② 有正当理由相信其所获得的经营有关信息在当时是合适且有效的；③ 有理由认为所作出的判断符合公司最佳利益。如此该独立董事将免于承担责任，其所造成的损失可由承保独立董事责任保险的保险公司承担。

（2）董事及高管责任保险

董事及高管责任保险是指董事、高管向所供职的公司或者第三人承担民事赔偿责任的一种保险，它可以保障上市公司的董事、高管在履行其职务过程中免受因疏忽等其他原因带来的损失。

该保险制度在20世纪30年代产生于美国，此时英国伦敦最大的保险组织劳合社开始承保董事和经理的职业责任保险，由于当时任职风险不大并未引起过多的关注。直到60年代后该险种才引起公众的关注，到1984年后因承保范围不断扩大而保费在逐渐降低，董事及高管责任保险开始快速发展。在日后越来越错综复杂的市场经济及市场环境下，董事的赔偿风险通常难以确定，如果董事没有合法合规的途径转嫁风险会制约他们职责的履行，为独立董事购买责任险在国际上是常用的一种激励独立董事工作的方式。

（3）责任补偿制度

各国要求公司对于其任职董事在执业过程中发生的合理费用和遭受的不可抗力损失给予补偿，并未对补偿的标准及范围给予明确的限定及要求。以美国为例，该制度有三种补偿方式：法定补偿、自行补偿和判例补偿。法定补偿是指已经在法律法规中明确指出公司需要对董事给予补偿的部分；自行补偿是指董事在合法合规执业过程中受到诉讼，公司应对法律上认定无责的董事发生的合理费用给予补偿，对于虽然符合相关规定但最终法院评判结果仍需支付一定金额作为赔偿或罚款的董事，公司也应给予一定金额的补偿；判例补偿是指董事有权请求法院判定所供职的公司给予其应得的补偿金额。

2.我国独立董事保护机制

（1）法律保护

明确经营判断法律地位，当独立董事被认定为符合该原则时，应免除部分赔偿责任；引入独立董事补偿机制，明确公司对于独立董事哪些行为需要担负补偿责任，对于独立董事的请求补偿权利给以直接的保护；将独立董事责任保险制度上升到国家法律层面强制的高度。证监会在《关于在上市公司建立独立董事制度的指导意见》中指出："上市公司可以建立必要的独立董事责任保险制度，以降低独立董事正常履行职责可能引致的风险"，但是该制度并未将董事责任保险制度规定为强制执行的事项，对于公司来说只是个选择事项。在保险公司可以提供独立董事责任保险的前提下，应在《公司法》或其他法律中进行明确必须由公司和独立董事共同购买该险种的规定，对免责条款之外的经济事项提供保护。

（2）行业保护

通过建立第三方中介机构来对独立董事实现行业保护，如：建立独立董事行业协会。独立董事协会作为保护独立董事权益的第三方组织，可以通过组织行业内部的培训、继续教育、业务指导、问题咨询、制定行业道德标准及行业要求、定期进行业务和职业道德等项目考核。同时加强对独立董事的行业监管，强化约束机制，认定独立董事渎职责任并进行追究，加强独立董事择业的慎重性，增强独立董事执业的自律意识。

独立董事协会可以增强独立董事的独立性，增强独立董事的群体意识，扩宽沟通渠道，降低独立董事履职风险。

（3）自我保护

独立董事应慎重选择职业公司。在正式接受公司聘任前应对公司进行全面了解，对公司进行实地查看，了解公司当前的生产经营过程及管理水平；与公司管理层沟通，了解其经营理念及对于公司未来发展方向的战略设想；多途径获取可得资料，通过分析掌握公司潜在的风险。

保持职业谨慎。从目前情况来看，大部分独立董事在多家公司任职，虽然法律在除竞争禁止外无其他限制，但为了能够更好地履行职责，减少渎职风险，独立董事不宜过多兼职。独立董事是在兼顾本职工作的基础上进行的兼任，其时间和精力相对来说都比较有限，过多的兼任不仅会影响本职工作，也不利于独立董事工作的开展，很难发挥独立董事应有的作用。因此独立董事应主动将兼任企业控制在能兼顾的范围内。

增加专业技能。一般情况下，独立董事具备较高的素质和能力，其中就包括在企业有过任职经历，有一定的教育背景和要敢于直言。要做一名合格的独立董事需要广泛涉猎各层面各领域的专业知识和技能，虽然独立董事一般在自己的专业领域均有所建树，但是受专业限制可能对其他专业和技能所知较少，所以独立董事应在时间允许的情况下积极参加各类组织举办的培训，也要尽可能多的与其他公司独立董事及各行业专家学者进行沟通交流，以便减少执业过程中犯错的概率，避免因为不专业不清楚而增加不必要的风险。参加独立董事的专门培训，主要目的在于：深入学习和了解独立董事的权利和义务，在董事会中如何正确行使权力，如何减少执业风险，以保护公司、股东及自身的利益。

态度审慎。在董事会决议时，根据专业分析要发表自己的真实的意思，不充当“举手机器”，也不能总当“反对派”。签署董事会会议记录前，要阅读记录内容是否充分全面反映了自己的意见，如果没有应及时要求修改或补充。

增强自律意识。市场经济就是信用经济，信用经济中的个人信用就显得尤为重要，失去了个人信用，在市场经济中就会被淘汰。在西方因为市场经济发展较为成熟，独立董事都能保持很强的自律性，以保持个人声誉。虽然独立董事制度在我国起步较晚，市场尚未成熟，但是声誉的作用仍不能小觑。独立董事在执业过程中应增强自律意识，保持独立和客观的立场，最大限度保护自己的声誉和职业生涯。

第四节 独立董事履责与客观环境

有了国家各项制度对于独立董事执业的保障，了解了独立董事执业过程中存在的风险及有效防控措施，独立董事执业存在的客观环境及如何履责将成为独立董事执业有效性的决定性条件。

一、独立董事的履责情况

我国对于独立董事出台的相关制度中尚未对其职责进行明确，致使公众并不明晰独立董事的职责是监督、咨询、决策还是其他内容。通过对国外独立董事制度的变化及目前我国已有的关于独立董事的相关制度分析可知，独立董事职责可以分为合规性和效益性两个方面。

就合规性而言，在《上市公司独立董事履职指引》中进行了明确要求："独立董事应特别关注董事会会议相关审议内容及程序是否符合相关法律、行政法规、部门规章、规范性文件、自律规则及公司章程中的要求。"，所以独立董事保证合规性的前提是在执业及决策过程中遵循现行的法律法规、行业规范等规章制度要求，保护股东及公司现行利益免受侵害。独立董事对于影响其履责合规性的影响因素都比较看重，但是占主导地位的还是个人风险与自我保护意识，由此可见，个人风险及防范意识是促使独立董事更好履行合规性职责的原因。

效益性方面，《上市公司独立董事履职指引》在提高企业经营效益方面也对独立董事提出了相关要求，首先独立董事需关注募集资金的使用情况，对于需要改变使用用途的，应听取拟投资项目负责人对于项目的可行性、效益性及存在的风险进行的分析，并根据分析结果及自身经验发表独立意见；其次对于重大融资、资产重组及有关资产评估事项的可行性进行专业分析后提出客观合理性建议。由此可见效益性职责涵盖了咨询和决策两方面内容，效益性职责是指独立董事在决策中需确保有效使用企业现有或可获得资源充分满足企业运行及发展要求，在既定发展战略下使得企业做出最适合发展的资源配置决策。我国现阶段条件下，独立董事履行效益性职责时受企业对其意见的重视程度影响较大，在缺少企业股东重视及支持的情况下，独立董事自身的投入对于效益性状况改善没有明显影响。

两个方面相比较，我国独立董事在合规性方面履行职责较为突出，主要影响因素是独立董事对于执业中个人风险及防范意识的存在，所以较为重视合规性；公众对于其在效益性方面的履责普遍并不感到满意，履责效果受公司对独立董事意见的重视程度及沟通有效性的影响较大。

二、独立董事执业所处的客观环境

独立董事执业的有效性跟其所处的客观环境也有较大影响，我国独立董事模式起步跟发达国家相比较晚，虽然也建立了一定的制度提出了一些要求，在某些方面给予了一定的保障，但是仍然存在着不足之处需要改进，只有如此才能进一步提升独立董事执业积极性、合规性及有效性。我国独立董事执业所处的客观环境主要有如下几个方面：

（1）参会及所需资料不能得到有效保证

独立董事作为参与董事会决议的外部董事，日常并不直接参与公司的运营和管理，所以在每次召开董事会前都应有足够的时间去了解此次议案的内容和相关资料。公司法也对董事会召开的时间及报送资料作出了相应的规定，在每次董事会会议召开10日前应将开会通知发送至全体董事和监事手中，相关议案的资料需要提前一周报送给独立董事，但是真正能按照以上规定执行的企业并不多。此外鲜少有企业能在每次董事会召开时间确定之前及表决前就议案的内容与独立董事进行沟通，这也对独立董事履责的有效性造成了一定影响。

（2）投反对票或弃权票所占比例较低，导致独立董事履责受到质疑

经过调查得知，投反对票或弃权票所占比例低并不是履责效果差的原因，部分企业倾向于在董事会会议各参会董事最终表决之前与独立董事商讨并解决有异议的事项，从而减少投反对票或弃权票的比例。董事会决策体现的是事项商讨及沟通的过程，不能仅仅归结于投票数量多少这一末端行为，所以投票结果的一致性不能作为独立董事未履行其职责的有效证据。

（3）任职企业存在事后补救的违规操作

独立董事参加董事会的情况是证监会对独立董事履职监管的主要内容，也是强制性信息披露的重要组成部分。虽然上海证券交易所、深圳证券交易所都对上市公司独立董事不能出席董事会的次数进行了明确规定及限制，但是因为

独立董事一般都有自己的本职工作，且大部分独立董事都是兼任，部分独立董事还存在在多家公司任职的情况，所以能保证每次会议均出席的独立董事少之又少。造成这种情况的主要原因不是独立董事对于任职企业事项的不重视不作为，主要是因为部分企业在召开董事会前未事先与独立董事就时间问题进行沟通，或者将事先沟通流于形式——虽提前经过沟通但是在独立董事明确表示不能参加的情况下仍照常举行。对于独立董事不能亲自参加董事会会议的情况，部分企业采取了在会后让独立董事根据已知结果补签会议纪要和补充投票的方式，这种事后补救方法属于违规操作，对独立董事履责的有效性造成了一定影响。

（4）职责定位不明晰

当前公众对于独立董事的职责定位并不明确，一直存在较大分歧。我国现有法律法规侧重于发挥独立董事的监督职能，对于其他内容没有更多的界定或者说明。目前已有相关研究结论指出，独立董事的适当定位应该是企业独立而专业的决策者，并不是公众赋予的其他职能，如：咨询、监督、保护中小股东权益等。现实中很多上市公司将独立董事当成了咨询专家，咨询专家的基本特征只是根据咨询者提出的不同问题，依据所掌握的信息提出建设性意见供咨询者参考，是否按照所提意见执行并不在考虑范围内，同时被咨询者不参与经营决策过程。独立董事作为董事会成员是应参与决策的讨论的，对董事会提出的任何一项议题都享有决策权，所以独立董事不应该是咨询专家，更多扮演的应该是决策者的身份。此外公司的监督部门是监事会，其职能是监督所有董事行为，且监督有一定的量化标准，独立董事作为董事会参与决策的一员也应该在被监督的范围内，与此同时，独立董事与其他参会董事享有平等决策权，在进行决策时一人一票，具有同等效力，他们是平等的法律主体，平等的法律主体之间形成的是制衡关系而不是监督关系。独立董事的监督职能是在公司不同的科层结构中发挥作用的，是董事会赋予所有董事的一项职能，并不是独立董事所特有的，同时董事的监督职能体现在对高管的决策执行上，不像监事会一样对于监督有明确的标准，他们需要依靠自己的判断来决定决策的正确与否。如果独立董事也承担如我国现有法律法规中规定的监督其他董事的职能，会造成公司治理结构的混乱，与监事会职能出现监督真空或者重复监督的情况，其身份也会出现被监督与监督的混淆状态。独立董事是董事不是监事，其承担的角色应该是决策者而不是监督者。对于维护中小股东利益的职责，也不太能够实现，首先独立董事是由股东大会聘任，如果大股东对于独立董事提名不认可，独立董事就不能被聘任，其次独立性要求独立董事要根据自身的经验及所掌握的资料和知识不偏不倚地做出决策，因此独立董事基本不可能也不应该从任何一方的立场考虑问题，从中小股东利益出发维护其利益也就更无从谈起。所以公司引入独立董事的原因主要在于发挥其独立专业的决策能力形成决策制衡，通过这种制衡能够很好地避免其他董事为了维护某一方面的利益而不能科学合理有效地进行决策，从而保证决策的科学有效。独立董事的存在首先是为了满足董事会决策的需要，其次也是为了监督其他董事执行决策的需要。

（5）独立性不足

独立性是独立董事发挥作用的第一要义，不能保证独立性使得独立董事履责的效益性成为空谈。我国的大股东对独立董事的提名权是从美国引入的，但是两个国家公司的股权结构完全不同，美国的股权结构较为分散，而我国的公司一股独大现象十有八九，独立董事的聘任是需要股东大会的同意才能生效的，也就是主要取决于大股东的态度，这使得独立董事不得不顾忌大股东的意见和想法，或多或少会出现决策倾斜，这使得其独立性受到严重制约，也对其独立而专业的决策者定位造成一定影响。独立董事所具备的特征有两点：独立性和专业性。专业性是独立董事自身所决定的，其身份大多是行业的专家或者教授，这一点毋庸置疑。独立性则是指独立董事在进行决策时不能受到外界干扰，要做到不偏不倚、客观公正，也就是不能代表任何利益主体而发表自己的意见。现在的独立董事只能称为是不完全独立的专业决策者，这也成为日后独立董事制度改进的关键因素之一。

由此可见，独立董事无论在董事会中所占比重、受重视程度及信息获取方面与其他董事相比都是弱势群体。如何提升企业对独立董事的重视程度，实现独立董事制度从满足外部监管需要转化为满足企业内在发展需要，提升独立董事话语权应成为日后独立董事制度建设的关注重点。

第五节　独立董事如何提升企业绩效

独立董事制度是否真的能够提升企业绩效一直是公司治理领域存在的焦点问题，在不同的企业治理模式中，独立董事制度是众多企业的共同取向，已成为提升企业董事会专业化决策水平，通过外部董事的介入加强对内部董事制衡的重要手段。但是。独立董事的真实效力在不同程度上因为简单程序化的流程和严重的信息不对称而遭受着质疑。从其近二十年在各个国家盛行的程度来看，不可否认独立董事的存在有着自身的意义和合理性，对于企业绩效的提升有一定的积极意义和促进作用。

一、监督管理层决策，提升公司运营能力

内部管理者和所有者一直存在严重的信息不对称问题，在缺乏有效的制衡体制下，极有可能会因为内部管理者为了追求自身的利益而采取风险过度的投机行为或者其他损害企业利益的行为，这些做法很容易将企业置于较高的经营风险中，进而损害企业所有者的利益。无效经营在我国企业中是一个较为严重的问题，这不仅会使企业利益受损，更为严重的可能会将企业带入万劫不复的深渊。无效经营出现的原因主要是因为缺乏有效的制衡和监督机制或者存在监管制衡人员不作为的现象，使得所有者不能及时发现企业存在的问题，而内部管理者也不会因为无能承担较为严重的后果。

引入外部独立董事是所有者希望通过将董事会适当引入富有专业知识及经验的人员来对内部管理者形成一定的制约作用。董事会作为所有者和经营者之间的链接纽带，其核心职责在于要保证董事会可以独立判断企业事务、对企业进行经营决策。独立董事与其他董事享有同等的投票权，区别在于相对于董事会的其他成员来说可能在某一专业领域具有更强的敏感性和专业性，在召开董事会进行决议时，如果独立董事经过专业判断及客观分析提出不同的观点及看法，可能会改善内部董事“一致性”的问题，发现董事会提出议题的风险点，激发董事对于议题新的思考，同时会带来新的机遇，使决策更加客观合理，提升公司运营能力。

二、获取更多资源，制定发展战略

精通专业领域，获取更多资源。出任独立董事的人员或者是富有管理经验、熟悉企业管理的专家，或者是与任职企业是非竞争关系的其他上市企业的高级管理人员，或者是相关专业的专家或知名学者，他们的出任提高了企业的知名度和社会地位，增加社会公众对于企业的认可及信任度，这对于企业来说是一项隐形的财富。企业的科学决策既涉及运营方面的知识，也需要许多其他方面的知识，如：市场营销、法律、宏观经济学等，而企业现有内部董事的知

识结构及专业可能较为单一。独立董事引入后调整了企业董事会的知识结构，丰富了知识构成，多维度扩展了企业董事会的信息含量。不同独立董事作为异质性资源所拥有的社会网络资源及经济资源是不同的，对于企业而言，独立董事是链接内外社会网络资源及经济资源的桥梁，而外部社会网络资源是可以叠加内部社会网络资源发挥作用的，其效用可以适当进行放大，独立董事作为企业的宝贵外部资源，数量及精通领域越多带给企业的社会资源就会越丰富，当然也不能单纯为了丰富企业社会资源而无休止地增加独立董事数量。对于一些缺乏经验的中小企业，独立董事的专业性意见更是难能可贵的。在我国现有的独立董事制度中，不仅明确规定了担任独立董事应当具备的条件，也规定了在某些既定情况下不能担任独立董事的禁止性条款，对独立董事任职的选用程序、专业知识等方面进行了规定，从而保证独立董事参与董事会进行决策的有效性。独立董事以其专业的知识和独立的判断，挑战企业内部的一致性问题，为企业发展提供新颖有效的建设性意见，从而提高企业决策水平及经营业绩。

提供广阔领域。独立董事的加入为企业提供了更广阔的经营决策视角，为企业带来更加丰富且多元化的新信息、新思想。这些独立董事来自社会的各个领域，都是在各自领域有所建树的专家、学者，他们具有不同的知识和背景，帮助企业更广泛地接触其他行业、金融市场等以前可能尚未涉猎的领域，可以从不同方面对企业决策提出不同建议，提供更多潜在市场信息同时帮助企业利用机遇发展企业业务与经营能力，获得更多有价值的资源。

判断企业存在的问题，制定适宜的发展战略。独立董事制度的确立及独立董事的引入调整了企业董事会成员的知识结构及利益结构，弥补了原有董事会经营决策存在的不足，降低了原有董事会决策的风险，提高企业在战略制定时对环境的预判能力，就企业存在的战略、资源分配等问题作出研判，提出客观合理的观点，使企业决策更加科学有效。

三、提高公司持续发展能力

独立董事以其独立的判断能力和良好的学术及市场形象，为所供职企业释放良性经营的信号并为企业背书，使广大的投资者树立起对企业的信心，促使投资者愿意进一步了解该企业的经营情况、管理水平、公司发展前景等诸多事项，增加其投资的可能性，为企业筹融资提供了有利条件。对于企业自身而言，独立董事的介入促进企业管理水平和经营水平的提升，形成有效制约机制，使企业在激励和制约两方面实现双赢，同时向资本市场释放利好信息。

本章小结

在本章中我们学习了独立董事的相关知识。了解到独立董事在一定程度上会影响公司的经营绩效、信息披露和资源获取能力等。独立董事这一制度最早起源于美国，随着我国的经济发展和改革开放，逐渐引入到我国的公司治理中并得以发展，相关的法律法规也逐步建立和完善。第三节从独立董事自身的角度介绍了其执业中可能面临的风险，并从国外和国内两个方面分别介绍了几种典型的风险防范措施。由于我国当前对于独立董事的具体职责还未明文规定，因此，在借鉴国外发展现状的基础上，将独立董事的职责分为合规性和效益性两个方面进行了介绍。接着介绍了在我国独立董事的执业环境中，有五个方面还需要改善。本章最后，从监督管理层决策提升运营能力、获取资源并制定发展战略、提升企业持续发展能力三个角度对独立董事如何提升企业绩效做了简要分析。尽可能地发挥独立董事的积极作用，完善企业公司治理。

思考题

1. 从个人和国家两个方面思考，如何保证独立董事履责的积极性和有效性。
2. 如何让独立董事更好地履行其职责，发挥其应有的作用。

第八章 证券市场与公司治理

【学习目标】

1. 了解证券市场与公司治理的背景。
2. 分析证券市场市场机制对公司治理的影响。
3. 分析证券市场监管机制对公司治理的影响。
4. 明确证券市场对公司治理的有效性。

第一节 证券市场的形成与发展

一、国外发展

不论中外，各国政府及证券市场监管机构对公司治理的理论与实践都非常重视，公司治理与证券市场形影不离。事实上，自由市场经济运行已有数百年历史的发达国家对公司治理的重视程度丝毫不亚于新兴市场国家，机构投资者的参与与证券交易所有监管部门的支持不断推动着公司治理的发展。

在经济全球化的背景下，证券市场在金融体系中的地位日益重要，利用证券市场投资已经成为企业家们的主要投资渠道，加强证券市场对公司的治理在全球范围内成为一种趋势。

在各国的公司治理中，证券市场对公司治理的作用机制被各国政府所重视。一方面，上市公司是证券市场的基石，上市公司治理的好坏直接影响证券市场的健康发展；另一方面，提高管理层作用的激励机制等其他治理机制都必须通过证券市场来完成。此外，上市公司还必须接受政府监管，证券市场监管机制同样对上市公司治理有强制作用。因此，研究证券市场对公司治理的作用机制成为各国公司治理学者的重要任务，以便为证券市场监管部门提供政策理论依据。

二、国内发展

目前，我国正积极推进公司治理改革，理论界对产权和政权结构、董事会、监事会的职能以及对经营者的激励作了较多探讨，这固然抓住了我国公司治理改革的主要方面，但市场特别是资本市场对公司治理作用的研究的明显不足造成了一种错觉，似乎上市公司问题解决好了我国的公司治理就能得到完善。然而，沪深股市中许多流通的上市公司，经营业绩也是差强人意。这些公司通称“三无”公司，即无国家股、无法人股、无上级主管单位，因而也不存在国有企业那样的政企不分问题。这说明即使不存在产权和股权结构等方面的问题，没有市场特别是资本市场的外部治理相配合，也不一定能保证公司运作的高效。

如何建立上市公司的长期盈利基础而真正实现股东财富最大化，这是我国上市公司治理要解决的根本问题。有效的公司治理不仅需要完备的公司内部治理结构，还需要超越结构并能有效传导的外部治理机制。

我国资本市场发展目标曾一度定位在为国有企业脱困，这种指导思想使资本市场本来的资源配置机制和制度创新功能被扭曲了。当时绝大多数上市公司是由国有企业改制而来，许多已经改制并上市的国有企业本身也缺乏规范性和透明度，它们仅有现代企业制度的框架或外表，在产权结构和治理机制方面都存在不少问题，更不用说那些包装造假骗取上市者和那些假并购、假重组者了。我国公司治理的完善和发展需要市场机制的配合，在此背景下研究证券市场的公司治理机制，尤为重要。

从中国公司治理的实践来看，一方面证券市场正逐渐成为企业融资的稳妥手段，直接成为我国投融资体制改革的发展方向，在我国经济中的地位越来越重要。另一方面，由于上市公司治理的不规范，严重影响了证券市场的健康发展，使证券市场的公司治理机制不能有效发挥作用。

第二节　证券市场的市场机制

一、市场机制

公司治理是股份公司制度的产物，股份公司的产生是证券市场形成的基础。从起源来看公司治理与证券市场是息息相关的，证券市场是股份公司运作的基础，证券市场对公司治理具有重要的来自证券市场的监管机制。

1.市场机制及内在规定性

（1）价格机制

有效的资本市场提供的有关公司证券价值的信号对公司治理机制是极为重要的。在信息有效率的市场里，价格在任何时候都是证券投资价值的最佳评估指标。公司股票的市场价格提供了公司管理效率的信息，对公司经理决策的预期反映在股票价格上。出资者观察股价获得公司经营的信息降低了出资者获取公司经济信息、评价经理人员经营业绩的成本。资本市场降低了出资者对公司经理的监管成本，经理市场对经理的评价也往往按照资本市场上市公司股票的表现来作出。尽管对现实市场是否达到有效市场众说纷纭，但毋庸置疑的是，资本市场的价格提供了投资者对公司的评价参考指标，而这一评价对公司治理来说是极为重要的。一是公司经理人员相对投资者而言拥有更多的公司经营现状及前景的信息，投资者要想得到这些信息需要支付高昂的信息成本，否则很难对公司的经营进行监督。资本市场的价格发现机制降低了投资者的信息成本，投资者只要观察股价就可得到市场参与者对公司经营前景与对经理人员才能的估价，从而降低了投资者对公司经理的监督成本。二是资本市场股价机制给公司经理人员以压力，使经理努力工作用良好的经营业绩来维持股票价格。

（2）控制权机制

证券市场对公司治理产生影响的实质是公司控制权争夺，主要通过接管来实现。即使有效市场的股票价格正确反映了公司经营状况与财务状况，但当企业经营管理不善使股价持续下跌时，很少有公司经理因此而辞职。

在资本市场对公司业绩及经理人员才能正确定价的基础上，还应有一种主动力量根据资本市场的评价结果，介入公司经营和控制，任免经理人员直至改组公司。接管的威胁可能代替股东对管理者的监控，这是来自新的所有者的“背后鞭策”，而且在其他公司治理的机制不起作用的情况下，接管的威胁仍会发挥作用。接管被认为是防止经理损害股东利益的最后一道防线。当经理人的行动偏离所有者目标时，股价下跌，公司将面临被接管的危险，而接管往往伴随着经理人员的更迭，一般来说，经理都会预见到这种结果，从而促使他们追求所有者的目标。

接管向小股东提供了一种保护，如果股东在某一企业中所占股份很小，则不足以对经理实行有效的监督，但由于股份可以自由买卖，当小股东对公司经营不满，对公司未来预期持悲观态度而抛售手中的股票时，导致企业的股票价格下跌，有能力的企业家或其他公司买进足够多的股份，就会接管该企业，赶走在任经理。接管保证了公司管理者之间的有效竞争，对经营者形成压力。

（3）股票物权机制

股票期权报酬合同在英国是借助股票价格来反映的股票市场对公司潜力的评价，对管理人员提供长期鼓励。股东在采取行动之前考虑行动的是长期收益是否超过预期成本。如从事哪个项目或者放弃哪个项目，但是经营者考虑的是采取这一行动能给他个人带来怎样的收益和成本比较。那么，把经营者的福利和股东财富相联系的报酬合同便会协调经营者的私人收益及股东的收益与成本。

报酬合同可通过多种机制提供激励，如以业绩为基础的奖金和工资调整、股票期权报酬合同等。股东以股票价格为基础设计管理者的报酬合同，付给管理人员部分现金和公司的股票买入期权，如果公司经济业绩好，则股票价格上升，管理人员行使期权合同就可获得丰厚收入，管理不善使公司股票市场表现不佳，管理人员就只有微薄的薪金收入。根据美国纽约薪酬顾问波尔对美国最大的200家公司的调查，这些公司CEO的报酬构成为：工资21%、短期鼓励27%，长期激励16%和以股票为基础的酬劳36%。股票期权报酬合同在管理人员的收入中占有重要的地位。

2. 证券市场发挥治理机制的内在规则

证券或股票市场公司治理功能的有效发挥具有以下内在的规则：第一，企业在证券发行和上市方面的平等竞争与优胜劣汰；第二，充分、及时和正确的信息披露；第三，合理的公司治理结构；第四，上市公司股权的相对分散，从而通过收购、兼并可实现存量资本的重新配置；第五，证券交易市场具有公开、公正和公平的性质，市场交易规则能维护中小投资者的利益和投资大众对市场的信心；第六，投资者的理性选择；第七，市场效率不断提高，这体现在市场流动性的增加、价格对信息的及时反应以及交易成本的不断降低等方面。

二、价格机制详述

1. 价格机制的形成

价格机制是证券市场最重要的机制，价格机制直接影响着控制权机制及股权激励机制的发挥。股权价格是否反映股票的真实价值，股票价格是否反映企业的真实信息，这一切决定着证券市场治理机制的发挥。

资本市场的价格到底是由什么因素决定的？这一直是经济理论界所关注的问题。按照马克思的理论，资本市场价格是市场价值的货币表现，而“市场价值，会随着它们有权索取的收益的大小和可靠程度而发生变化”，一般而言，资本市场证券的市场价值部分带有投机的性质，因为它不是由现实的收入决定的，而是由预期得到的、预先计算的收入决定的，但是如果假定现实资本的增值保持不变的话，那么这种证券的价格的涨落就和利息率成反比。

因此，信息在资本市场上对于广大投资者（从广义上理解，投机者也应当列入其中）而言具有极其重要的地位与作用。因为大多数投资者都是利用自己所能获得的一切信息来达成自己的预期，这种预期在市场上的整合作用的市场表现就是价格；但是，在某个特定的时期或者是特定的市场中，投资者极有可能接受同一信息的刺激而产生同向预期，结果使市场价格形成大起大落，即所谓的剧烈震荡。

实践证明，资本市场的稳定与否，关键取决于市场交易主体在市场信息方面的对称程度的高低。尤其是在资本市场本身就存在信息不对称的条件下，如果对于那些人为因素，或称恶意制造出来的信息不对称行为不给予严厉打击和限制，那么在资本市场价格形成机制的作用下，就必然会引起资本市场经常性的剧烈振荡与不稳定。

2.价格机制的机理

所谓股价机制，是指在证券市场通过股票价格的高低及其变动情况，来反映股票发行公司的经营状况和变动情况，并以此引导或影响投资者（股东）对企业的筛选与监控。相应地，股票价格能否反映公司的运营状况就成为股价机制发生作用的前提条件。

在有效市场理论问世之前，关于股票定价的研究带有较重的经验色彩，主要有股票价格的技术分析和基础分析两个分析模式。市场理论提出后，第一次为股票定价研究构造较为严密和规范的分析框架。其中对证券市场定价有效性的经验研究，大体包括静态和动态两种思路。所谓静态思路，是首先计算出均衡条件下的价格，然后检验现实中证券市场价格与均衡价格的偏离程度，确定证券市场定价的有效程度。

所谓动态思路是检验的信息公布之后证券资产价格的调整速度，调整速度愈快则说明证券市场定价的有效性越高。目前，理论界对证券市场定价有效性进行了大量的实证检验，基本上肯定了市场定价有效性的存在。研究表明，证券市场的有效定价需要两个条件，一是资金的流动性，二是信息的流动性。资金的流动性使资金可以在证券市场在不同资产、证券之间畅通无阻，并且交易成本足够小。信息的流动性主要包括信息公布是否及时、准确和完备，市场主体是否积极进行信息收集和处理。其中信息的流动性或信息披露机制是制约证券市场有效定价的关键因素。

第三节　证券市场的监管机制

证券市场监管就是指证券市场监管部门为了消除因市场机制失灵而带来的证券产品和证券服务价格扭曲以及由此引起的资本配置效率下降，确保证券市场高效、平稳有序地运行。通过法律、行政和经济的手段，对证券市场运行的各个环节和各个方面所进行的组织、规划、协调、监督和控制的活动及过程。监管的治理机制主要是由政府监管机构通过制定法规来进行的，包括公司法、证券法、反不正当竞争法、劳动法、反垄断法、商标法、消费者权益保障法，等等。另外，政府还通过制定产业政策，利用财政、金融手段，对企业进行扶植、引导或限制。证券市场监管机制主要通过事前、事中、事后三个方面对公司进行治理。我们来简要分析一下这些机制对公司治理的影响。

一、监管机制

证券市场在现代市场体系中有着不可替代的重要地位，如果它的运行效率下降、功能不能充分发挥，那么，资本的有效配置就不能顺利实现，就会影响整个经济的运行效率。如果对证券市场的各种风险因素不加以控制，任其积累，一旦危机爆发，后果将不堪设想。因此，通过政府干预的手段，其中包括监管的手段，对证券市场实施必要的组织、规划、协调、管理、监督和控制以消除或尽可能减少因市场机制失灵而带来的证券产品和证券服务价格的扭曲，以及由此引起的资本配置效率下降，实现证券市场高效、平稳、有序地运行，这是一个不可避免的现实选择。

二、事前治理机制

事前治理机制就是通过严格的发行、上市制度，督促股份公司改善公司治理，只有达到上市要求才可以进入证券市场。世界各国（地区）对证券发行市场的监管大致分为两种：一种是实行公开原则，对证券发行采取注册制；另一种是实行实质审查原则，对证券发行实行核准制。

公开原则是指法律只要求发行人向证券主管机关报送申请注册文件，披露与发行证券有关的信息资料。证券主管机关只审查注册文件披露信息是否真实、准确、充分，并据此批准注册文件生效，不对发行人及其所发行的证券的投资价值作出判断也不进行实质条件的审查。

实质审查原则是指证券发行人不仅必须公开与所发行的证券有关的一切信息资料，还必须满足规定的实质条件，经证券主管部门审查批准后才能获准发行。公开原则有利于保护投资者的利益，使投资者充分了解证券及其发行人的真实情况，对投资风险和收益作出全面、准确的判断，可增加发行公司内部经营管理和财务状况的透明度，强化证券管理部门和社会公众对发行公司的监督。同时可有效抑制各种证券违法行为，维护证券市场的公平与公正，提高证券市场的运作效率。因此大多数国家证券立法采用公开原则，对证券发行实行注册制，甚至有些法学家将这原则以及根据该原则制定的信息披露制度奉为圭臬。但公开原则也有其弊端。公开原则以投资者能够阅读证券发行公开说明书和有关财务资料，并在此基础上作出合理的投资判断为前提，然而许多普通投资者并不具备这种能力，特别是有关财务资料和报表，不是一般非专业人员能够看得懂的，也有一些人抱着单纯获利的心理进行投机而根本不关心发行人披露的信息，因此他们的投资仍然具有一定的盲目性。如果证券主管机关不对证券的发行进行实质性审查，投资的风险必定会加大。

实质管理原则也同样带有局限性。一方面，证券主管机关对证券发行的包揽审查容易增长投资者的依赖性，形成错误的安全感，当证券投资一旦出现风险，投资者往往将责任归咎于政府和证券主管机关；另一方面，证券主管机关对证券发行审查也难免有失误的时候，或者将发展前景好但风险大的企业排除在允许发行的范围之外，或者使不符合实质条件的企业蒙混过关，从而也增加了投资者的风险。

三、事中治理机制

上市公司进入证券市场以后，依然受到证券市场的严格治理，这其中包括对内幕交易的监管和操纵市场的监管。内部交易和操纵市场行为严重阻碍证券市场价格的正常发展，对内幕交易和操纵市场行为的监管历来是各国（地区）证券市场监管的重点。通过对内幕交易和操纵市场行为的监管，使证券市场的价格能够真实地反映证券的价值，有利于市场机制的发挥。

1.内幕交易的监管制度

尽管证券内幕交易对证券市场是有害的，它动摇了投资公众对股市的信心，破坏了证券市场的正常交易秩序，应严格加以禁止。然而，是否应当以法律手段规制内幕交易行为，立法价值何在，在理论认识上一直存在分歧。主张以法律手段规制内幕交易的人，试图以法律的强制性防止并克服内幕交易造成的市场不公平，其理论如下。

（1）不公平理论

这种理论认为，投资者有获得信息的平等权利，这是证券市场的基础，是确保市场公平运作的前提条件。而公司的董事、高级职员、大股东等内幕人员，他们因地位或业务关系较其他投资者具有获得内部信息的优势，如果允许他们利用内幕信息进行交易，是对其他不熟知者投资权益的侵害和对市场公开、公平原则的践踏。

（2）受托人责任

内幕人员进行证券内幕交易违反了其对公司和股东承担的受托人责任。因此，公司有权要求将其交易的收益归公司所有，股东也可对其提起诉讼。美国法院在一案中指出承担证券内幕交易的责任以交易双方因信任和信赖而产生的披露义务为前提。

（3）信息滥用理论

虽然只有董事、监事及高级管理人员才对公司负有受托人责任，但公司普通雇员和为公司工作的承销商、会计师、律师或顾问等，用其从公司获得的重大的、非公开的信息对第三方公司的证券进行交易时，尽管他们不负有受托人责任，但是他们对其服务的公司也负有不得利用工作中所得到的信息为个人谋利的义务。如果滥用此信息，就违反了其义务。

（4）资本成本理论

该理论认为，内幕交易延缓了公司信息的披露，阻碍了证券市场的运行。根据有效资本市场假说，证券价格应迅速、准确反映市场信息，并通过市场使证券价值得到准确评价。由于获知内幕信息者只注重内幕信息的持有和信息对市场价格的影响，因而只有待内幕交易完成时，才会彻底公开全部信息，这必然构成信息公开障碍，延缓公司信息的披露会阻碍证券的真实价格的形成。此外，内幕交易还可能造成证券市场的不稳定。这些都将损害投资者对证券市场的信心，从而使公司筹资的成本提高，降低证券市场资源配置的效率。

（5）内幕交易形成的市场不公平是显而易见的

这种不公平降低了投资者的获利能力，损害了投资者的利益造成了投资者对证券市场的不信任。如果任凭内幕交易泛滥而不加以监管，必然会使广大投资者因信心不足而退出市场，造成“劣币驱除良币”的后果。因此必须用法律手段禁止内幕交易，从而保证投资者在平等的基础上竞争，保证证券市场“公开、公平、公正”的原则。

2.操纵市场的监管制度

操纵行为是指人为变动证券价格，引诱他人参与证券交易从而为自己谋取利益的行为。资本市场操纵行为主要方式有洗售、联手操纵、连续交易以及散布、制造虚假信息等基本方式。

按照西方经济学中的市场理论，最理想的市场是完全竞争市场。但完全竞争的市场条件仅仅是存在于经济学教科书本上的理论假定，在现实经济中基本上是不存在的。美国经济学家克拉克为此曾指出：完全竞争过去没有，现在或将来也不会存在。所以，为了有效地发挥竞争机制作用。人们设计了一套有效竞争的标准，内容主要包括三个方面：结构、行为和演效。市场结构标准是从相关市场的长期性组织出发的，它要求市场上必须有足够的竞争者，以便维护竞争性的市场结构。根据这种理论，政府干预市场的目的是调整市场结构，防止垄断者或者垄断趋势的出现。如果市场的结构是竞争性的，企业的市场行为一般就是合理的，政府也不需要监督和干预企业的市场行为。

市场行为的标准是为企业提供关于市场行为的规范。政府应当出面制止的是那些在资本市场上损害其他企业自由权利或者使消费者的利益受到损害的市场行为。由于大企业拥有较强的市场实力，容易操纵市场，滥用市场干预与危害。所以，市场行为标准对大企业提出了更高的要求，政府对企业市场行为进行监督与管理的对象主要是大企业。市场的绩效标准是指市场是否获得了所期望的结果。判断市场绩效的标准主要是企业在市场交易中是否取得了利益的增值，即实现投入与产出比率的最大化。当然，市场价格能否真实反映市场供求关系，应当是检验市场效率的最基本的标准。资本市场操纵行为本质上是一种市场垄断行为，它的存在是对资本市场公开、公正和公平竞争原则的破坏，并最终导致市场交易秩序混乱和低效率。资本市场的操纵行为本质上是一种垄断行为，它窒息了市场的有效竞争。从市场结构标准来分析，垄断的产生使市场的集中度过高，而市场的过度竞争又会加剧垄断的形成，结果就有可能导致企业市场行为的非合理性；从市场行为的标准分析，由于垄断企业在市场交易中处于一种支配地位，因而极有可能在与其他投资者的交易中滥用这种市场垄断优势。最后，从市场效率标准来看，垄断会造成市场价格关系的严重扭曲，使价格不能真实反映本市场供求变化，并最终导致资本市场最基本的资源配置功能失效。资本市场的操纵行为破坏了市场公开、公正和公平的竞争秩序，它以损害他人利益为出发点。凭借操纵进场的垄断权利，给市场造成剧烈的震荡和危害。

四、事后治理机制

事后治理主要通过退市制度来实现。退市机制是实现上市公司优胜劣汰、保证市场整体质量和持续发展的重要制度。它的建立和实施将为多层次市场体系的建立、上市公司运作的规范和投资者合法权益的保护奠定有利的基础。

退市制度规范了上市公司运作，维护了投资者合法权益，遏制了隐藏行动和隐藏信息对投资者的侵害。这主要表现为以下三个方面。一是对信息披露的准确性做出了严格的要求。上市公司应及时、准确、全面地披露公司信息，保证投资者公平地享有对公司信息的知情权，使投资者在充分知情的情况下做出决策。如美国纽约证券交易所明确规定：如果上市公司没有及时、准确、完整地向股东和公众披露信息；或在公司盈利和财务状况的报告中没有遵守会计惯例；或独立会计师对发行人最近有关财务报告出具了反对意见，上市公司就有可能摘牌。美国纳斯达克市场也明确规定如果上市公司一旦出现以下情况：① 独立会计师对发行人的财务报告出具保留意见；② 没有及时公布影响价格变化的实质性信息；③ 交易所认为有必要防止欺诈和操纵行为，促进公平、公正交易，保护投资者和公众利益。那么，纳斯达克市场就会暂停或终止上市公司股票的交易。二是对上市公司实现承诺的情况提出要求。许多证券交易所将上市公司能否完成上市时或最近财务报告中的承诺情况作为退市标准之一。这使投资者可以分阶段来识别上市公司。上市公司进入证券市场获取了部分投资资金，接下来的投资将与公司初期目标是否实现相联系。分阶段投资减少了上市公司经营不佳给投资者带来的风险，同时对公司管理者起到了激励作用，使管理者集中精力来完成每一个短期目标。三是强化了对上市公司的约束机制，促进了对上市公司的监管。公司退市降低了公司的市场信誉和公司管理者的人力资本，增加了公司融资成本，减少了公司进一步发展的能力。从美国纳斯达克市场的公司退市统计中可以看出，很少有退市公司能重新上市。公司退市所带来的股票停止交易或股价大幅下跌，使投资者承担了较大的投资风险，以纳斯达克市场1999年1～2月退市到OTC市场中的股票为例：全年股价低于1美元的有17家，占54.8%；收盘价低于1美元的有26家。占83.9%；有10家股价上涨，占32%；21家股价下跌，占68%。出于规避风险的需要，促使投资者更加关心公司的经营情况，市场对公司评价的微小变化，都会使投资者作出迅速和强烈的反应。股价下跌所引发的敌意收购和公司行将退市的市场压力，都增强了上市公司的危机感和努力搞好经营的自觉性。退出制度的建立，加强了对公司持续经营能力的监察和判定，减少了无谓投资，加快这些公司退出市场的步伐，将降低延缓退市对社会资源的浪费，促进资源有效配置。

第四节 证券市场对公司治理的作用

中国股票市场在不到20年的发展历程中已经取得了巨大的成就，但它尚不具备促进形成良好公司治理的能力。我国证券市场效率低下且失效严重，其公司治理机制是扭曲的，市场监管的状况远不如人意，市场监管还没有起到纠正市场失灵、保证市场效率的应有作用。

完善证券市场监管制度、加强证券市场的监管，以增加市场完全性，提高资本市场效率已成为证券市场发展中亟待解决的问题。证券市场运行过程中所表现出的无效性，使得证券市场的公司治理机制不能有效地发挥作用，这就要求对影响证券市场效率的因素加以改进，实施必要的监管，这其中证券市场的监管机制、会计信息的透明度、审计的独立性、信息披露制度对改善证券市场效率、提高证券市场公司治理的作用都具有非常重要的作用。这些措施对证券市场公司治理机制的有效发挥具有保障作用。

有效市场说理论研究表明：资本市场证券价格与信息之间存在着内在的联系，资本市场上各种证券的价格充分反映了市场上所有的信息是资本市场运营效率以及资源配置效率的基础。由此可见，信息与资本市场价格的形成有着极其密切的关系。如今证券市场的信息披露公开制度对于保护投资者的利益、提高资本市场流动性以及维护市场各交易主体公开、公平、公正地竞争，起到了至关重要的作用，它以法律的形式确保资本市场交易在公开的原则下进行。在信息披露公开制度的约束下，参与人都必须依照法律法规的要求，定期或不定期地按照规定的格式和内容将有关市场交易价格的相关信息对社会公开。因此，信息公开披露制度实际上起到了资本市场“电灯”的作用，它使资本市场的透明度大大得到提高，市场交易者能够在一个彼此都感到公平的竞争环境中进行公开的交易，各种企图破坏市场交易秩序的行为因此而得到有效限制和禁止。这些有效的制度与公司治理互补互助，为公司治理的有效性发挥了巨大作用。

本章小结

在本章我们主要介绍了证券市场与公司治理的关系。我们首先要知晓的是，公司治理与证券市场形影不离，证券市场的发展推动公司治理的发展。无论是国内还是国外，各国都十分重视证券市场对公司治理的作用机制。一方面，上市公司是证券市场的基石，上市公司治理的好坏直接影响证券市场的健康发展；另一方面，提高管理层作用的激励机制等其他治理机制都必须通过证券市场来完成。第二节介绍了证券市场对公司治理的作用基础，主要包括市场机制与价格机制。其中市场机制又包括了控制权机制，股票物权机制等。而对于证券市场的监管机制，主要分为事前、事中和事后机制。

完善证券市场监管制度。打造良好的证券市场机制，有利于解决公司治理中的信息不对称问题，可以达到更好的保护投资者利益、提高资本市场流动性、维护市场各交易主体公开公平公正的目标。目前我国的证券市场发展较慢，我国上市公司治理要解决的根本问题是如何建立上市公司的长期盈利基础而真正地实现股东价值最大化。

思考题

1. 证券市场与公司治理的关系。
2. 证券市场对公司治理的作用。
3. 证券市场对公司治理有效性实施的方法。

第九章

商业银行与公司治理

【学习目标】

1. 了解商业银行作为外部角色如何参与公司治理。
2. 了解商业银行自身的特点特征。
3. 掌握“英美”与“德日”两种商业银行公司治理架构。
4. 认识我国“四位一体”国有商业银行治理模式。

第一节 / 商业银行外部“参与者”角色

一、商业银行的公司治理概述

国内外学者对于公司治理问题的研究起步较早，但具体到商业银行的公司治理，直到20世纪90年代才被提出。最初的商业银行公司治理研究并未与一般行业公司治理进行区分，直到1997年亚洲金融危机爆发与1999年巴塞尔委员会颁布《加强银行机构的公司治理》，学术界与实务界才认识到商业银行公司治理的特殊性，开始对其进行单独研究并迅速在全球范围内兴起研究热潮。目前，现有文献研究主要集中于4个方面，如表9-1所示。

表9-1　文献研究主要集中的方面

主要研究方向	代表观点
商业银行治理模式研究	焦健（2006）以银行治理模式的演变历程为线索，对具有代表性和典型性的美国和日本商业银行治理模式及治理效率进行了比较。提出银行治理模式的有效性依赖于制度环境，并将随着经济和金融全球化的发展呈现趋同的态势，但由于社会习俗、文化和制度环境的稳定性，美国和日本银行治理模式发展仍将保持显著的传统治理模式特征
商业银行特殊性研究	李维安、曹廷求（2003、2005）指出，商业银行具有特殊的经营目标和复杂的委托代理关系，在资本结构、产品特征、信息不对称程度、市场及竞争程度外部监管及存款保险制度的影响等方面，与一般行业公司具有明显的差异。因此，银行治理理论架构应当在融合公司治理和金融中介理论的基础上，更多地关注利益相关者的利益及商业银行自身的安全与稳健，并在机制设计中更加偏重内部治理机制
商业银行内部治理研究	丁灿（2017）从内部来看，商业银行治理的主体包括股东、董事会、监事会、高管层等，现有研究成果主要集中于三个方面：股权结构与银行绩效、董事会治理与银行绩效、管理层薪酬激励与银行绩效
商业银行外部治理研究	韩璐、位华（2011）研究了政府隐性担保下内外部风险约束机制与银行风险承担行为之间的关系，认为在隐性保险和治理机制的影响下，价格约束能够有效抑制非上市银行的风险承担行为

二、商业银行债权人的含义

（一）商业银行的含义

商业银行（commercial bank）是指依照《中华人民共和国商业银行法》（以下简称《商业银行法》）和《中华人民共和国公司法》而设立的企业法人，主要业务为吸收公众存款、发放贷款、办理结算等。[1]虽然世界各国情况各异，但商业银行在各国经济中的地位都极为重要。在我国，传统的四大国有商业银行：工农中建，不仅公司规模巨大，在世界500强排名中连续多年名列前茅，而且对我国经济的发展和市场的稳定也起到了不可替代的作用。

（二）债权人的含义

根据民法的解释，“债权是因合同、侵权行为、无因管理、不当得利以及法律的其他规定，权利人请求特定义务人为或者不为一定行为的权利”。权利和义务相互依存，在这种法律关系中，享有权利的一方称为债权人，负有义务的一方称为债务人。[2]现实中，企业同商业银行因签订合同产生法律联系，其中，企业承担相应的债务成为债务人，相对应的商业银行成为公司的债权人。

三、为什么商业银行要参与公司治理

在传统的股东理论下，股东拥有企业的所有权，是公司治理的天然主体，企业运营的目的则是股东利益最大化。在此理论角度下的企业治理框架并不包含债权人等利益相关者。但根据利益相关者理论的观点，企业应该根据投入的资源多少将企业剩余权利的分配权向利益相关者进行划分。以此为依据，股东和债权人等作为企业资源的投入方，应该共同作为公司治理的主体。随着公司治理理论的不断发展，利益相关者理论逐渐被广泛认可，债权人作为公司治理的另一主体逐渐受到重视。

在我国，大多数商业银行都是政策主导的产物，经营风险相对较小。而且银行业聚集了大量的专家人才，包括公司管理、宏观经济和技术领域的专家。

---

❶ 中华人民共和国商业银行法。

❷ 黄茂荣. 民法典之债法的编纂[J]. 环球法律评论，2018.

可见，从专业技术层面来说，其作为公司的债权人参与公司治理是完全可以胜任的。具体来说，商业银行作为债权人参与公司治理可以发挥两大关键性作用，一方面商业银行可以更直接更便捷地获取宏观经济信息，减少了商业银行的信息不对称问题带来的代理成本；另一方面，对于公司来说，由于商业银行带来的外部监督，可以有效避免贷款公司内部人控制的现象，一定程度上可以帮助企业发现自身问题和完善其公司治理结构，同时还可以加强与银行的合作关系，对企业的进一步融资与发展也起到良好的促进作用。

四、商业银行参与公司治理的方式

（一）商业银行作为债权人参与公司治理

与公司的经营者治理方式不同，商业银行以债权人角色参与公司治理有独到的方式。日本的学者青木昌彦提出过一种名为“相机治理”的治理模式。其主要思想为：商业银行作为债权人的参与治理方式不固定，具体的参与程度与方式根据被监督企业的经营状况而定。但是，债权人并不是通过参与公司的所有大小事务的决策来参与公司治理，而是在某些时候，例如市场经济形势恶化或者企业存在有损债权人利益行为的时候，商业银行作为债权人，才会强化对企业的监控，参与公司治理并采取一定的行动。沈晨光（2012）指出，对于参与公司治理的债权人而言，根据情况的好坏大致可以选择三种措施：注入资金，挽救企业；履行债权合约，强化债务约束；对企业实施破产程序。

商业银行参与公司治理的相机治理方式，主要有三个方面的内容：一是债务合同约束；二是委托投票制度；三是派驻董事、监事制度。具体来说，首先，债务合同约束是指商业银行和企业通过签订合同，从而形成债权债务法律关系，商业银行因享有债权而对企业的治理行为产生的一定约束。债务合同约束是债权人维护自身利益最基本的方式。其次，委托投票制度是指商业银行在接受广大中小股东委托后，在股东大会上依法行使其投票权，从而参与公司治理和决策的制度。商业银行行使这一权利可以获得董事会、监事会的某些席位，从而影响到公司的决策，参与到公司治理中去。最后，派驻董事、监事制度，是指在债务人（公司）财务杠杆较大或存在较大财务风险情况下，银行有权利指派董事、监事到公司的董事会和监事会对公司治理行为产生影响，进而拥有一定的参与决策权。商业银行的指派权，通过对公司的财务状况和经营状况进一步的监督，可以减少公司的营运、资金使用对商业银行利益的损害程度。其次，通过加强监督，债权人能及时对公司资金链断裂、担保品价值下降等重大危险信号做出反应，并采取安全措施避免和减少损失。

（二）商业银行作为股东参与公司治理

数据显示，世界范围内的金融机构已经成为重要的股东类型，但不同国家的商业银行参与公司治理的例子也各具特色。如严禁直接持有股份的美国商业银行，与之对比的是德国的全能银行与日本的主银行制度等。

商业银行作为股东参与公司治理，虽然其方式可能有所不同，但相对于债权人身份来说能产生更为直接的影响。他们能及时获取公司的经营状况和财务数据，了解公司的运营情况。于是，在公司产生有损商业银行利益的决策的时候，商业银行可以及时采取措施和反对，以规避和降低资金风险。

商业银行作为股东参与公司治理，相对于债权人身份来说能产生更为直接的影响，并且能及时获取公司的经营状况和财务数据，了解公司的运营情况。于是，在公司产生有损商业银行利益的决策的时候，商业银行可以及时采取措施和提出反对意见，以规避和降低资金风险。

五、我国商业银行外部“参与者”角色展望

尽管在国际上商业银行作为外部参与者参与贷款公司的公司治理的路径普遍有两种，但对于我国而言，只有一种可以选择，那就是作为债权人的方式。原因是根据《中华人民共和国商业银行法》第四十三条的规定，商业银行在中华人民共和国境内不得从事信托投资和证券经营业务，不得向非自用不动产投资或者向非银行金融机构和企业投资但国家另有规定的除外。也就是说，目前我国金融业仍然是处于投资银行与商业银行分开经营的现状，商业银行不可以对企业持股，自然就无法以股东的身份参与企业公司治理。[1]

以债权人角色与股东角色参与公司治理具有很大区别，简单地讲，商业银行以不同角色出现时的最终目的就是不同的。当以债权人参与企业公司治理时，商业银行的最终目标就是贷款公司可以还本付息；而一旦商业银行拥有了股东的身份，其目标就变成了追求利润最大化。采取的公司治理手段也就更具

---

[1] 中华人民共和国商业银行法。

有长远性与柔和性。而且对于商业银行而言，拥有股东身份更有利于保护自身的权益不受侵害。并且纵观世界各国商业银行的发展，在金融国际化的背景下，金融混业经营是世界金融发展的大趋势，也是中国金融改革的最终目标之一。因此，当我国证券市场足够发达、金融改革发展到一定地步时，商业银行以股东的身份参与企业公司治理的想法必然可以实现。

第二节　商业银行内部“治理者”角色

商业银行作为独立运营的经营机构在我国宏观经济体系中承担着重大作用。其主要有调节经济、信用创造、信用中介，金融中介等职能。而大量已有研究表明，公司治理结构是影响商业银行发挥职能的重要因素，影响着商业银行的兴衰发展。因此，完善商业银行内部公司治理架构，加强商业银行公司治理势在必行。与一般企业不同，商业银行具有特殊性，进而导致商业银行的公司治理也具有特殊性。

一、商业银行的特殊性

（一）商业银行独特资本结构

狭义上来讲的资本结构是指企业的长期股权资本与债务资本的构成及比例关系。一方面来说，与大多数公司不同，银行资本的构成主要来源于负债，权益资本较低。也就是说银行的总资本大部分来自债权人而非股东，而企业的控制权却掌握在股东手中。这种状况下很容易产生经典的委托代理问题：由于资金大部分来自债权人，风险也就实现了由股东到债权人的转移。

债权人的本意是寻求固定收益，即利息收入。而股东为了寻求剩余收益所以可能会去选择高风险高收益的金融项目，进而危及债权人的权益。因此这种脆弱的资本结构更需要银行具有高水平的内部控制与风险管理能力。为银行治理增加了难度。另一方面，对于一般公司来说，债权融资方也就是债权人具有参与企业治理的权力，可以通过董事会增派成员、委托投票权等方式维护自身权益。而对于商业银行而言，资金大部分来自储户，需要进行债权融资的机会不多。这样对比其他一般公司就少了一股来自外部债权人的监督力量。如果仍采取同一般企业相同的公司治理方式，那么商业银行的治理效果将大打折扣。

（二）商业银行经营信息不对称

信息不对称理论是一个老生常谈的话题，指的是买卖双方由于无法得到对方的全部信息，在这种情况下，信息拥有者可以利用额外拥有的市场信息谋取个人私利。信息不对称现象在经营市场与企业之间非常普遍。但对于商业银行而言，这种现象更为严重。具体体现在三个方面。第一，存款人与银行的信息不对称。部分存款人对金融机构的财务状况、金融状况、投资项目不甚了解，且具有很大的盲目性，往往容易追求利率较高的商业银行作为存款单位。然后银行利用高利息吸取的客户存款从事风险大、但投资报酬率高的项目。一旦项目失败，客户损失资金，银行损失信誉，造成双方两难境地。第二，贷款人导致的不对称。银行的收入很大部分来自贷款收入，由于贷款人数众多，且人们越来越重视信息的保护，银行很难知晓贷款人的真实经济信息，甚至会相信贷款人瞒报错报的虚构信息。这无疑增加了两者的交易风险。银行往往也存在这种顾虑，反而又增加了“惜贷”“慎贷”现象。但不良贷款问题从来没有消失过。第三，商业银行内部信息不对称，在我国商业银行的扩张模式基本都采用设立分行的形式，即在中心城市设立总行，在其他县市成立分行，总行对分行进行直接管理。但这样的结构会导致信息的不对称性，下属分行很容易通过一些金融操作呈现不真实的会计信息，掩盖真相。且如果银行的内部控制机制不合理或者考核不合理，下属银行是有能力、有可能去虚报隐瞒信息的。

（三）商业银行发展受政府影响

纵观世界金融市场，我们发现政府会对国家的金融市场进行干预与管制。只不过可能程度与措施不同。对于我国商业银行而言，大多商业银行的股东中具有政府成分，如我国四大商业银行：中国工商银行、中国农业银行、中国银行、中国建设银行，更承载着国家资本意志，履行着相应的社会责任。在这种情况下，商业银行不单单以盈利作为目标，同时还需要贯彻落实国家宏观政策。这无疑也会对商业银行的发展产生影响。在公司治理层面，将会新增政府作为监管执行者。另外要商业银行尤为在意股东与政府监管层利益冲突问题，因为所追求目的不一样，也会带来新的代理问题。

（四）商业银行的产品特殊性

首先，由于银行的收入依附于居民的贷款，而贷款质量的好坏很难在第一时间察觉到，这使得银行可以通过放松贷款条件来应对企业面临的风险，加重了信息的不透明性。其次，与其他企业不同，如果其他企业的资金流和现金流充分，我们即认为企业具有较强的周转能力。而对于银行来说，银行无论是吸收存款还是放出贷款都是以货币的形式来表达，因此我们很难根据货币的持有量来判断银行的运营能力。

二、商业银行公司治理的特殊性

（一）商业银行尤为重视债权人利益

公司治理的目标在前面我们也探讨过，现阶段大部分公司仍是以股东利益最大化作为公司治理的目标，即股东利益至上。而商业银行的特殊性导致其有所不同，商业银行的大部分资金来自存款人，而收入来自贷款人。如果单纯只考虑股东的权益，不考虑存款人、贷款人的利益显然是不合情理的，况且商业银行的运行还会受到政府的指引与指导。我国的《商业银行法》早有相关规定，其中单开章节规定了对存款人的保护，具体就是当商业银行面临破产危机时，国家可以直接取得商业银行的控制经营权以期最大限度保证债权人的权益。

商业银行比一般的企业更注重商誉的维护，一旦公司的信用出现危机，会导致大量存款用户提取现金，甚至引发挤兑现象，导致银行破产。就算银行可以支付存款客户的现金，如果银行信誉受到影响，也很难去修复。毕竟，信誉是商业银行的立身之本。所以商业银行并不单纯以股东价值最大化作为公司治理的目标，其更重视其利益相关者的利益，更重视保护债权人的利益不受侵害。

（二）商业银行需要更高的内部控制与风险控制机制

商业银行的资产结构中负债比例过大，一旦出现流动性风险，或者信用发生危机，非常容易产生挤兑的现象。根据国内外的金融市场经验，银行属于高风险行业，银行破产的案例比比皆是。因此这种脆弱性对银行的风险管理与内部控制提出了更高的要求。且银行业不同于其他行业，商业银行的重组并购成本非常高昂。这是因为并购者要承担银行经营不善或者是信用危机而引发的社会成本。如果商业银行的风险管控机制不达标，那么商业银行的生存则岌岌可危。

（三）政府在外部监督机制中的超然地位

内部治理是商业银行公司治理的核心，主要包括执行机制、决策机制、激励机制等，这些机制共同构成了商业银行公司治理的主要架构。但不可忽视的是，银行的外部治理细则不断地规范与调整使得政府机构作为重要的外部治理角色发挥着越来越大的作用。政府在外部监督机制中的超然地位不是一朝一夕建成的，政府监管商业银行的历史要追溯到1825年，1825年英国的金融危机促使了《股权银行法》的产生，在1866年，英国再次发现金融危机时，作为英国中央银行的英格兰银行已经能够熟练地运用各种宏观调控手段，抑制金融危机，这标志着商业银行外部治理逐渐走向成熟。20世纪末随着国家之间的经济往来业务增多，为加强跨国商业银行管理，1988年《巴塞尔协议》颁布。这标志着银行监管进入跨国协作的时代。政府监管的作用是可以有效地通过制定法律、检查、监管等措施纠正商业银行的不当经营行为，甚至可以强制接手商业银行，撤换其高级管理层。这种强制性的做法对于保障存款人的利益，维护国家金融体系稳定具有重要意义。

三、商业银行公司治理模式

通过上文对商业银行及其治理特殊性的介绍，我们知晓了其与一般企业公司治理的区别，也便知晓了对其进行单独研究的意义。接下来我们看一下西方发达国家两种不同的商业银行公司治理方式，也便于进行我国特色商业银行公司治理道路的建设。

从整个世界范围来看，现代商业银行的公司治理模式主要分为英美模式与德国日本模式。英美体系下银行治理是没有监事会的，所有的权利由董事会去行使。我们可以称其为以董事会为核心的一元制公司治理架构。而在德国日本体系中则呈现出另外一种状况，监事会不但没有消失，其权力反而大大增强。

监事会具有任免董事会成员的权力，董事会向监事会负责。我们称这种模式为以监事会为核心的二元制公司治理架构。其主要特点如表9-2所示。

表9-2 以监事会为核心的二元制公司治理架构主要特点

类别	特点	共同之处
英美模式公司治理架构	股权集中度低，高度分散； 董事会一家独大； 外部市场监督，经理人外部市场选择	董事会下设专业委员会，协助管控； 设有风险委员会，高度重视风险管理； 实现职能分离，权力制衡； 结合本土国情文化，具有各自鲜明特点
德国日本模式公司治理架构	股权集中度高； 监事会为核心，二元治理； 内部监督，经理人内部选拔	

但无论是德国日本体系还是英美体系下的商业银行公司治理，都非常重视银行的风险管理，设有专门的风险委员会。而且重视风险管理是世界银行业发展的一个重大趋势，巴塞尔银行监管委员会于2010年和2015年先后两次修订《银行公司治理原则》，就是为了强化对风险的全方面覆盖。

与西方发达国家相比，虽然我国商业银行的公司治理状况从20世纪末以来得到很大的改善，但对比先进的国际经验，在公司治理架构中的职能边界模糊和经营决策效率低下问题上我们仍有进步的空间。

第三节 我国商业银行的治理现状与展望

一、我国商业银行公司治理的发展现状

（一）我国银行的历史发展

我国银行的发展可以主要分为五个阶段。第一阶段是在1979年以前，我国主要实施计划经济，所有的资源采取国家分配方式，此时中国人民银行作为我国唯一一家银行，基本办理所有金融业务，同时其还担任着统存利率的重任。此时中国银行业一枝独秀。

第二阶段是1979年至1984年，此时我国四大银行成立。他们分担了中国

人民银行大部分金融业务，由国家完全控制。中国人民银行则化身为指导行，升级为中央银行。四大行属于专业银行，被称为我国商业银行的前身。

第三阶段是1985年至1993年，此时我国经济相对放开，政府有力促进银行业之间的竞争。同时交通银行、招商银行等作为第一批股份制银行首次出现。专业银行受到股份制银行加入的影响，更加积极地参与市场竞争。这样就导致了四大专业银行也扩展了自身的业务。此时我国银行业的发展如雨后春笋，欣欣向荣。

第四阶段是1994年至2002年。在这9年间，我国商业银行改革发展的进程大大加快。在1994年，国家开发银行、农业发展银行、进出口银行三大政策性银行成立，引发了这次商业银行的大改革。原本由四大行负责的政策性任务，开始由这三大政策性银行部分负责。这使得四大行可以节省更多的人力财力，开始致力于商业金融业务。1995年，国家正式颁布《商业银行法》，这部法律的实施为我国商业银行的发展定下方向基调。2001年我国加入WTO，市场化进程加速，2002年中央明确发布条文，加速商业银行市场化改革的进程。

第五阶段是2003年至今。2003年年底，四大行中的中国银行和建设银行成了股份制改革试点。股份制改造的序幕被国有独资商业银行缓缓拉开。至此为止我国形成了以国有商业银行为主体、股份制商业银行等其他各类银行共同参与竞争、以市场为导向的多元化商业银行体系。

（二）三会一层的国有商业银行公司治理架构

截止到2019年，我国的上市商业银行总共有37家，其中有70%以上属于国有银行与实际控制人为地方政府商业银行。可以说这也是我国商业银行建设道路的特色之一。因此对国有商业银行公司治理进行研究，更能清晰地把握我国商业银行治理脉络，更好地促进我国金融市场发展。我国国有商业银行公司的治理架构为三会一层，即股东大会、监事会、董事会和高级管理层如图9-1所示。其中，监事会是学习了德国日本模式监事会的优点，并与中国实际相结合而设置的。但是我国的监事会摒弃了德国日本模式中监事会的两项权限：直接监督董事会和任免董事会，改为了与一些专门委员会存在职能交叉，如董事会内部的审计委员会等。我国国有商业银行公司治理仍以董事会为主体，这一点上与英美模式相类似。并且董事会下也设有专门委员，用于提高决策效率。

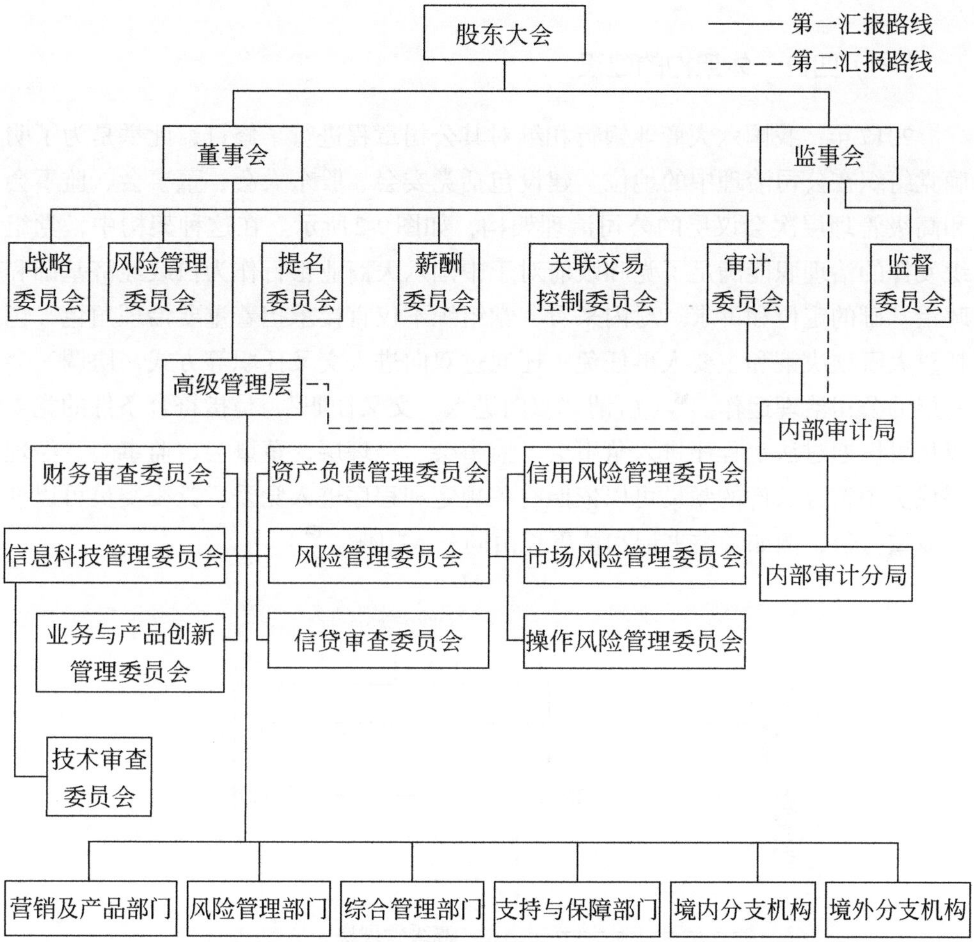

图9-1　三会一层的国有商业银行公司治理架构

（三）股权结构多元化

我国国有商业银行的股权结构基本上实现了多元化。由最开始的100%国有控股，通过引入外部投资者等措施实现股权集中度的逐步下降。现阶段工农中建四大商业银行仍属国家控股，持股比例达到50%以上。且其他大多上市商业银行，第一大股东分属国家或者政府中央的，持股比例已达到20%以下。各个城市的商业银行股权也较为分散。股权结构的多元化，一定程度上缓解了一股独大的问题，增强了市场活力。

二、我国国有商业银行公司治理的展望

（一）四位一体架构的建设

2017年，我国六大商业银行相继对其公司章程进行了修订，此举是为了明确党组织在公司治理中的地位。建设包括党委会、股东大会、董事会、监事会和高级管理层次会议层的公司治理架构，如图9-2所示。在这种架构中，党组织发挥的治理职能满足了党和政府对于中国六大商业银行作为执政经济基础和政治基础的定位和诉求。对内来看，党组织不仅直接承担着重要治理角色，包括重大事项决策和主要人事任免，还通过双向进入交叉任职等方式，协调三会一层的公司治理运作。[1]（所谓“双向进入、交叉任职”，是指符合条件的党委成员可以通过法定程序进入董事会、监事会、经理层，董事会、监事会、经理层成员中符合条件的党员可以依照有关规定和程序进入党委。党委委员可以拥有双重身份，例如党委书记和董事长由同一人担任。[2]）

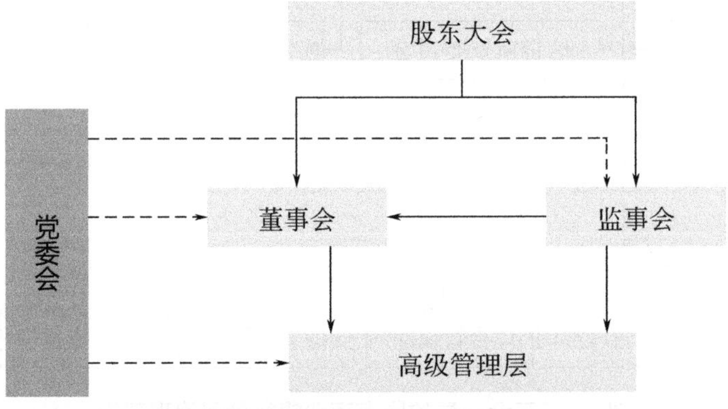

图9-2　四会一体的公司治理架构

图中实线箭头表示《公司法》规定的监督关系，虚线箭头表示党委会以“双向进入、交叉任职”方式影响“三会一层”的运作

（二）形成风险管理和内部控制的文化与价值观

商业银行本质是高风险的经营单位，因此风险管理和内部控制在商业银行

---

❶ 2019中国六大商业银行公司治理实践研究报告0521。

❷ 双向进入、交叉任职（党务知识术语）。

中尤为重要。而文化与价值观是公司运营发展的深层动力，良好的文化价值观自然而然地会引导企业平稳良好发展。我国国有商业银行的公司治理模式一部分是借鉴于外国的先进经验，且部分细则还在不断完善试验之中，因此相应的文化基础较浅。我国国有商业银行应当充分发挥其风险管理委员会、内部审计委员会的监督作用，健全风险管理各系统的协同作用。持续强化风险管理责任制，进一步明晰管理责任与岗位责任。并且在发展上虚心接受党委会的督察与指导意见。

必须要注意的是，风险管控与内部控制绝不仅仅是银行高层该考虑的事情，应该渗透到中层与基层，成为每个国有商业银行人的行为准则与经营理念。

本章小结

在本章我们学习了商业银行作为外部治理者如何参与其他企业的公司治理，与其自身如何进行公司治理。其中作为外部治理者有两种方式，一是作为债权人，二是作为股东。商业银行参与其他企业的公司治理，有利于减少信息不对称带来的代理成本，同时商业银行可以作为外部监察机构减轻企业的内部人控制问题。而谈到商业银行自身的公司治理结构，我们要明晓商业银行的特殊性，包括负债比重大、商业产品特殊、尤为严重的经营信息不对称问题等。这些特殊性导致了商业银行的公司治理与一般企业公司治理有所不同：比如其更重视债权人的利益，更直观的受政府的影响，更需要自身具有完善的风险管理机制与内部控制。

在世界范围内，商业银行的公司治理结构大致可以分为两种，分别是以董事会治理为核心的英美模式与以监事会为核心董事会并存的德日模式。虽然两种公司治理架构不相同，但其在职责划分与风险管理上都表现得极为出色，值得我国商业银行借鉴与学习。话说两边，我国商业银行公司治理的发展时间较短，还处于探索时期。我国商业银行治理在保证以董事会为核心的前提下也引入了监事会机构进行监督管理。形成三位一体的公司治理架构。同时我国的国有商业银行也在不断地进行股份制改革，降低股权的集中度，以增加金融市场活力。

我国的国有商业银行治理，要走一条具有中国特色的治理道路，目前在我国六大银行实施的四位一体架构值得其他商业银行学习与借鉴。充分体现了党中央的领导地位，发挥商业银行在我国经济市场的积极作用。

思考题

1. 如何看待监管部门对民生银行公司治理的警示？
2. 如何评价民生银行的监事会？
3. 商业银行参与公司治理对债务公司的发展是一种阻碍吗？如果不是，有哪些积极影响？如果是，说出你的原因。
4. 怎么评价商业银行公司治理的水平？你觉得应该从哪些方面去衡量？

第十章 机构投资者与公司治理

【学习目标】

1. 了解国内外机构投资者的发展历程。
2. 掌握机构投资者的特征与作用。
3. 掌握机构投资者参与公司治理的方式。
4. 掌握机构投资者参与公司治理对企业绩效的影响。

第一节 机构投资者的发展历程

一、国外机构投资者的发展历程

第一阶段：萌芽阶段（19世纪后半叶）

由于英美国家的资本市场历史较为悠久，经过不断完善，发展更为成熟，所以西方国家的机构投资者首先出现于英美国家。在19世纪，重商主义学派认为海外贸易盈余会带来财富的增长，这一观点受到了个人投资者的追捧，在当时成为一股主流，导致投资需求不断增加。同时，随着这股热潮的兴起，政府出面开始组建基金，以平衡不断增长的投资需求，机构投资者的概念应运而生。1868年，英国政府发行了海外和殖民地政府信托基金，这是最早的投资基金，用于政府开发海外殖民地，成了最早的机构投资者。此后，由于广大投资者的投资热情和市场的长期需要，诸如此类的基金越来越多，例如美国于1924年设立的马萨诸塞州投资信托公司等，机构投资者从此有了初步的发展。

第二阶段：初步发展阶段（20世纪初期～20世纪80年代）

19世纪末，美国社会逐渐进入了垄断资本主义，一些大型垄断公司对美国的社会经济结构产生了巨大的影响，并逐步控制美国经济。直到20世纪初，垄断资本主义愈演愈烈，美国的经济控制在财团手中，这使得垄断资本越来越集中。与此同时，长期的垄断已激起了民众的反抗，经过运动和改革，美国出台了反垄断法案。经过不懈的努力和抗争，反垄断法案对美国经济结构的改善起到了很好的效果。20世纪30年代，随着垄断资本主义的瓦解，美国上市公司的股权结构也随之发生了改变，股权越来越分散导致很多公司没有控股股东，使得公司的控制权掌握在管理层手中。由于公司股票分散在个人投资者群体中，管理层成了公司的实际控制人，他们对于公司的经营管理起着决定性的作用，而管理层趋向于做出有益于自身却侵害股东利益的行为，因此衍生出了一系列的问题。20世纪80年代，机构投资者不断发展，这逐渐改善了股权分散的消极后果，因为机构投资者不再只关注公司业绩，他们同时监督管理层的经营决策，逐步参与到公司的管理中，这是机构投资者的又一次进步和发展。

20世纪80年代，美国掀起了并购热潮，对于上市公司来说，是机遇也是挑战。机构投资者更倾向于并购，他们可以通过高价卖出股票赚取巨大利润，因此对于并购热潮积极响应。公司的管理层则较为反对，因为公司并购可能牵扯到职位变动，前景充满不确定性，为了防止公司被并购，他们采取了一系列措施，包括毒丸计划等。甚至政府也接连出台政策，为了尽量防止并购发生，制定了很多法律条文，增加并购成本。有些公司为了防止被其他公司收购，董事会决定高溢价回购公司股票，这侵害了机构股东的利益，推动了股东权利运动的发生。机构投资者们开始关注公司经营，并参与到公司治理中，争取自身在公司经营中的话语权，提升在公司经营决策中的地位。在这次并购热潮的推进中，机构投资者不再是对公司经营睁一只眼闭一只眼的状态，而是积极参与，发挥自身作用和权利，开始为公司经营尽责。

第三阶段：蓬勃发展阶段（20世纪末期及以后）

20世纪90年代，机构投资者参与上市公司治理越来越频繁，参与方式也多种多样，发展日益成熟。机构投资者参与公司治理的方式很多，例如与公司治理层沟通、与管理层协同管理等。美国政府也相应出台了保障措施，防止机构投资者出现损害公司利益的行为，以此保证上市公司经营的有效运行。例如，对于机构投资者的监管机制日趋完善，促使他们关注公司的长期利益，避免出现短期获利的行为；强化机构投资者在公司中的权利和义务，要求他们及时披露信息，同时完善代理投票机制，不仅加强对管理层的约束力，而且降低机构投资者参与上市公司管理的成本。从20世纪90年代末期到21世纪初，西方国家的市场经济蓬勃发展，机构投资者也逐渐成为证券市场上主要的投资主体，推动了社会经济的进步，发展越来越成熟。

总而言之，国外的机构投资者尤其是以美英国家为代表的西方国家机构投资者的出现是由于市场的需要。正是因为市场投资需求的增加，并且不断地完善和发展，机构投资者所占的比例越来越大。由于机构投资者的存在是适应社会经济环境的，所以日益发展完善，逐渐成为投资主体。同时，机构投资者在西方国家的发展，给世界上其他国家的经济发展也带来了一定的影响。

二、我国机构投资者的发展历程

我国不同于西方国家，由于早期经济发展不比国外繁荣，社会经济结构和市场经济体制也存在诸多不同，所以机构投资者发展较晚，主要是在政府的推动下才渐渐拉开序幕的。

第一阶段：萌芽阶段（20世纪90年代初期）

我国于20世纪80年代开启了资本市场，但是资本市场在开始的初期并不完善，机构投资者更不存在，市场上也没有投资需求，更不用说机构投资者如何参与到公司治理中了。在随后的90年代，由于市场对机构投资者的推动作用较小，政府开始出面促进机构投资者的发展，这时我国的机构投资者才真正开始起步。1991年，深证证券交易所允许机构投资者进入市场；1993年，上海证券交易所也出台政策允许机构投资者的进入。当然，由于制度不完善，刚刚起步的机构投资者存在很多局限性，发展前景存在诸多不确定性，对于机构投资者的监管和控制较少，导致发展较为迟缓。

第二阶段：初步发展阶段（20世纪90年代末期）

从20世纪90年代中期到末期这一段时段，机构投资者取得了初步的发展。为了改变之前不受管控的状态，政府随之制定了相应的规章制度和管理办法，虽然机构投资者仍然只占据相对较小的比例，但是已经在市场上慢慢活跃起来。在1997年，国务院证券委员会发布了《证券投资基金管理暂行办法》，这一制度的出台为机构投资者的发展奠定了坚实的基础，使机构投资者有了初步的规范管理办法。在1999年，我国提出“超常规发展机构投资者”的相关政策，这对机构投资者起到了推波助澜的效果，是机构投资者的发展又一次在政府推动下取得的进步。在2000年，政府再次提出将机构投资者的发展作为金融体制改革的一个方面，这为机构投资者由初步发展向蓬勃发展提供了宝贵的机会，人们也随之意识到发展和完善机构投机者的重要性。

第三阶段：蓬勃发展阶段（21世纪初期及以后）

2001年，我国推出开放型基金；2003年，我国推出《中华人民共和国证券投资基金法》；2004年，我国推出了《保险机构投资者股票投资管理暂行办法》等政策法规。从这一系列政策的出台可以看出，机构投资者正逐步进入市场，并成为公司内的重要部分，对于公司的发展起到重要作用。我国不断重视机构投资者的发展，因为他们将成为市场的主流，原来封闭式的基金已经不断被替代，不适合如今的市场环境。在政府的推动下，机构投资者拥有高额的收益率，进入了蓬勃发展阶段。2005年，中国证监会推出《商业银行设立基金管理公司试点管理办法》和《中华人民共和国证券投资者保护基金管理办法》，可见商业银行也可以准入市场。商业银行具有明显的优势，在资本市场上占据越来越重要的比重，具有相当大的发展潜力。2013年，新修订的《中华人民共和国证券投资基金法》开始实施，我国不仅注重推动机构投资者的发展，同时保护投资者的利益，使得我国机构投资者逐步规范化、法律化，并对机构投资者参与公司治理展开了研究。

相比于国外机构投资者的发展，我国存在发展时间滞后、发展时间短、发展不完善等缺陷，这些大多是由于我国与国外经济体制、形成原因等不同造成的。国外的机构投资者是因为市场需要发展起来的，而我国主要是在政府的推动下逐渐起步的，这造就了国内外机构投资者的发展程度不一。在发展进程中，国外机构投资者对我国产生了不小的影响，我国也积极借鉴先进思想，跟上发展步伐。总的来说，无论是国内外，机构投资者在上市公司的治理中都起到了举足轻重的作用。所以，近年来学者们对于机构投资者的研究越来越多，政府也对他们参与公司治理等推出了很多政策性制度。机构投资者的进一步发展还有待研究，本章将在已有研究的基础上对机构投资者未来的发展提出展望。

第二节　机构投资者的特征与作用

一、机构投资的内涵

机构投资者是相对个人投资者而言的，简单来说，他们是用自有资金或是通过向个人投资者筹集资金，进行有价证券投资活动的法人。在国外，《新帕尔格雷夫货币金融大词典》将其定义为管理长期储蓄的专业化金融机构；在我国，机构投资者主要为进行有价证券投资的法人。如今，无论在国内还是国外，都十分注重机构投资者的发展，因为这类主体为市场经济带来了积极的影响。

机构投资者非常常见，例如人们较为熟悉的私募基金和公募基金，就属于机构投资者的范畴。此外，还包括保险基金、养老基金、信托公司、银行等，在我们身边无处不在。由于机构投资者的资金量较大，相对于个人投资者有较为明显的优势，因此越来越受到广大投资者的欢迎。他们的资金一部分来源于自有，一部分是受投资者的委托筹集而来，并且有专业的机制经分析后进行投资，一般投资期限比较长，获得的收益较为稳定，不会进行投机活动，有利于市场的健康发展。当然，除了获得投资收益外，一部分机构投资者也参与上市公司管理，由于机构投资者的诸多优势，他们在公司治理中的话语权也越来越大。当然相对的，个人投资者的权利就会变小，因此有些个人投资者会通过委托的方式交由机构投资者进行资金管理。

二、机构投资者的特征

相对于个人投资者而言，机构投资者的主要特点有：管理专业化、结构组合化、行为规范化，这些特征都是机构投资者的优势所在，以致机构投资者所占比重越来越大，其发展受到各国重视。

1.管理专业化

机构投资者拥有专业的机制，用于分析市场行情，研究经济走势，调查风险情况，其管理非常专业化。机构投资者不同于个人投资者，他们除了使用自有资金，还通过筹集他人资金的方式参与到投资活动中，拥有巨大的资金量。个人投资者愿意将资金委托给机构投资者，正是因为机构投资者有一套专业化的管理制度。他们有专业的团队和部门，对于市场经济的研究更为深入，分析较为准确，由此能够获得比较稳健的收益。而个人投资者只能凭借历史经验或者专家的建议进行投资活动，通常情况下拥有的资金也比较有限，获得收益相对较少，因此个人投资者更倾向于委托机构投资者代为管理，这也是机构投资者发展越来越好的原因之一。

2.结构组合化

结构组合化是机构投资者有效分散风险的手段。机构投资者利用筹集到的大量资金获益，但是高收益往往伴随着高风险，为了有效降低风险，机构投资者通常会采用结构组合化的方法。简而言之，就是根据严谨的分析，将资金投入到不同的投资产品中，通过投资组合的方式分散风险。由于机构投资者持有的资金规模较大，必须考虑到风险问题，保证收益的稳定，才利于市场的发展。对于个人投资者来说，很难通过一已之力分散风险，他们判断不准确，可动用的资金少，往往伴随着较高的风险，甚至有些人痴迷于短期获利行为，对市场的健康发展是一种损害。可见，机构投资者既有大量资金，又有专业分散风险的方法，在一定程度上维持了市场的有序发展。

3. 行为规范化

一方面，机构投资者进行的投资活动，是遵循一套规范化、合法化的制度的，并不是盲目的投资行为。由于机构投资者在市场上扮演重要的角色，在上市公司的治理中也参与一定的管理，若没有监督机制，可能会产生负面影响。另一方面，机构投资者作为人们较为信任的投资主体，应该做到保护个人投资者的权益，避免自身的声誉受到损害，也会设立自我监督机制。所以，无论是外部监管，还是内部监督，都是为了规范机构投资者的行为，保证他们能合法有效地推动市场经济的发展，同时不会损伤到相关方的利益。

三、机构投资者的作用

近年来，机构投资者迅速发展起来，同时在诸多方面起到了拉动作用，为我国上市公司的治理解决了很多难题。

1. 促进国有企业改革

党的十五大指出要注重发展资本市场，其中强调了加强国有企业改革，证券市场对国有企业改革十分重要，而机构投资者作为证券市场的一个重要主体，发挥着不可替代的作用。国有企业改制为上市公司，能够拥有更广的融资渠道，扩大公司规模，提升自身的核心竞争力，创造出更多财富。国有企业可以选择通过证券市场上市，在一定程度上更易于股本扩容，有利于公司的发展。机构投资者通过专业的分析，可以大力促进经营良好、前景发展好的企业上市，促进资本市场的发展。同时，对于经营不善、缺乏发展实力的公司，可以严加打压，以防盲目乐观的投资者承受更多损失。

此外，机构投资者在优化企业资源配置方面起到了关键作用。他们可以根据专业化的分析，帮助企业建立现代化制度，也可以通过重组等方式获得公司的控制权，参与公司的经营管理。同时，使公司的经营运作更加规范化，剔除不良资产，选取优良的发展方向，通过优化公司资源帮助企业上市，促进公司的技术改造，有能力参与国际竞争，推动企业走上可持续发展的道路。总之，机构投资者可以甄选符合我国经济市场发展的企业，打压不规范、不合法的企业，对建成适合我国市场的现代企业起到积极作用。

2. 提升上市公司质量

目前我国的机构投资者正处于蓬勃发展阶段，而上市公司治理存在的问题又层出不穷，这为机构投资者参与公司治理带来了契机。由于我国较为重视机构投资者的发展，以至于这一群体的规模越来越大，对于我国上市公司产生了不小的影响。我国政府和监管部门都认同机构投资者参与到公司治理中能够发挥积极的作用，推动上市公司朝着良好方向发展这一观点，但是对于如何参与到公司治理中还需要进一步的研究。最为常见的方式是，机构投资者已在公司中拥有一定的话语权，涉及股东、管理层、信息披露等方面。此外，随着机构投资者的不断完善和发展，还将在提升上市公司质量方面发挥作用，参与到公司的控制和执行等阶段，可见机构投资者的发展与上市公司的完善是相辅相成的。

3.推动国有股减持

党中央明确表示要在战略上调整经济布局，实现资源的优化配置，推动国有股减持是其中的一个重要方面。国有股减持主要在证券市场上完成，机构投资者作为证券市场上的主体，能够有效地推动国有股减持。国有股减持的方式一般有回购公司股票、直接出售股票、转成债券或优先股等，已有先例通过回购公司股票的方式，取得了良好的市场反应，因此机构投资者能够推动国有股减持已经得到公众的认可。减持国有股的意义在于吸引投资者，实现股权多元化，促进资金流动，但是就当前机构投机者的发展规模来看，肩负起这项任务还需要付出更多的努力。总而言之，机构投资者的不断壮大，已经是推动国有股减持最有效的方式了。

4.利于实现债转股

我国的很多上市公司，或者由于历史的政策导向问题，或者由于自身经营问题，存在大量的债务，公司的负担过重不利于自身的健康发展，债转股可视为实现扭亏为盈的一种方式。我国在由计划经济过渡到市场经济的进程中，存在一些未处理明确的遗留问题，再加上如今市场竞争激烈，公司在负担过重的情况下难拾信心，许多公司的经营状况已经力不从心。而像证券公司这类机构投资者，可以通过重组和并购等手段帮助企业实现债转股，对于降低企业负债率、减轻企业负担有一定的作用，可以有效给予面临财务困境的企业一次机会。但是，对于非上市公司来说，只有少部分发展较为良好的公司可通过这种方式成为上市公司，对于大多数公司来说，并未真正解决实质性问题。所以，另一种实现债转股的方式是向机构投资者转让股权，这样便于机构投资者帮助这些企业上市，实现扭亏为盈。

5.保证市场稳健发展

正是因为机构投资者这一主体能够促进市场稳健发展，所以机构投资者的壮大是市场发展的需要。一方面，机构投资者有广泛搜集有用信息的能力和专业的判断能力，并且投入的资金一般为长期，对风险的考虑也十分周全，几乎不会使市场产生大幅度波动，对稳定市场十分有利。另一方面，鉴于机构投资者的声誉和地位，受到广大投资者的信赖，能够在一定程度上引导投资者进行理性投资，抑制投机行为的发生，对市场也是一种保护。我们可以得出一种推论：在有效的制度和有力的监管下，投资者的结构对于市场的波动有一定的影响，一般情况下，个人投资者的比重越大，造成的市场波动越大，越不利于市场的平稳发展，而机构投资者占据主导地位时，则恰恰相反。

第三节　机构投资者与公司治理

一、机构投资者参与公司治理的方式

随着机构投资者的不断发展壮大，对公司治理也产生了很深的影响。他们不仅可以通过多种方式参与公司治理，而且有研究表明，机构投资者的参与提升了公司绩效。

1.征集委托投票权

征集委托投票权的方式可以吸收少数股东的投票权，提升自身在股东大会中的话语权和地位，这也是机构投资者参与公司治理的一种方式。由于控制权与经营权的分离，一些上市公司的股份较为分散，没有实际能够控制公司的股东。除此之外，存在少数股东由于某些原因无法参加股东大会，一些想要控制公司的经理人可以通过征集委托投票权的方式，与少数股东达成一致意见后，代为行使他们的权利。当然，这种方式在某些情况下导致了权力的滥用，经理人可能作出损害公司利益的决策，这对于公司的发展十分不利。机构投资者可以通过征集委托投票权的方式参与公司治理，通过他们专业的能力，作出有利于公司发展的决策。已有数据表明，机构投资者通过这种方式参与公司决策的例子屡见不鲜，并对公司治理成效产生了促进作用。

2.递交股东提案

递交股东提案是机构投资者通过与公司经营者协商，来达到参与公司治理

的目的。也就是说，机构投资者将股东提案递交给股东大会，经过股东们的投票，可以看出提案的被支持程度。虽然经营者没有义务一定要采取提案的内容，但是如果提案获得了较多的赞成票，机构投资者便拥有了与公司经营者协商的筹码。一般来说，机构投资者持股水平更高的公司更容易通过提案，可见这种方式虽没有征集委托投票权直接，但也在一定程度上为机构投资者参与公司治理提供了机会。

3.私下协商

私下协商与递交股东提案不同的是，这是一种非公开式的协商，通过机构投资者单独与经营者协商，达到了降低成本、提高效率的效果。由于机构投资者不断发展壮大，公司经营者也很重视机构投资者的提案，因此递交股东提案一般都会得到公司经营者的关注，经营者们也越来越愿意与机构投资者合作。鉴于私下协商的优势，机构投资者递交股东提案有所减少，更愿意以私下协商的方式参与公司经营治理。一般情况下，只有在私下协商未达到效果时，机构投资者才会采取其他手段。

二、机构投资者对公司绩效的影响

在近20年间，机构投资者取得了很大的发展，吸引了很多学者研究机构投资者对公司绩效的影响。已有很多研究成果表明机构投资者可以提升公司绩效，下面主要从市场绩效和财务绩效展开介绍机构投资者对公司绩效的影响。

机构投资者具有管理专业化、结构组合化、行为规范化等特点，可以有效提升市场绩效。简而言之，机构投资者通过专业化的市场信息搜集与分析，并依据市场的监管，利用组合化投资分散风险，几乎以长期投资为目标，在很大程度上保证了市场的稳健。鉴于种种优势，机构投资者起到的作用是显而易见的。

此外，机构投资者逐渐发展成为参与公司经营治理的一类主体，并且越来越得到市场及投资者们的认可，对于公司财务绩效的促进作用也是显著的。机构投资者帮助企业剔除不良资产，优化公司资源，选取优良的发展方向，推动企业走上可持续发展的道路，更有优势地参与到市场竞争中。在本书后面的部分将会以实证研究的方式，深入地探讨机构投资者对公司绩效产生的影响。

关于机构投资者与公司绩效的实证研究可参考附录。

本章小结

机构投资者在国外的兴起，受到了广大投资者的追捧，不断得到公众和政府的重视，并对世界各国产生了巨大的影响，我国也是其中之一。虽然我国的机构投资者是在政府的推动下才萌芽的，但确实对我国市场产生了积极的促进作用，保证了市场的稳健发展，逐渐受到投资主体的关注。机构投资者相比于一般投资者拥有更多的优势，主要优点有管理专业化、机构组合化、投资规范化，并产生了不可替代的作用，主要有促进国有体制改革、提升上市公司质量、推动国有股减持、利于实现债转股等。目前，机构投资者已经参与到公司治理中，并且参与途径多种多样，并对公司绩效产生了良好影响。从机构投资者规模不断壮大可以看出，这一主体的发展是不容置疑的。

思考题

1. 机构投资者相较于一般投资者有哪些优势？
2. 机构投资者能通过哪些途径参与公司治理？
3. 机构投资者对企业绩效有哪些影响？
4. 谈谈机构投资者为何能够兴起？
5. 机构投资者的未来发展方向如何？

第十一章

股东制衡与公司治理

【学习目标】

1. 掌握股东之间的冲突表现。
2. 掌握股东之间冲突的原因。
3. 掌握如何达成有效的股东之间的制衡。

第一节 股东制衡的内容概述

一、股东关系

目前关于股东关系的研究主要集中在以下几方面：

1.大小股东关系

现代企业股权完全分散的结构逐渐消失，大股东和小股东的委托代理问题在世界范围内普遍出现（Shleifer and Vishny，1997；Denisand McConnell，2003）。当股权高度集中于持股大股东时，中小股东的利益会失去保证，此时为维护自身利益，中小股东和大股东之间便会出现矛盾与冲突（Grossman and Hart，1988）。公司业绩会随着大股东的所有权比例上升而改善，然而当大股东所有权超过一定比例上限，掌握的控制权大于所有权时，就会倾向于用公司资源获取控制权私利，侵害上市公司和中小股东的利益（Morck et al.，1988；Claessens et al.，2002）。

2.大股东间关系

当非控股股东与第一大股东性质相同时，容易形成利益共同体（Maury et al.，2005），外部股东可能和第一大股东形成联合，共同侵占其他股东的利益（魏明海等，2013）。家族企业中，关联大股东会在一定程度助长控股大股东的私利行为（魏明海等，2013），而当关联大股东与控股大股东属于同一性质群体时，两大股东更倾向于合作而非竞争。

3.股东冲突表现

大股东与小股东冲突的产生，基于两个前提：一是经济人假设，即大股东追求自身利益最大化而侵害小股东的天性；二是大股东掌握公司控制权。大小股东冲突的外在形式主要为利用控制权获取私人利益（Grossman et al.，1988）。具体形式有关联交易、担保或挪占款项、股权转让、操控信息披露等。法律体系对冲突行为存在影响，法律保护相对完备的国家，大股东对小股东的侵害相对较弱；法律效力受到限制时，冲突现象更严重，公司控制人可能通过关联交易对小股东进行利益侵占（张静等，2006）。大股东之间冲突的产生，往往由于股东效用目标存在差异，提出相悖的公司发展理念，导致股东间利益冲突。且大股东间相互不信任不尊重的行为会直接影响双方的情绪认知，同时也加剧了冲突发生。

二、社会资本控制

除了股权结构因素外，法律、管理结构、社会因素等非股权因素同样会对企业实际控制权产生重要影响，这些非股权因素被学者定义为社会资本。赵晶和高闯（2010）首先提出了企业控制权研究的社会资本控制链范式，指出控股股东并不绝对掌握企业控制权。赵晶等（2014）从企业和股东个人掌握的社会资本契合角度研究，发现组织社会资本和控制股东个人社会资本的契合度高低会直接决定企业实际控制权稳定性的好坏。易阳等（2016）从个人社会资本专用性角度研究，发现专用性资本是控制权配置的重要影响因素，其形成的堑壕效应是影响控制权配置的重要途径。梁上坤等（2014）立足于社会资本的断裂和重构视角，认为社会资本重构应遵从于资产的专用性由低到高，从而降低资本断裂的负面影响。

三、冲突理论

冲突理论最早起源于19世纪末，历经了消除冲突、接纳冲突至维持冲突的发展过程。冲突理论的研究主要在冲突内涵、成因、类型、结果、功能等方面。冲突理论的内涵及成因。冲突可分为个体、群体和组织之间三个层次，关于冲突的内涵，学术界主要有两派观点：一方强调冲突的本质是一种过程，这种过程表现为行为主体因目标或价值观的不可调解而引发的对其他主体的阻挠、抵制或侵犯（Thomas，1976；Hay，1984）；而另一方以Boulding等（1963）为代表认为冲突实质上是一种心理感知，是现有或潜在对立而产生的行为主体间的不相容。冲突成因方面，从冲突涉及的不同主体层面出发，学者从不同角度进行了探究。Bsino（1988）认为冲突成因是社会环境、个性和交往、组织结构、文化观念和复合因素五个根本因素的相互作用。Mohammed and Angell（2004）对团队冲突成因进行研究，发现团队成员态度、技能和知识方面的差异会导致团队冲突加剧。

传统观点认为冲突会导致组织内部或个体之间和谐稳定关系破裂，提出应避免冲突的产生。随着冲突研究的不断深入，人们发现适度的冲突会在一定程度上提高团队决策的科学性。冲突对团队建设的积极作用逐渐被认可，学者们开始从多重视角来分析冲突的结果和功能。Brown（1983）提出冲突后果可划分为积极、中性和消极三个维度；Robbins（2005）认为冲突产生的结果既可能是正常有建设性的也可能是失调有破坏性的。正常的冲突结果会提高工作绩效，而失调的冲突结果则会降低工作绩效。

第二节 / 股东制衡分析

基于上述回顾和分析，我们发现：现有文献主要研究的是大小股东关系以及股东社会资本控制对于股东关系和企业控制权稳定的影响，在冲突理论方面，则较多关注高管团队、知识型团队的冲突和管理，而针对大股东间的冲突关系，关注其产生前因、过程特征、形成机制和行为后果对股东制衡及企业控制权影响的，在现有研究中几乎没有涉及。因此，基于冲突理论的分析视角，我们将大股东冲突纳入股东制衡和控制权配置的公司治理理论研究框架中，弥补现有研究的不足，从新的角度全面审视股东关系引发的公司治理效率问题具有的现实意义。根据本章节内容构建了如下的理论分析框架图11-1，通过大股东冲突前因、过程和结果的动态分析，探究管控大股东冲突对股东制衡和企业控制权稳定的作用机理。

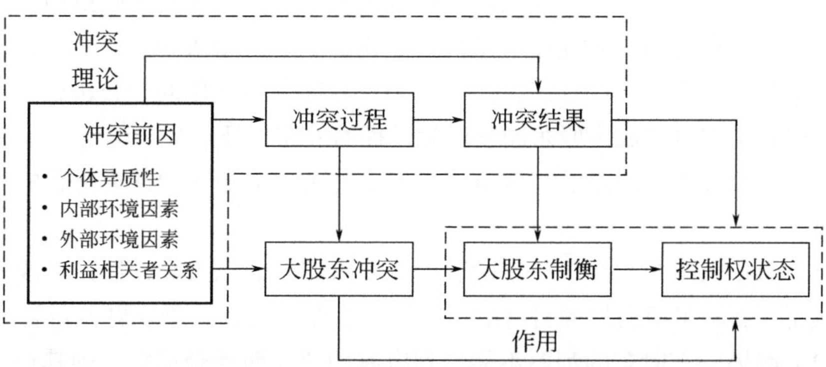

图 11-1　大股东冲突理论分析框架

第三节 股东冲突的原因分析

一、冲突成因

以往研究表明，个体的异质性（如性别、教育背景、年龄等）以及内外部环境（如监管、法律等）特征是不同主体间冲突的主要成因。然而，从既往案例来看，创始股东和外部大股东之间的冲突却让我们发现股东之间利益诉求差异和过分自利行为是大股东冲突的重要决定因素。大股东相互不尊重不信任会直接影响双方的情绪认知，同时也加剧了冲突发生。

内部大股东与利益相关者的矛盾为外部大股东进入创造条件。

（1）大股东相互不尊重、不信任导致双方矛盾加剧，引爆冲突。

（2）大股东利益诉求存在差异，且各自追求自身目标互不妥协会加剧冲突。

二、冲突过程

Robbins（2005）曾指出冲突过程主要分为五个阶段，即潜在对立、认知介入、冲突意向、冲突行为和冲突结果。大股东冲突的过程正是冲突成因催化作用下引导大股东做出竞争、合作、妥协、退让等行为选择的过程。在原有股东事先并不知晓的情形下，大股东掌握股份发生变动，进而控股格局发生变化时，新旧大股东的潜在对立逐渐激化，转化成明显的矛盾冲突。这时，董事会作为上市公司权利争夺的焦点自然就成为双方冲突明显化的中介桥梁，对于董事会管理席位的争夺成为股东冲突行为过程的外在特征。

此外，双方也会通过法律来解决突发的冲突。大股东间冲突过程的激烈表现主要有：

（1）新任大股东掌握了一定的股份，要求召开股东大会，以此来改选董事会，从而使新的董事会按照自身的意志管理企业，为自己争取更多利益。

（2）如果原有股东的利益不能得到应有的照顾而受到损害，则其会对控制权的变动持抗拒态度，作为原有股东代表的董事会不会同意新股东的提案。

三、冲突结果

形成新的大股东制衡状态，企业经营受到严重影响，表面为一方大股东的胜利，实质是多败俱伤。理论研究发现，冲突同时具有积极导向和消极导向。大股东间冲突斗争的最终结果，一般表现为企业控制权上的一方彻底胜利和另一方失败退出。此外，新旧董事会还因公章问题纷争继续，导致企业正常经营受阻，各项债务纠纷亟待解决，散户与企业员工利益都受到严重损害，企业未来发展并不明朗。

第四节　如何达成有效的股东制衡

如何有效规避或控制大股东冲突，达成有效的大股东制衡，促进企业控制权稳定。通过前面的分析我们发现，大股东冲突过程会改变大股东制衡结构，影响企业控制权配置和正常经营，导致企业控制权处于不稳定非正常状态。显然，大股东冲突并没有对企业产生积极的作用。值得进一步思考的是，如何有效规避大股东冲突，或者控制冲突在一定范围内使得冲突结果能够最终发挥正面积极效用，产生有效的股东制衡，保证企业的控制权处于稳定有效率的状态。企业股东为了取得较大收益，共同经营管理企业，总体目标一致，因此是可以也应当做到相互理解和支持的。但是，由于利益诉求和管理方式等方面存在差异，大股东之间可能会发生矛盾进而相互制衡，严重时会引发冲突。如果对大股东的矛盾进行有效管控，加以良好的引导将会有力支持促进企业发展，而若大股东的矛盾失去控制，则将导致冲突，冲突对企业的经营管理和大多数利益相关者的利益都会带来不利影响。

因此，必须合理管控、引导利用股东行为，尤其是大股东之间的矛盾和冲突，尽力使其结果利大于害，达到积极导向，有效控制冲突，使得冲突过程持续时间尽可能减少，将不利结果降到最低，追求建立企业控制权长期持久且合理稳定的状态。要实现这一目的需要做到：

一、股东间按章行事，相互尊重

企业内部大股东之间必须按照法律章程行事，相互尊重，公平公正处理公司事务，努力实现和谐相处。企业大股东严格依照法律法规和公司章程办事，相互尊重信任，共同办好企业是大股东建立和谐制衡关系的基础和保证，也是避免冲突发生的基础。

二、股东间妥善解决冲突

大股东冲突发生后应当有效管控，争取尽快妥善解决冲突，将负面影响降到最低。要达到这一目的，主要大股东之间需要互相尊重，加强协商，增加信任，照顾彼此关切的核心利益，相互妥协，追求全体股东利益最大化，切忌意气用事，采用非法、非理性手段解决问题。

三、树立大股东责任意识

第一大股东对于管控大股东冲突，有效规避冲突负有更重大责任。第一大股东一般为企业直接控制者，也是冲突最终的胜利方，其应担负起对企业管理和控制的责任，并调动其他股东的积极性。在大股东冲突发生时应积极化解冲突，尊重照顾各方的利益诉求，求同存异，追求企业利益最大化。

本章小结

通过本章的学习，对于我们进一步优化企业公司治理效率，有效规避大股东冲突的不利结果，形成有效的股东制衡具有重要启示：第一，大股东关系是公司治理结构中最重要的关系，处理好大股东之间的关系可以促进公司治理，有益于公司持续发展，处理不好引发大股东冲突，则会对公司经营发展产生破坏作用。第二，处理好大股东关系，有效规避冲突，将冲突的负面作用降低到最小化，需依照法律法规、公平公正地进行公司治理。大股东之间必须相互尊重信任，照顾彼此的关注诉求，不能追求超过自身能力的权力和利益，以实现企业价值最大化为目标，有效管控冲突，达到共赢。第三，第一大股东对于协调好股东关系负有不可替代的重大责任，特别是在避免矛盾激化、控制和化解冲突上应当发挥主导作用。第四，完善员工利益保护政策，构建有效的政府监管与支持，同时完善股权转让市场的法律法规。

思考题

1. 大小股东之间以及大股东之间冲突的原因是什么？带来什么样后果？
2. 大股东制衡这种关系是好还是坏？为什么？
3. 你认为该如何达成有效的股东之间的制衡？

第十二章

经济增加值与公司治理

【学习目标】

1. 掌握经济增加值的优势与缺陷。
2. 掌握经济增加值在公司治理中发挥的作用。
3. 掌握经济增加值与央企创新效率之间的关系。

第一节 经济增加值的内容概述

一、经济增加值的含义

经济增加值EVA（economic value added）是指从税后净营业利润中扣除包括股权和债务的全部投入资本成本后的所得。其核心是资本投入是有成本的，企业的盈利只有高于其资本成本（包括股权成本和债务成本）时才会为股东创造价值。经济增加值是对经济利润的评价，是一种评价企业经营者有效使用资本和为股东创造价值的能力，体现企业最终经营目标的经营业绩考核工具。

二、经济增加值的优势

由于经济增加值考虑了股权成本和债务成本，因此经济增加值这一考核工具更加贴切地衡量了公司业绩，促使管理者们作出有利于公司盈利的决策。在现行会计法下，存在一些公司管理者为了提升公司利润而盲目扩大生产，或者虚增账面利润，这些手段最终都导致了公司的业绩越来越差。为了保证公司在市场中保持有力的核心竞争力，必须采取有利于公司发展的考核工具，经济增加值的提出弥补了这一缺陷，使得管理者们真正做到努力为公司谋发展。

1.衡量经济利润

用经济增加值衡量利润的一个最突出的优势即EVA考核考虑了资本费用。在传统的会计利润衡量中，企业也许在账面上是盈利的，但是实际上赚取的利润并不能弥补资本成本，实际上仍处于亏损状态，若不能及时弥补歪曲的会计信息，企业终究难逃破产的厄运。为了防止会计信息出现差错，同时也为了避免会计人员从中作梗，经济增加值很好地将企业的经济利润体现出来，显示了累加的股东财富。也就是说，如果股东想要得到10%的投资回报率，那么就要保证税后营运利润超出10%的资本金，否则就应该放弃方案，及时止损。

2.体现股东财富

经济增加值体现了股东财富的增长，有利于管理者做出正确的决策，以创造股东财富。无论是大企业还是小企业，都可以通过经济增加值这一指标衡量公司的业绩，通过提升经济增加值，便可知道一段经营期间内为股东创造了多少财富，并及时弥补亏空，采取更有价值的决策。换句话说，经济增加值体现了两条原则：一是，经济增加值的增长体现了股东财富的增加；二是，企业的盈利超出资本成本的部分体现了公司的价值。

3.有利于公司治理

公司治理的关键是为了给公司创造最大价值，这也就要求管理者、股东以及利益相关者都应该站在同一角度，为了公司的盈利和发展考虑。与传统的会计利润不同，经济增加值衡量的是企业的经济利润，这说明经济增加值是公司价值增长的明确体现，是一种衡量公司业绩、考核员工能力、设定最佳决策、设置激励机制等最有力的工具，能够帮助公司谋求长远发展。经济增加值在公司治理中发挥的作用不言而喻。

下文中，我们将用实证的研究方法，探究经济增加值在公司治理中的作用。

第二节 经济增加值与央企创新效率

一、经济增加值与央企创新效率理论基础

技术创新为供给侧四大要素之一。提升创新效率是进行“供给侧”结构性改革，提高供给体系质量与效率的重要途径。企业作为国家技术创新的主体，其创新效率很大程度上决定着国家的经济发展质量和水平。央企在我国国民经济中占有重要的地位，掌握着我国经济命脉，促进央企创新效率提高对我国经济可持续发展具有至关重要的积极意义。

关于不同产权类型企业创新效率的高低，无论是理论上还是实证研究都存在着一定争议。资源依赖理论认为国有企业拥有更多政府所掌控的关键性研发资源和信息。从体制上来看，国有企业有条件比民营企业更具有创新性，因此国有企业的创新效率比其他产权性质的更高。李政和陆寅宏以中国制造业上市公司为研究对象，证实国有企业创新水平明显高于民企。Atkinson和Stiglitz认为国有企业或政府的干预可以缓解知识生成的不完全独占性和知识生产的市场失灵问题。相对于国有企业，民营企业在经营环境上往往无法获得与国有企业

平等的竞争地位，在投融资、税收等方面受到更多的限制甚至歧视，不利于其进行技术创新。李春涛和宋敏从实证的角度证明了上述观点的正确性，他们利用世界银行2003年对中国制造业企业的调查数据，检验了不同所有制下企业创新投入和产出的情况，结果表明国有企业更具有创新性。

委托代理理论则认为国有企业的缺陷和问题主要包括政治干预对企业目标的扭曲和管理层激励约束机制的缺失两个方面。吴延兵从产权制度进行论证，认为所有权与经营权分离所导致的代理问题是造成国有企业创新非效率的一个原因。由于出资人缺位和委托关系链过长导致国有企业的代理问题更为严重，加之国有企业存在创新的剩余索取权与剩余控制权不匹配，造成了国有企业创新非效率。Lin等认为国有企业研发投入相对其他类型企业更弱，赵建英则发现国有企业对研发支出的利用效率更低，且存在不少文献认为国有企业创新效率在各类行业中处于最低水平。

资源依赖理论从国企掌握更多关键性研发资源和信息的“先天”优势的角度出发，认为国企比民企创新效率高；委托代理理论从国企面临的“人为”关系出发，认为国企比民企创新效率低。“先天”的属性难以改变，而“人为”关系则有可控的余地。国企若想在之前的创新效率基础上有所提高，可从委托代理的“人为”关系上着手，缓解委托代理矛盾给创新效率带来的损害。研发投入强度较弱，研发利用率更低，剩余索取权和剩余控制权不匹配都可以归因于国有企业严重的委托代理问题。设计正确的激励机制能够在一定程度上缓解委托代理问题，降低企业非效率活动。因此要提高国有企业创新效率，就需对企业高管进行正确的激励。

央企的实际控制人为中央政府，其涉及的行业领域相对于地方国企更具有重要性和特殊性，但同时也存在严重的多级委托代理问题。因此，研究激励机制对央企创新行为的影响具有十分重要的理论与现实意义。对央企高管的激励机制由国资委制定。2004年，国资委第一次颁布《中央企业负责人经营业绩考核暂行办法》(以下简称《考核办法》)，其最核心的考核指标为年度净资产收益率ROE，因此该版本的《考核办法》是利润导向型的，这也使得央企高管重视企业利润而忽视企业长远发展能力——企业创新。2009年，国资委实施新版《考核办法》，核心考核指标为经济增加值EVA，是企业价值导向型考核方式，旨在缓解管理层与股东之间的代理问题。此次修订的《考核办法》与2004年版本最大不同在于将核心考核指标由ROE替换为EVA，意在引导央企高管由对会计利润的关注转向对企业价值的关注。值得注意的是，新版《考核办法》中关于EVA计算公式的正项包含“研究与开发支出”与当期被确认为无形资产的研究开发支出，意味着在净利润中扣除的费用化的研发支出可以加回，而且进一步将资本化的研发支出也计入EVA。此外，新版《考核办法》中的计分细则规定利润总额基本分为30分，EVA的基本分为40分，可见增加研发投入利于央企高管在年度考核中获得高EVA考核值并且取得总体优势。因此，央企高管具备了对研发费用进行控制或调整的动机。

为了减少经济增长导致研发费用投入水平增加的噪音，以便更纯粹地考察EVA考核对央企高管创新行为及创新效率的影响。本文参考McVay的做法，引出研发费用管理的概念：研发费用管理，指企业管理层通过对企业研发费用进行控制或调整，以达到主体自身利益最大化的行为。

之所以将此次《考核办法》作为本文的研究对象，主要基于以下两点原因：第一，2009年修订的《考核办法》与之前所实行版本的核心考核指标存在很大差别，《考核办法》又会直接关系到高管的切身利益，关注此次调整，为我们从理论上澄清EVA考核是否能缓解央企委托代理矛盾提供了很好的切入点，具有很强的理论与现实意义。第二，此次《考核办法》提供了很好的自然实验条件。在实证研究当中，识别因果关系的一个重要方法就是双重差分法。由于《考核办法》的颁布是一个政策事件，具有外生性，其次，该政策实施对象是央企，而民企不受该政策影响，可将民企作为实验的对照组，满足采用DID模型的前提。因此，可以采用DID检验《考核办法》修订前后高管行为和企业创新效率的变化。

本文的研究贡献主要为：第一，余明桂等证明了EVA考核能激励央企高管提高研发支出水平，但忽略了经济增长造成研发支出水平的提高，本文参照McVay的做法，以研发支出非预期的波动来衡量研发支出水平的提高与否，克服了上述不足。第二，研发支出与创新效率之间具有非一致性，研发费用的投入不一定带来创新效率的提升。叶祥松等与唐未兵等也发现中国工业企业研发投入对创新效率的促进作用不显著，甚至出现阻碍作用。因此，即便EVA考核促进了研发支出水平的提高，对创新效率的影响还有待实证进行检验。本文将对研发费用投入与创新效率间的关系进行研究。第三，目前尚无文献检验EVA考核对央企高管创新行为的影响如何，本文从研发费用管理视角出发，研究EVA考核对创新效率的影响及其路径，具有积极的理论意义与实践意义。

二、经济增加值与央企创新效率之间的关系

中央国有企业的产权属于全体人民所有，由国家代表全体人民行使资产所

有权职能。国家为了行使出资人权利必定会寻找下一级代理人进入董事会，形成企业所有权代理，同时所有权代理人也作为委托人继续寻找下一级代理人，例如可能的顺序依次为中央政府，企业主管部门或地方政府和企业经营者等，过长的委托代理链条导致了更为复杂的代理关系。由于代理人与委托人目标不一致及信息不对称等因素，必将造成严重的代理问题，在企业创新方面表现为国企高管对技术创新投资的积极性不高，导致了国有企业存在较为严重的创新效率损失。我国国有企业高管平均任期年限是四年，而技术创新投资的回报周期长，通常从研发投入到产出需经历多年时间，研发产出转化为经营绩效同样也需要时间，这就有可能造成本届高管进行技术创新投资，下届高管享受技术创新成果的情况，且技术创新投资存在较高风险，有可能血本无归。央企高管同时具有"经济人"和"政治人"的特征，政治晋升激励在高管激励中扮演重要角色，企业经营绩效是政治晋升的一个门槛，因此央企高管对技术创新项目投资缺乏积极性。Hu和Jefferson也发现，非国有企业比国有企业具有更强的将研发投入化为申请专利的倾向，这是代理问题的典型体现。

激励制度是解决代理问题的一种方式。为了鼓励央企高管进行技术创新投资，降低代理成本，国资委于2009年实施新的《考核办法》，该办法首次提出通过EVA对央企高管进行年度业绩考核。EVA计算口径明确指出企业进行创新投资的研发费用及被确认为无形资产的费用可加回，此举大大提高央企高管进行技术创新投资的积极性。同时，EVA的基本分大于利润总额的基本分，未完成基准值时，利润总额部分最多扣6分，而EVA部分最多扣8分，这意味着即使对研发费用进行正向管理导致当年利润总额降低，增加研发费用提高EVA考核值带来的效益足以补偿这部分损失。因此央企高管通过研发费用管理来达到提升EVA考核值的目的就具备了充分的动机和条件。基于以上分析，本文认为EVA考核激励央企高管进行研发费用正向管理，并提出假设1（H1）：

H1，EVA考核促使高管对研发费用进行正向管理。

若假设1成立，表示EVA考核激励央企高管进行研发费用正向管理，但研发费用支出增多是否能对央企的创新效率产生积极的影响还有待考证。李静等提出我国研发支出存在"索洛悖论"。"索洛悖论"描述的是研发支出与创新效率之间的关系，包含"一致区域"与"悖论区域"。"一致区域"，即随着研发投入的连续增加，研发投入与创新效率之间具有一致性趋势，但随着研发投入的进一步增加，创新效率开始向递减趋势转折，进入研发投入增加与创新效率迟滞区域，这一区域称为"悖论区域"。我国央企的研发投入长期以来处于较低水平，研发强度偏弱，并未达到"悖论区域"，而是处于"一致区域"。央企的创新潜能并未得到充分释放，增加研发费用投入依然能够提升国有企业的创新效率。综上所述，本文提出假设2（H2）：

H2，研发费用正向管理能够提高央企创新效率。

那么EVA考核具体是通过什么渠道影响央企创新效率呢？前文分析，EVA考核能够显著提高研发费用正向管理水平，且根据假设2，当前情况下我国央企的研发支出水平并不充分，通过提高研发费用正向管理水平能够提高央企的创新效率。因此，本文提出假设3（H3）：

H3，EVA考核对央企创新效率的提高是通过提高研发费用正向管理水平这一中间渠道实现的。

第三节 基于研发费用管理视角的实证研究

我们针对经济增加值与央企创新效率之间的关系，基于研发费用的视角进行了如下实证研究：

一、样本选择与数据来源

由于创新具有滞后效应，以及考虑对称区间样本，选取2007～2015年央企和民营企业为样本，研发费用数据来源于Wind数据库，其他数据来源于CSMAR数据库，并通过以下过程对数据进行筛选：① 剔除存在数据缺失的记录；② 考虑到金融行业公司同其他行业相比，在会计准则和监管要求等方面存在差异，剔除金融行业上市公司；③ 剔除当年被*ST、ST、PT的企业。为了消除极端值的影响，对所有连续型变量进行了1%的winsorize处理，最终获得有效样本5184个，其中央企样本为684个，民营企业为4500个。

二、模型构建

（一）研发费用管理代理变量

由于我国经济水平的发展使得企业的规模和盈利水平都得到了一定程度的

提高，因此直接以研发费用投入金额的前后对照，无法判断是否是由于EVA考核的激励促使央企高管进行研发费用的管理。为了克服上述问题，参考胡元木等测算研发费用管理的办法，构建的酌量性费用估计模型（1），利用其残差——本文记为EP_RD来表示央企高管对研发费用的管理。当$EP_RD>0$时，则认为央企高管对研发费用进行正向的管理，增加了研发费用的支出，当$EP_RD=0$时，认为该央企高管未对研发费用进行管理，延续了以往研发费用支出水平，当$EP_RD<0$时，则认为央企高管对研发费用进行负向的管理，削减了研发费用的支出。

$$\frac{rd_{it}}{ASSET_{it-1}}=\widehat{\alpha_0}+\widehat{\alpha_1}\frac{1}{ASSET_{it-1}}+\widehat{\alpha_3}\frac{SELL_{it-1}}{ASSET_{it-1}}+e_{it} \tag{1}$$

（二）研究模型与变量定义

国务院国资委2009年第22号令，修订后的《中央企业负责人经营业绩考核暂行办法》（以下简称《考核办法》）自2010年1月1日起实施。由于《考核办法》的出台仅针对的是中央国有企业高管的业绩考核，民营企业高管不受此政策的直接影响，因此本文将同期的民营上市企业选为对照组，构建双重差分模型（2），探究2010年《考核办法》实施后央企创新效率是否提高。若EVA考核起到激励研发费用投入的作用，则交叉项的系数应显著为正。

$$EP\_RD_{it}=\beta_0+\beta_1 SOE+\beta_2 SOE\times T+\beta_3 T+\sum\beta_k Control_{it}+\varepsilon \tag{2}$$

模型（2）中EP_RD为模型（1）的残差，主要关注β_2，若β_2显著大于0，则表明央企在实施EVA考核后，进行了显著的研发费用正向管理。SOE是否为央企，当SOE取1时为央企，取0为民营企业；《考核办法》实施前后的时间虚拟变量为T，当T取1表示2010年及之后的年份，取0表示2010年之前的年份；其他为控制变量有总资产收益率（*ROA*），资产负债率（*LEV*），机构投资者持股比例合计（*INSTITU*），企业前十大股东持股比之合（*SHARE*），行业分类变量（*IND*），其相关定义及其他控制变量见表12-1。

为了研究假设2，采用超越对数面板随机前沿模型对央企的创新效率进行估计。该方法是在道格拉斯生产函数的基础上进行拓展，增加了技术创新要素的二次方项及交互项，使其更加符合现实意义，基于此，本文构建模型（3）：

$$\ln INNO_{it}=\gamma_0+\gamma_1 RD_{it}+\gamma_2\ln RL_{it}+\gamma_3(\ln RD_{it})^2+\gamma_4(\ln RL_{it})^2+\gamma_5\ln RD_{it}\ln RL_{it}+(v_{it}-u_{it}) \tag{3}$$

模型（3）中的被解释变量为第i家企业第t年申请到统计日期截止被授权

的发明专利数量加1的自然对数，解释变量为第i家企业第t年的研发费用存量，采用永续盘存制的方法，具体见模型（4）和（5）。

$$RD_{it}=rd_{it}+（1-\sigma）RD_{it-1} \tag{4}$$

$$RD_{i2007}=\frac{rd_{i2007}}{\sigma+\rho} \tag{5}$$

以2007年为基期，参考Berghall的做法，模型（5）中的ρ为研发费用平均增长率；由于各企业研发费用平均增长率不同，有部分企业增长率为负且绝对值大于10%，会造成计算出的研发费用基期存量为负数，所以，采用所有样本中央企研发费用2007～2015年平均复合增长率，约为1.52%。

$$EFF_{it}=\exp(-u_{it}) \tag{6}$$

$$EFF_{it}=\lambda_0+\lambda_1 EP\_RD+\sum\lambda_k Control_{it}+\varepsilon \tag{7}$$

$$EFF_{it}=\delta_0+\delta_1 EP\_RD+\delta_2 SOE+\delta_3 SOE\times EP\_RD+\sum\delta_k Control_{it}+\varepsilon \tag{8}$$

模型（6）是将“无效率项”还原“效率水平”，模型（7）是假设2的回归模型，模型（8）为假设3的回归模型。两个模型的被解释变量都为创新效率水平（*EFF*），解释变量分别为*EP_RD*与交互项*SOE×EP_RD*。模型（7）的样本为全体央企，系数显著为正则说明研发费用正向管理水平越高，央企创新效率也越高。由于进行了滞后期检验，不存在双向因果关系，一定程度上克服了内生性问题，因此可以认为研发费用正向管理能促进央企创新效率的提高。为了考察研发费用管理在EVA考核与央企创新效率间的中介作用，模型（8）采用全部样本进行回归，主要关注系数，若该系数为正，意味着EVA考核提高央企的创新效率是通过提高研发费用正向管理水平实现的。

表12-1 变量定义

变量类型	变量名称	变量符号	变量说明
被解释变量	研发费用管理	*EP_RD*	酌量性费用模型估计的残差
	创新效率	*EFF*	随机前沿模型非效率项相反数的指数
	技术创新产出	*INNO*	企业某年申请到统计日期截止被授权的发明专利数量的自然对数
解释变量	企业性质虚拟变量	*SOE*	取1为央企，取0为民营企业
	时间虚拟变量	*T*	取1为2010年及以后年份，取0为2010年之前

续表

变量类型	变量名称	变量符号	变量说明
控制变量	研发费用流量	*rd*	当年的研发费用支出金额
	研发费用存量	*RD*	根据水续盘存制计算
	资产总额	*ASSET*	当企业总资产
	销售收入	*SELL*	企业年度销售额
	总资产收益率	*ROA*	（利润总额+利息收入）/总资产总额
	资产负债率	*LEV*	负责总额/资产总额
	机构持股比例合计	*INSTITU*	机构投资者持股比例之和
	股权集中度	*SHARE*	企业前十大股东持股比之和
	高管团队平均年龄	*AGE*	高管团队当年平均年龄
	高管学历	*EDU*	1～5自然数分别代表中专及以下到博士
	是否兼职董事长	*DUAL*	取1为两职兼任
	行业	*IND*	行业分类变量
	年份	*YEAR*	—
	研发人员数量	*RL*	当前的研发人员人数

三、实证分析

（一）描述性统计

表12-2、表12-3为各主要变量的描述性统计结果，统计区间为2007～2015年。从表中可以看出央企研发费用管理变量*EP_RD*中位数和均值分别为–0.017和–0.004，中位数为负，说明半数以上的央企高管未进行研发费用的正向管理，而民企研发费用管理的中位数和均值分别为–0.004和0.001，均大于央企，表明民企更加注重研发费用的投入。其次，央企申请并被授权的发明专利数量的对数最小值为0，最大值为7.689，标准差为0.965，中位数和均值都为0，说明有一半公司没有发明专利，或申请了未被授权，民企发明专利数量中位数和均值分别为0.693和1.017，依然大于央企，表明民企的技术创新产出总体优于央企。央企研发费用存量的中位数和均值都低于民企，技术人员数量的中位数和均值都高于民企，但统计上并不显著。

表 12-2 央企描述性统计结果

变量名	样本数	中位数	平均值	标准差	最小值	最大值
EP_RD	684	–0.017	–0.004	0.02	–0.362	0.262
ln*INNO*	684	0	0.581	0.965	0	7.689
ln*RD*	684	18.412	18.449	1.816	12.685	23.908
ln*RL*	684	6.895	6.581	2.22	3.044	13.053
SOE	684	1	1	0	1	1
T	684	1	0.665	0.471	0	1
ROA	684	5.825	6.703	6.254	–5.843	28.883
LEV	684	46.29	45.528	19.555	7.636	77.997
INSTITU	684	53.163	47.07	24.062	0.678	83.785
SHARE	684	61.46	61.02	13.934	30.42	90.81
AGE	684	46	47.039	5.129	35	61
EDU	684	3	1.987	1.895	0	5
DUAL	684	0	0.052	0.223	0	1

表 12-3 民企描述性统计结果

变量名	样本数	中位数	平均值	标准差	最小值	最大值
EP_RD	4500	–0.004	0.001	0.023	–0.032	0.083
ln*INNO*	4500	0.693	1.017	0.973	0	6.6
ln*RD*	4500	20.511	19.632	3.955	11.79	22.608
ln*RL*	4500	6.466	6.553	0.471	1.633	12.23
SOE	4500	0	0	0	0	0
T	4500	1	0.665	0.471	0	1
ROA	4500	9.002	11.108	9.005	–5.843	41.11
LEV	4500	34.016	34.781	18.787	3.991	77.607
INSTITU	4500	22.928	28.049	22.474	0.161	83.785
SHARE	4500	64.53	62.849	13.45	30.42	90.81
AGE	4500	46	46.058	6.418	33	63
EDU	4500	3	2.612	1.519	0	5
DUAL	4500	0	0.48	0.499	0	1

表12-4为央企与民企主要技术创新变量均值检验，可以看出，民企更倾向于进行研发费用的正向管理，而央企对此的积极性不高，央企的技术创新产出和研发费用存量都显著低于民企，二者的技术人员数量未存在显著差异。表12-5描述了央企主要变量在EVA考核实施前后的变化情况。可以看出央企高管对研发费用正向管理用无论是进行Wilcoxon秩和检验还是t检验，结果都是呈显著上升，这说明全面实施EVA考核后央企高管更加重视研发费用的投入，说明EVA考核确实起到激励央企高管进行技术创新投入的作用。

表12-4 央企与民企主要技术创新变量均值检验

变量	央企	民企	t检验
EP_RD	–0.003	0.001	–6.05①
ln*INNO*	0.581	1.017	–17.75①
ln*RD*	18.449	19.632	–2.53②
ln*RL*	6.581	6.553	1.23

① 表示在1%的水平上显著相关。
② 表示在5%的水平上显著相关。

表12-5 研发费用管理代理变量在2010年前后变化情况

<table>
<tr><th rowspan="2">变量</th><th rowspan="2">时间</th><th rowspan="2">样本数</th><th colspan="2">Wilcoxon秩和检验</th><th colspan="2">t检验</th></tr>
<tr><th>中位数</th><th>z值</th><th>均值数</th><th>t值</th></tr>
<tr><td rowspan="2">EP_RD</td><td>T=0</td><td>396</td><td>–0.022</td><td rowspan="2">–4.873①</td><td>–0.015</td><td rowspan="2">–3.821②</td></tr>
<tr><td>T=1</td><td>1570</td><td>–0.013</td><td>–0.003</td></tr>
</table>

① 表示在1%的水平上显著相关。
② 表示在5%的水平上显著相关。

（二）研发费用管理回归结果分析

表12-6为假设1的双重差分检验结果。可以看出无论采用哪个时间窗口，交叉项$SOE \times T$都为正，且都通过了5%显著性水平检验，说明EVA考核评价确实激励央企高管进行正向的研发费用管理，即倾向于投入更多的研发费用，从而验证了假设1，因此，可认为EVA考核在一定程度上缓解了央企高管不愿意进行技术创新投资而损害企业长期利益的代理问题。

表12-6 研发费用双重差分检验结果

变量	因变量：*EP_RD*		
	2007～2013	2007～2014	2007～2015
SOE	–0.062 （–0.627）	–0.058 （–0.601）	–0.060 （–0.633）
SOE × *T*	0.175② （2.521）	0.190① （2.907）	0.213① （3.448）
T	0.082 （1.632）	0.424① （8.157）	0.380① （7.573）
ROA	0.177① （10.004）	0.178① （10.727）	0.183① （11.954）
LEV	–0.037③ （–1.740）	–0.039② （–1.978）	–0.043② （–2.458）
INSTITU	0.026 （1.347）	0.017 （0.996）	0.015 （0.947）
SHARE	–0.147① （–7.330）	–0.146① （–7.778）	–0.141① （–8.065）
AGE	–0.042 （–1.456）	–0.047③ （–1.655）	–0.047③ （–1.714）
EDU	0.048③ （1.670）	0.044 （1.545）	0.040 （1.457）
DUAL	0.077② （2.555）	0.074② （2.510）	0.071② （2.471）
Constant	–0.292 （–1.137）	–0.357 （–1.423）	–0.393 （–1.616）
Observations	4031	4607	5183
ind	yes	yes	yes
year	yes	yes	yes
Adj-R2	0.165	0.133	0.106

① 表示在1%的水平上显著相关。
② 表示在5%的水平上显著相关。
③ 表示在10%的水平上显著相关。

控制变量中高管学历（*EDU*）与两职合一（*DUAL*）的系数均显著为正，表明学历越高，权力越大，越有可能在实施EVA考核后对研发费用进行正向管理。总资产收益率（*ROA*）的系数显著为正，意味着经营业绩越好的企业，高管进行研发费用正向管理的程度越大。资产负债率（*LEV*）的系数为负，意味着资产负债率与研发费用管理的代理变量负相关，当企业的债务比例越低，研发费用正向管理程度越高。机构持股比例合计（*INSTITU*）系数显著为正，说明机构持股比例越大，企业进行正向研发费用管理的力度越大，这在某种程度上意味着机构持股者能够起到缓解委托代理问题。审计机构（*BIG4*）的系数为负，说明当审计公司为四大（全球著名四大会计师事务所）时抑制了高管对研发费用的正向管理。

（三）创新效率实证结果

由于创新投入到创新产生往往具有滞后效应，在进行创新效率估计时采用创新产出滞后一期到三期的数据进行回归分析。表12-7为随机前沿模型适用测试结果。由表12-7可知，样本适用于超越对数模型估计。

表12-7 超越对数形式适用性测试

变量	因变量：ln*INNO*		
	滞后一期	滞后两期	滞后三期
ln*RD*	0.574② （2.411）	0.557③ （1.682）	0.849① （3.231）
ln*RL*	–0.493② （–2.183）	–0.449③ （–1.803）	–0.525② （–2.175）
（ln*RD*）^{2}	–0.021① （–2.742）	–0.018 （–1.643）	–0.033① （–3.766）
（ln*RL*）^{2}	0.023① （2.932）	0.017② （2.072）	0.023① （3.203）
ln*RD* ln*RL*	0.033① （3.388）	0.034① （3.308）	0.039① （3.667）
Constant	3.372 （0.111）	2.567 （0.092）	0.348 （0.001）
σ^2	0.388① （5.051）	0.340① （4.440）	0.354① （4.627）
γ^2	0.751① （8.201）	0.772① （6.885）	0.776① （9.635）
Log likelihood	–929.393	–931.691	–899.100

① 表示在1%的水平上显著相关。
② 表示在5%的水平上显著相关。
③ 表示在10%的水平上显著相关。

表12-8为假设2的回归结果，*EP_RD*的系数显著为正，表明研发费用正向管理水平与央企创新效率呈显著正相关关系，且由于本文采用滞后期进行回归，不存在内生性问题，从而证明了假设2：研发费用正向管理能够促进央企创新效率的提高。

表12-8 研发费用管理与创新效率回归结果

变量	因变量：*EFF*		
	滞后一期	滞后两期	滞后三期
EP_RD	0.017② (2.007)	0.017① (2.961)	0.018① (2.692)
ROA	0.000 (0.072)	0.000 (0.001)	0.000 (0.001)
LEV	−0.022 (−0.071)	−0.022 (−0.001)	−0.021 (−0.002)
INSTITU	0.011 (0.001)	0.010 (0.040)	0.010 (0.082)
SHARE	0.001③ (1.696)	0.001② (2.222)	0.001 (1.271)
AGE	0.015 (0.056)	0.015 (0.072)	0.012 (0.054)
EDU	0.001 (1.521)	0.001③ (1.775)	0.001③ (1.888)
DUAL	0.036③ (2.029)	0.037① (2.763)	0.036① (3.032)
Constant	0.010 (0.133)	0.000 (0.101)	0.001 (0.112)
Observations	4031	4607	5183
ind	yes	yes	yes
year	yes	yes	yes
Adj-R2	0.109	0.101	0.133

① 表示1%在水平上显著相关。
② 表示5%在水平上显著相关。
③ 表示10%在水平上显著相关。
注：由于本文专利数量统计截止至2016年12月31日，需研究滞后三期的创新效率，因此回归样本为2007～2013年的央企。

表12-9为假设3回归结果，因变量为创新效率（*EFF*）。解释变量交互项（*SOE*×*EP_RD*）系数显著为正，说明实施EVA考核是通过研发费用正向管理来提高了央企的创新效率，证明了假设3。EVA考核评价虽然造成一些央企高管进行研发费用管理，但该行为并不同于盈余管理，多投入的研发费用使得研发费用的强度处于合理区间，并未达到索洛悖论区域，能够发挥了研发费用的边际效益，使得央企创新效率得到提高，且产权性质变量（*SOE*）的系数显著为负，亦说明央企的创新效率低于民企，该结论也从侧面证明了我国央企的技

术创新投入处于较低水平。其余控制变量中，机构持股比例合计（*INSTITU*）和审计机构（*BIG4*）在三种情况下都能显著影响技术效率水平，且系数都为正，说明机构持股比例越大，企业技术创新效率越高；会计师事务所为四大时，企业的创新效率水平也越高。

表12-9　创新效率影响路径回归结果

变量	因变量：*EFF*		
	滞后一期	滞后两期	滞后三期
SOE	–0.012② （2.691）	–0.012③ （1.962）	–0.008③ （1.692）
EP_RD	0.023① （3.532）	0.022① （3.031）	0.022① （3.035）
SOE×*EP_RD*	0.004① （2.615）	0.004① （2.555）	0.005① （2.616）
ROA	0.000 （0.075）	0.000 （0.001）	0.000 （0.000）
LEV	–0.022 （–0.372）	–0.021 （–0.338）	–0.021 （–0.339）
INSTITU	0.011② （2.131）	0.010② （2.142）	0.010② （2.183）
SHARE	0.001 （1.606）	0.001 （1.225）	0.001 （1.276）
AGE	0.015 （0.057）	0.015 （0.078）	0.012 （0.059）
EDU	0.000 （0.560）	0.001 （0.770）	0.001 （0.891）
DUAL	0.036② （2.222）	0.038① （2.563）	0.038① （3.077）
ind	yes	yes	yes
year	yes	yes	yes
Constant	–0.010 （–0.232）	–0.000 （–0.101）	–0.001 （–0.236）
Observations	4031	4607	5183
Adj-R2	0.099	0.099	0.102

① 表示1%在水平上显著相关。

② 表示5%在水平上显著相关。

③ 表示10%在水平上显著相关。

注：由于本文专利数量统计截止至2016年12月31日，需研究滞后三期的创新效率，因此回归样本为2010～2013年的央企和民企。

四、进一步分析与稳健性检验

（一）进一步分析

“微利”或“微增”企业极具特殊性，因其处在盈亏或持续增长临界点上，所以央企高管在进行研发费用正向管理时会更谨小慎微，以保证利润总额不为负，否则有可能遭受证监会的强制处罚，如：《上海证券交易所股票上市规则》规定，最近两个会计年度经审计的净利润连续为负值或者被追溯重述后连续为负值，将对其股票实施退市风险警示。且《考核办法》计分细则中EVA考核值占40分，但同时利润总额仍占重要的比例，其基本分为30。央企高管进行研发费用正向管理时EVA考核值会提高，但同时也会减少利润总额，从而降低*ROE*。若央企高管在进行研发费用管理时一味追求高EVA值而不顾利润总额，会直接导致最终考核总成绩不理想。因此推测在“微利”或“微增”企业，高管进行研发费用正向管理的力度显然弱于非微利微增企业，意味着EVA考核的激励作用是央企高管对自身利益的主观追求，而客观上缓解了代理问题，且这种激励作用是有限的。

参考朱红军等的做法，将*ROA*或*ROA*的增长率位于[0，0.01]范围内的公司定义为“微利”和“微增”企业，共获得45条“微利”或“微增”央企记录。进一步地，将“微利”或“微增”央企与非“微利”或“微增”的央企进行分组并与民企分别构成新的样本进行双重差分回归，为了避免由于企业自身盈利能力不足而削减研发费，造成反向因果，同时将下一期被解释变量进行检验，结果如表12-10所示。可以看出，不论被解释变量是否滞后一期，“微利”或“微增”央企交互项$SOE \times T$系数大小和显著性都要弱于非“微利”或“微增”央企，这意味着央企高管在进行研发费用管理时会因为顾忌利润总额的值为负，而降低对研发费用正向管理的力度。

表12-10 “微利”与“微增”央企与其他央企分组回归结果

变量	因变量：EP_RD_{it+1}		因变量：EP_RD_{it}	
	微利微增	非微利微增	微利微增	非微利微增
SOE	0.002	–0.003③	–0.439③	–0.011
	（0.371）	（–1.873）	（–1.701）	（–0.159）
$SOE \times T$	0.005	0.006①	0.434	0.215①
	（0.705）	（3.459）	（1.423）	（2.578）

续表

变量	因变量：EP_RD_{it+1}		因变量：EP_RD_{it}	
	微利微增	非微利微增	微利微增	非微利微增
T	–0.004① （–3.020）	–0.003③ （–1.955）	0.316① （4.611）	0.347① （5.435）
ROA	0.000① （6.341）	0.000① （7.521）	0.187① （10.394）	0.196① （11.743）
LEV	–0.000① （–8.478）	–0.000① （–9.285）	–0.129① （–7.401）	–0.127① （–8.178）
INSTITU	0.000① （3.853）	0.000① （4.306）	0.035③ （1.919）	0.042② （2.537）
SHARE	–0.000① （–4.290）	–0.000① （–5.281）	–0.166① （–7.838）	–0.175① （–8.978）
AGE	–0.000① （–3.244）	–0.000① （–3.612）	–0.046① （–3.340）	–0.048① （–3.712）
EDU	0.000③ （1.824）	0.000② （2.324）	0.024 （1.607）	0.033② （2.537）
DUAL	0.002① （3.540）	0.002① （4.132）	0.061① （4.279）	0.066① （4.851）
Constant	0.013① （3.339）	0.007② （2.063）	–0.215 （–1.611）	–0.381① （–3.108）
Observations	4040	4567	4545	5138
ind	yes	yes	yes	yes
year	yes	yes	yes	yes
Adj-R2	0.185	0.206	0.179	0.201

① 表示在1%的水平上显著相关。
② 表示在5%的水平上显著相关。
③ 表示在10%的水平上显著相关。

（二）稳健性检验

以地方国有企业作为中央国有企业的对照组进行稳健性检验，虽然《考核办法》颁布之后，部分地方国有企业也实行了EVA考核制度，但由于各地国资委并未对外公布国企具体考核方法，因此难以剔除那些实行EVA考核评价的地方国有企业。但如果以全体地方国企为对照组并通过显著性测试，剔除那些实行EVA考核的地方国企后结果将会更显著，因此，地方国企可以作为央企的对照组进行稳健性测试。

以地方国有企业为对照组，按前文所述方式剔除数据，共获得2731个地方国企记录。实验结果如表12-11所示，交叉项$SOE \times T$的系数都为正，且都通过了1%的显著性测试，说明EVA考核评价实施后，央企的正向研发费用管理行为显著高于地方国有企业。再次验证了假设1的内容。

表12-11 地方国有企业为对照组的双重差分估计

变量	因变量：*EP_RD*		
	2007～2013	2007～2014	2007～2015
SOE	–0.028②	–0.011①	–0.010③
	(–2.396)	(–3.966)	(–1.987)
$SOE \times T$	0.064①	0.061①	0.058①
	(4.061)	(2.882)	(2.903)
T	0.061①	0.031③	0.055①
	(5.336)	(1.746)	(3.655)
Control	控制	控制	控制
Constant	–0.024①	–0.018①	–0.025①
	(–5.011)	(–5.961)	(–4.012)
Observations	3317	4017	4697
Adj-R2	0.233	0.269	0.283

① 表示在1%的水平上显著相关。
② 表示在5%的水平上显著相关。
③ 表示在10%的水平上显著相关。

（三）倾向得分匹配检验

使用双差分法倾向得分匹配估计量（*PSM*）进行稳健性检验，可以避免样本自选择问题。回归结果如表12-12所示，结果显示交叉项$SOE \times T$的系数显著为正，与假设1的结果一致。

表 12-12　双重差分 *PSM* 估计结果

变量	因变量：*EP_RD*		
	2007 ~ 2013	2007 ~ 2014	2007 ~ 2015
SOE×*T*	–0.207① （–2.842）	–0.227② （–2.491）	–0.282③ （–1.936）
SOE	0.071① （2.855）	0.047① （3.091）	0.479① （2.991）
T	–0.155① （3.352）	0.198① （6.232）	0.214① （2.601）
Control	yes	yes	yes
Constant	–0.276① （–6.657）	–0.347① （–7.677）	–0.634① （–8.306）
Observations	4031	4607	5183
Adj-R2	0.127	0.109	0.053

① 表示在1%的水平上显著相关。
② 表示在5%的水平上显著相关。
③ 表示在10%的水平上显著相关。

本章小结

以2007 ~ 2015年的央企为研究对象，以同期民企作为对照组，对实施EVA考核对央企的创新效率的影响路径进行了研究。研究表明：在实施EVA考核后，央企高管对研发费用进行了正向的管理，同时该管理行为促进了央企创新效率的提高，进行研发费用正向管理的央企创新效率也要高于未进行正向管理的央企，因此，EVA考核对央企创新效率的提高是通过提高研发费用正向管理水平而实现的。在进一步研究中，以“微利”或“微增”央企为切入点，发现高管进行研发费用正向管理时会兼顾企业利润总额，其目的仅是为了获取更高考核值，因此，EVA考核激励效果是有限的。上述结果通过了一系列稳健性检验，由此证明EVA考核确实在一定程度上推动了央企高管进行研发费用正向管理，促进了央企创新效率的提高，起到了缓解央企代理冲突的作用，有利于企业的长期发展。研究结果具有一定的现实意义，为深入理解EVA考核评价及我国央企的创新行为和激励机制提供了新的视角。

思考题

1. 经济增加值的考核标准是否重要?
2. 经济增加值在公司治理中有什么作用?
3. 经济增加值与央企创新效率之间存在什么关系?

第十三章 双层控股下的公司治理

【学习目标】

1. 了解我国与美国的双层股权结构发展历程。
2. 了解我国资本市场股权模式现状，掌握我国实行双层股权结构的优劣对比。
3. 掌握如何完善双层股权结构下的公司治理。

第一节 双层股权结构发展历程

2019年4月17日，证监会正式向公众发布了《关于修改<上市公司章程指引>的决定》，对2016年发布的《上市公司章程指引》的相关条款进行了更正和修订。本次进行修订的内容主要分为三个部分，一是明确了存在双层股权结构的上市公司章程规范，为上市公司提供了制度模板及实践准则；二是落实《公司法》关于上市公司股份回购的新规定，落实2018年全国人大常委会对《公司法》中上市公司回购股份的新规定；三是进一步完善了上市公司治理的相关要求。明确企业可通过双层股权结构上市对我国资本市场发展及完善是一大补缺。

一、美国双层股权结构的发展与完善

双层股权结构并不是刚刚诞生的一种公司治理模式，自从1898年美国International Silver Company发行无投票权股以来，双层股权结构已存在于资本市场上达一个世纪之久。

双层股权结构在美国的发展也并不是一帆风顺的，是一个“萌芽—禁止—僵持—放松”的过程。起初，在1989年，International Silver Company发行了900万股优先股和1100万股无表决权的普通股。1902年，International Silver Company将原本无表决权的普通股改为每股享有原始股二分之一表决权的股票，因此拉开了双层股权结构出现在资本市场上的序幕。之后有许多公司纷纷效仿，但是在实践过程中却产生了诸多问题。学术界和政府开始呼吁废止该种股权结构。1926年，美国纽约证券交易所发文禁止在该交易所上市的公司发行无投票权普通股。

1940年5月，纽约证券交易所正式公布上市公司投票权规则：禁止上市公司采用差异投票权结构。该政策维持了四十多年未变。而同时期美国股票交易所并未禁止双层股权结构，并且于1971年成立的纳斯达克证券交易所也未禁止双层股权结构，因此成为众多企业上市的首选。

为了应对交易所间的竞争，避免优质上市资源的流失，1985年纽交所公布了“上市标准意见稿”，即① 采用双层股权结构须经拥有表决权股东三分之二表决权批准通过；② 需经大多数独立董事批准；③ 特别表决权与普通表决权的倍数差别不得超过10倍；④ 除表决权差别外，特别表决权股份与普通表决权股份的其他权利一致。为顺应时势，1988年，美国证监会公布了《19-C规则》，该规则中规定了四种允许设置双层股权结构的具体情形，使美国三大证券市场就双层股权结构的具体规则达成了一致。虽然《19-C规则》因制定主体越权而被废止，但其原则仍被各证券市场作为允许设置双层股权结构的标准。美国对双层股权结构适用的监管秉持其一贯倡导的“自由主义”，即美国证券监管当局对双层股权结构的监督核心为：公司大股东或者管理者不得利用其优势地位通过双层股权结构的适用而限制甚至剥夺原有股东的投票权。双层股权结构之所以在美国得到迅速发展，其得益于美国严格的信息披露制度、发达成熟的机构投资者以及完善的集团诉讼制度等配套制度。

二、我国股权模式变更历程

在剖析特殊股权结构这一上市公司章程前，有必要先说明一下我国股票市场上已经存在许久的“同股同权”原则。2016年修订的《上市公司章程指引》第三章第十四条规定：“公司的股份采取股票的形式。”第三章第十五条规定：“公司股份的发行，实行公开、公平、公正的原则，同种类的每一股份应当具有同等权利。同次发行的同种类股票，每股的发行条件和价格应当相同；任何单位或者个人所认购的股份，每股应当支付相同价额。”

所谓“同股同权”，是指同样的股份，同样的权利。强调的是股东之间的权利平等。这是公司法的应有之义，也为经济合作与发展组织制定的《公司治理原则（2004）》确定为一项基本原则。通常意义上，“同股同权”主要指“一股一权”“一股一票”，强调股东在公司决策权方面的平等性。“同股不同权”的双层股权架构是在实践中产生的，体现了公司创立、发展过程中股东之间利益的博弈。1971年西方国家出现了一个被视为双层控股架构得到法律支持的经典案例，该案的最终判决确认：股权中所包含的权利是相对独立且可以分离的，其中包括管理权、监督权与资产收益权、剩余财产分配权等，对于相同股份的不同股东来说，不一定要求这几种权利是完全的和对等的。也就是说，可根据实际情况，赋予创始股东或管理股东更多的管理权，同时适当减少其监督权；而对于其他股东，则适当增加其监督权，减少其管理权，以充分调动不同股东的积极性，兼顾公平与效率。至于怎么分配如何限制，则依据私法自治原则来解决，以体现程序的公平性。

2019年4月17日，证监会发布了《关于修改<上市公司章程指引>的决定》，修订案里明确规定，第十五条中增加一款，作为第二款：“存在特别表决权股份的上市公司，应当在公司章程中规定特别表决权股份的持有人资格、特别表决权股份拥有的表决权数量与普通股份拥有的表决权数量的比例安排、持有人所持特别表决权股份能够参与表决的股东大会事项范围、特别表决权股份锁定安排及转让限制、特别表决权股份与普通股份的转换情形等事项。公司章程有关上述事项的规定，应当符合交易所的有关规定。”科创板设立的准则中，明确说明允许“同股不同权”该种股权模式的公司在科创板上市。所以，过去的《章程指引》已经不适用于科创板的规则，故而证监会在第十五条中新增以上条款，针对此类公司完善现行准则。

第二节 我国上市公司治理模式现状

对于科技创新企业来说，公司融资和公司控制权的维持是难以调和的矛盾。随着各大科创企业的逐步上市，同股同权带来的弊端也是显而易见的——以形式上的平等造成了事实上的不平等。风险投资者投资的企业上市后，往往很快卖掉股份兑现，资本市场的参与者大多是短视的，只关注眼前股价的涨跌然后用脚投票，但是创始人不愿意卖掉自己辛辛苦苦创立起的企业，或是眼睁睁地看着被竞争对手恶意收购股票进而夺走企业控制权。故而便催生出了双层股权结构。

一、科创公司或成发展双层股权结构的主要助力

目前，大多数科技互联网公司都采用了双层股权结构，典型的就是FaceBook和谷歌这样的公司。双层股权的出现原因是科技互联网公司的管理和运作模式与之前的传统行业公司表现出极大的差异。传统行业公司的初期可能是从一个小作坊经过几年时间发展成工厂店，再继续扩大经营成为一家上市公司，上市之前的融资可能比较小，依靠自身盈利就能持续扩大生产。即便是早期有融资，这笔钱主要也是用在升级生产能力、投放少量的广告或者是人才培

训等方面了。而且上市之后，只要核心产品没有问题，管理和经营相对容易，任何一个优秀的职业经理人都可以掌舵这样的传统行业公司。

但是科技互联网公司就表现出极大的不同。创始人团队对科技或是互联网技术所持有的理念以及预期公司未来的发展方向在企业的发展中特别关键，上市之前的融资也非常多且频繁，这些钱拿来之后使用得又非常之快，而且还往往不是使用在传统行业像是生产线或者原材料这种看得见摸得着的东西上。在融资过程中，创始人团队因为早期盈利能力不足，非常容易因为融资稀释股权而失去话语权和控制权，但是公司的发展又非常依赖这些少数人。随着科技互联网公司盈利能力大爆发，对投资方的话语权开始变大，于是出现了双层股权这种设计。按照B类股票通常一股十票的投票权，创始人团队能牢牢把握公司的走向和命运。但是对于未上市的公司，启用同股不同权这种模式还比较好说，毕竟参与者的人数相对较少，公司的体量也不是特别大。但是随着科技互联网公司纷纷上市，公众股东，尤其是小股东越来越多的情况，且股价相对估值比较高，开始出现B类股份持有者通过投票权和B类股票进行大笔交易，但是不在市场上进行公开，通过信息不对称等方式侵害小股东权益的事情也开始出现。

所以即使现在纽交所和纳斯达克都接受双层股权结构的公司，但是在全世界范围来看，双层股权结构的公司还是集中在纳斯达克比较多。其实除了纳斯达克，还有很多国家都设有创业板。但是这些创业板交易市场的设计都非常保守，导致目前世界上最成功的创业板市场只有纳斯达克。关于港交所对于是否接受像阿里巴巴这样要求同股不同权的公司上市要求的讨论，其实根本原因是基于一个市场地位的考虑，内地很多优质公司如果暂时不符合A股市场的上市要求，或者是出于上市周期过长，已经国际化的考虑的话，之前很多都选择在香港上市，如果继续不接受的话，那么很多像阿里巴巴、京东这样的公司就不会在港交所上市，比如说百度、腾讯和阿里巴巴这样有影响力的公司最终都没有选择在香港上市，这样港交所的地位就将面临严重下滑的问题。但是接受的话，那么怎么监管双层股权结构的公司？一旦处理不好，对于港交所也是一个致命的打击。总的来说，双层股权有利于创始人团队和科技互联网公司的持续发展。只要不出现大的不利的事件的话，对于投资者信心影响其实不大。毕竟在同股同权的传统公司里，中小股东话语权也不是很大，对于普通投资者最主要的还是公司的盈利能力和股价是否良性上涨的问题更为重要。港交所现在最应该做的是尽快完善对双层股权公司监管的设计，尽快做到能良好地接受双层股权公司的上市，同时保护好中小投资者的利益。

二、双层股权结构给公司治理带来的机遇与挑战

证监会的发文无疑是给我国IPO企业打了一剂强心剂，也大大提高了我国交易所在证券市场的竞争力。双层股权带来的优势是显而易见的。首先，最直观的便是能满足企业管理者的反并购需求。当公司在交易所上市并在证券市场公开发行股票后，如果存在竞争对手或其他出于收购目的的投资者，通过大量买入该公司发行的股票以期获得控制权，那么该公司的创始人团队辛辛苦苦创立起来的公司将会被他人收入囊中。故而，阿里巴巴才放弃港交所，转而去可以容纳双层股权结构的纽交所上市。众多科技型公司纷纷开始采用双层股权结构，即将股票分为投票权不同的A股和B股，同股不同权，只销售享有普通的投票权的A股，而公司创始人持有享有较高投票权的B股。这样可以保障创始人团队掌握公司控制权。比如科创型公司，在创业初期可能资金周转困难，如果直接发行股票进行融资，会稀释掉大量的创始人股权，进而造成创始人丧失掉对公司的控制权。双层股权结构可以在融资的同时保证创始人团队掌握控制权，保障创始人团队的话语权，从而可以保持创始人对公司的愿景和长期规划得以在公司继续传扬。最后，促进公司持续和稳定发展。创始人一手创立起自己的公司，从业务模式上可以说对公司知之甚深，从感情上说是能够带领下属为公司未来的持续性发展而作出不懈努力的人。双层股权结构可以让创始人牢牢把握住控制权，重点放在实现公司的长期价值而非短期融资上，进而牢牢把握公司的发展方向。如果使用双层股权结构，可以分担创始人受这些问题的困扰，能够更专注于公司的长期发展。

但是，由于目前我国的证券市场经营管理环境还不够成熟，实行双层的股权结构也可能会给公司带来一定的问题和弊端。首先，最重要的就是股权结构增加了公司代理的成本。双层股权结构与以往《公司法》中规定的同股同权原则相去甚远，甚至完全可以说是背道而驰，所以双层的股权结构不可能符合公司法对剩余的索取者和资本表决权进行配比的原则，也一定会大大增加公司的代理成本，从而使得公司治理效率降低。所以已经掌握了控制权的公司创始人或大股东在某种情况下很有可能就会选择利用公司控制权来帮助公司谋取其私人的利益，甚至可能会不惜以对公司的控制权和整体利益损失作为最大化的代价。在公司面对不同的公司经营问题解决方案时，创始人很有可能就会选择为了保证自身个人利益的最大化而选择放弃对于公司未来发展的正确战略选择。所以当收益权与公司控制权之间的个人利益差异越大，控股人或股东出现滥用

公司控制权的概率就相对越高。

其次，可能还会存在公司管理者利用创始人的控制权手段掏空上市公司的状况。在创始人采取双层股权结构的上市公司中，所有权和公司的经营权几乎是完全分离的，也就是说公司创始人和管理团队有很大概率可能只占有公司很少一部分的股权，但是却完全掌握着创始人对公司的控制权，这样公司的实际盈利就和他们通过剩余价值的索取方式所获取的中小股东利益不能完全成正比。那么就很有可能会出现上市公司创始人通过采取各种手段和方式来挖空公司，损害其他中小股东整体利益的情况等现象。同时还有可能创始人采取巨额资金占用、关联股权交易等各种方式直接掏空了公司来短期获利，从而严重地损害其他中小股东的整体利益。

最后，监督机制建设有一定的概率也会导致公司失效。虽然在敌意收购中，收购与敌意反收购的激烈争夺必然会严重地造成公司资本和人力的双重消耗，也有可能会严重破坏公司长期生存和发展的计划，但其在一个没有控制权的市场中并不总是完全无法发挥效率的。因为无能的公司管理者才可能会被潜在的敌意收购人员所关注，管理者的无作为或者管理能力的不足都使管理者有可能被新的管理者所替换原因，这样我们就可以有效激励公司管理者继续进行忠实勤勉的公司经营以及避免公司股价的下跌，保证公司经营的绩效。但是在双层控制公司股权结构的这种情况下，即使是创始人或者非控制管理者都作出了欠佳的公司经营绩效决策，使得敌意收购公司的股价继续下跌，也并不会直接给并购方的股东发出敌意并购的信号，只可能会给非控制管理者的股东发出损失的敌意收购信号，所以敌意的收购在此已不能起到监督敌意收购创始人或者非控制管理者的重要作用。

第三节　完善双层股权结构制下的公司治理

一、信息披露制度的完善

由于目前我国成熟的公众机构投资者的持股数量不多，公众机构投资者的风险判断能力也不高，这就更加需要建立完善的双层股权信息公开披露制度来保证持有股份较少的股东的合法权益。证监会及有关部门应当强制要求上市公司披露为何实行双层股权结构、如何落实双层股权结构，以及实行该结构可能带来的风险。第一，需要详细披露双层股权行业的性质、公司诞生和发展的阶段、创始人的价值、管理层的业绩等相关信息。第二，需要详细披露超级表决权股每股的表决权力和数量；内部股东是否有可能会用超级表决权股进行抵制收购等相关信息。由于双层表决股权涉及的是受到部分中小股东投票权的不公平配比，所以在其招股发行说明书及其公告中应及时予以说明。第三，需要详细披露上市公司新股的表决权在发行过程中是否有可能会直接造成上市公司股票的价格下跌、给其他公众机构投资者造成的损失和风险影响预警以及投资者补偿的方式等相关信息。

二、限制行使超级表决权

目前，证监会已经发文明确了上市公司可以选择双层股权结构来上市，但是对于公司中持有大部分股权的股东的表决权，必须加以严谨地考量和必要的限制。能够使用这种表决权的大股东必须要达到一定的标准和条件，比如大股东是否能持有相当一段时间的股权而不进行抛售，是否能够持续积极地对上市公司的战略、风险和控制以及公司的治理等其他相关事务进行有效的管理，否则其他股东将不能有效地行使超级股东表决权。再者，还是应对超级股东表决权的倍数和比例加以控制。正常情况下，持有大部分股权的都是上市公司的创始人，在创业初期为了公司的发展投入了大量的财力和精力，但是经过实证的研究结果表明当公司股东的控制权越大，股权的比例却越来越少时，这种不协调的股权和控制权比例就会直接导致其他股东为自己谋利益的可能性进一步增大。所以设置超级表决权的倍数加以控制是必要的。

三、进一步完善《公司法》，引入公司治理指南

《公司法》在鼓励股东和公司自治的同时，还应推动完善公司治理结构。《公司法》对现代企业制度的建立、完善以及法治化营商环境的改善有着重要影响，对发展市场经济和促进参与全球竞争也有着重要作用。

为了完善我国公司的治理结构，有必要进一步完善《公司法》，在解决现有司法实践中存在的中小投资者权益保护、公司法人人格否认的适用范围、股

权变动等相关问题的同时，授权相关政府部门制定公司治理指南，强化信息披露制度，增强透明度；延长上市公司高管股票奖励的最低授予期和授予后的持有期，强化对包括海外上市企业在内的公司及其实际控制人的监管；删除《公司法》中关于聘用、解聘承办公司审计业务的会计师事务所由董事会决定的内容，增加对解聘承办公司审计业务的会计师事务所必须在召开股东会或者股东大会前提前二十日通知的程序性条款，强化会计师事务所在承办公司审计业务中的权利，保证其独立性；增加股份有限公司董事秘书的相关内容，严格董事秘书的任职资格条件；严格公司董事、监事和高级管理人员的法律责任，引入信用评价制度，强化职业经理人市场准入的门槛，对违反法律的责任人员由监管部门依法作出禁止担任公司董事、监事和高级管理人员的规定；加强公司行政违法与刑事司法的衔接，推动完善公司治理结构。此外，考虑到公司治理与公司财务管理密不可分，有必要在《公司法》修订时增加会计、审计和内部控制等相关内容。

四、修订《会计法》和《审计法》，强化会计、审计等中介机构的权利和责任

市场经济存在信息不对称。在市场经济活动中，各类人员对有关信息的了解是有差异的；掌握信息充分的往往处于比较有利的地位，而信息缺乏的则处于不利的地位。为了解决市场中存在的这一问题，第三方中介机构随之产生。证券市场也不例外。一方面，有发展潜力的公司并不为投资者所了解，只有公司经第三方中介机构推荐后，投资者才能更好地了解其投资价值，从而促成了交易；另一方面，随着公司向巨型化发展，中小股东参与公司管理的能力越来越弱，对公司管理层的监督往往也是通过第三方中介机构的审计来完成的。因此，第三方中介机构在完善公司治理结构中有着重要的作用。当前，成熟的市场经济体都会建立完善的法律制度来监管第三方中介机构，在赋予其权利的同时，强化其责任的承担。为了维护投资者的利益和金融市场的稳定，美国等主要司法辖区对从事会计和审计业务的中介机构一直以强监管、严监管著称。为发展和完善我国社会主义市场经济，我国有必要进一步完善《会计法》和《审计法》，强化对会计、审计等中介机构的监管，维护市场的稳定和投资者信心。

第四节　延伸阅读：特殊股权结构

一、不同股权结构介绍

股权结构分为一元股权结构、二元股权结构及多元股权结构。目前我国上市公司普遍采用的是一元股权结构，一元股权结构是最简单的一种股权结构，指的是股权比例、表决权、分红权一体化的管理模式，股东们直接按照出资比例分割股权、分享股权决策权及分红权。这是最简单、最传统的一种股权结构类型。

一元股权结构看似很好地解决了股权分配的问题，但是由于股东之间的股权只能由出资比例决定，对于企业的创始人来说，很难保证对企业的控制权，甚至很容易因融资丧失对企业的主导地位。二元股权结构指的是股权在股权比例、表决权（投票权）、分红权之间作出不等比例的安排，将股东权利进行分离设计。这种股权结构适合需要将分红权分给某些合伙人，同时保证初创合伙人决策权的情况。根据我国修订后执行的公司法，公司章程可以约定持股人同股不同权。当然，二元股权架构的设定必然要考虑公司实际运营的情况来确定，绝非是“拍脑袋”来分离股份与权利，需要按照股东不同类型来确定，否则容易引发企业的内部矛盾。三元股权结构在二元股权架构的基础上，将公司的股东分为多个类型，创始人、合伙人、员工、投资人，资源股东等。针对他们的权利进行整体性安排，以实现企业维护创始人控制权、凝聚合伙人团队、让员工分享公司财富、促进投资者进入等目标。

相对于前两种股权架构来说，多元架构能从充分考虑企业各类主体间的利益关系，以及各类主体对企业本身的贡献等多方因素，来指导股权的划分思路，因此在此种架构下划分股权能有利于公司整体的快速发展，而不是个别股东利益最大化，同时也符合企业治理的需求。

二、其他特殊股权结构

（1）投票权委托

合伙人作为公司股东之后，持股比例是不同的。但为了创始人能够对公司形成有效的管理，一些股东会把其投票权委托给创始人代为行使。这其中包括了：员工股东、其他股东，还有一些投资机构。

（2）一致行动协议

公司的股东达成约定，某些股东就特定事项投票表决采取一致的行动，意见不一致时，某些股东跟随被授权股东一起投票。它包括了两种形式，一种是创始股东之间；一种是创始股东和投资人之间。通过签署这种一致行动协议，从而保证创始团队对公司的控制。经典案例：蓝色光标是一家在国内创业板上市的公司，一共有五个创始人，主要由赵文全负责公司运营，其他股东包括大学同学和生意上的伙伴。但是在公司上市的招股说明书里写到，五个主要股东签署了一致行动协议。

“一致行动人协议”约定的主要内容为：五人将在蓝色光标下列事项上继续采取一致行为，作出相同的意思表示，无论五人中任何一方或多方是否直接持有蓝色光标的股份。① 行使董事会、股东大会的表决权；② 向董事会、股东大会行使提案权；③ 行使董事、监事候选人提名权；④ 保证向所推荐的董事人选在蓝色光标的董事会行使表决权时，采取相同的意思表示。这个“一致行动人协议”下的股东表决权占公司总股份的62.69%。蓝色光标通过这样的手段，将公司的运营权牢牢掌握在了五个创始人的手中。

（3）有限合伙持股

通过有限合伙企业这种方式来间接持有公司的股份。一般情况下，创始人和其他股东共同设立一个有限合伙企业，然后让这个有限合伙企业成为本公司的法人股东，通过这种方式间接持有公司股份。有限合伙企业的设立结构是怎样的呢？有限合伙企业中的合伙人按照法律的规定分为了普通合伙人和有限合伙人；普通合伙人承担无限连带责任，有限合伙人只是按照入伙的资金承担有限责任。法律同时规定，有限合伙企业必须要有一位普通合伙人，主要由创始人、执行合伙事务的其他合伙人来担任，承担主要的决策和管理职能。有限合伙人包括外部和员工股东，这里的员工股东主要是需要股权激励的核心员工，但他们不参与决策管理。

创业板最早上市的有限合伙的形式是康芝药业。洪氏四兄弟以自然人形式设立了宏氏投资公司，另外还有创东方、菖蒲医药、同时同创伟业发起设立的南海成长有限合伙企业，作为持股平台，加上洪江游等15名自然人共同作为了上市主体公司的股东。

本章小结

随着目前我国在世界上的经济主体地位的不断巩固和上升，资本进入证券市场的质量和其活跃发展程度以及国际化程度也在不断提高和增强，对于国内外实行双层股权管理制度的证券市场需求与日俱增，但由于目前受到中国的法律和市场环境的限制，许多优秀的中国本土上市公司，如阿里巴巴、百度等被迫选择直接投资到国外的公司上市，长此以往，无疑会对我国的资本市场发展造成损失。因此，如果我国在鼓励资本引入双层的股权管理制度的同时，能够制定出相关的配套政策和法律制度来有效规范国内外公司的双层持有股权行为，我国的证券市场改革和国际化的推进步伐一定程度上会更加快速。

思考题

1. 什么是特殊股权结构？对我国证券市场的发展有何现实性意义？
2. 双层股权结构和同股同权的优劣对比。
3. 针对双层股权现存的弊端，通过公司治理如何能有效规避实行双层股权带来的问题？
4. 在我国目前的经济形势下，双层股权结构有何存在的必要性？
5. 对比我国与美国的信息披露机制，思考双层股权结构对于上市公司治理有何影响？是利大于弊还是弊大于利？

第十四章 新证券法与公司治理

【学习目标】

1. 了解我国资本市场现存问题及发展趋势。
2. 了解《证券法》历程以及新《证券法》出台背景。
3. 了解新《证券法》制度性变革。
4. 理解在新《证券法》指导下，上市公司的公司治理如何侧重。

第一节 资本市场现状与新证券法出台

一、资本市场现状

资本市场（capital market）是经济发达程度的重要标志之一。1978年以来，我国社会主义市场经济体制初步确立且不断完善，至2019年已成为世界第二大经济体，综合国力位居世界前列。我国资本市场亦从初露萌芽至持续发展，在法律法规、市场规则、监管体系等方面不断完善，为世界所瞩目。

（一）资本市场发展历程

我国资本市场的发展历程中有数个关键节点。1978年，我国进入改革开放的全新时期，资本市场也随之萌芽，开始进行区域性试点。1992年，国务院证券管理委员会与中国证监会正式成立，中国资本市场拓展到全国范围。1998年，《证券法》正式颁布。《证券法》以法律形式确认了资本市场的地位，标志着资本市场进一步的规范化发展。

此后，通过相关法律法规的不断修订、监管体系的不断完善，中国资本市场进入了对外开放与国际化的进程。党的十六届三中全会上初次提出，要“建立多层次资本市场体系，完善资本市场结构，丰富资本市场产品”。经过多年的不断努力，当前我国多层次资本市场建设已初步成形，形成了“两个市场（场内市场、场外市场）、三个层次（基础层、创新层、精选层）、多板并存（主板、中小板、创业板、新三板、区域性股权交易市场并存）”的多层次体系，促进了资本市场运作效率的提升，为各个市场间的联通、升降提供了可能。

（二）资本市场存在问题

随着国际背景下经济形势的逐渐紧张，我国经济发展增速也逐渐放缓，进入“新常态”。面临着经济下行的压力，资本市场经受着考验。不论是大型国企或是创新型私企都需要通过资本市场获取资源，资本市场对于优化资源配置正发挥着越来越关键的作用。因此，更需关注中国资本市场仍然存在着的一系列问题。

1.市场结构不完善

虽然我国已经初步建立多层次资本市场，但各个板块之间以及板块内部仍存在问题。首先，主板市场与中小板市场划分不清晰，两板之内上市企业所进入的运作、监管体系并无差别，在相同体系下主板企业对投资者的吸引力显著高于中小板上市企业，从而间接影响中小板企业的融资能力。其次，在创业板方面，创业板对挂牌企业提出了“两高六新”（“两高”即成长性高、科技含量高，“六新”即是新经济、新服务、新农业、新材料、新能源和新商业模式）的标榜要求。“两高六新”无疑保障了创业板上市企业的质量，但对于部分企业要求过高，使得有发展潜力的新生企业难以上市，另一方面即便部分企业能够成功挂牌，这部分企业也有可能已不再处于初创期，其发展已经相对成熟。再次，在新三板方面，新三板市场存在着严重的流动性问题。尽管新三板市场挂牌企业数量众多，但许多企业从未或者很少在新三板成交，“僵尸股”的存在使得资金流动僵化，使在新三板上市的企业融资能力受到负面影响。最后，在区域性股权交易市场方面，由于具有区域因素，全国各地市场的准则与制度都有着不同的规定与要求，信息统计与披露受到一定阻碍，各地区的“各自为政”致使跨区域转行难度很大，从而影响区域性股权交易市场的整体运行效率。

2.市场发展不均衡

长期以来，我国资本市场都存在着发展不平衡的问题。首先，我国企业在选择融资方式上，具有选择向银行进行借款的“惯性”，而较少采取发行债券或者股权融资等方式。对于大型企业而言，获取银行贷款较为容易，而中小型企业则较为困难。同时，企业对银行贷款的过度依赖容易致使银行审查宽松、企业发展后劲不足，进而引发系统性风险。其次，我国股票市场发展蓬勃迅速，而债券市场则相对迟缓。这使得投资者的可选投资相对单一，提升了投资风险，也加剧了资本市场投机问题。最后，我国场内交易发展相较起场外市场的发展而言，其成熟程度与健全程度远远先于场外。场内市场的制度体系建设以发达国家成熟体系为参照，从而对于场内市场的发展相对更为关注，而对于场外市场却长期处于“出现问题，解决问题”的状态，缺乏健全的体系与监管，给场外市场的发展造成了困难。

3.参与主体不稳定

在发达国家的资本市场内，参与主体往往以机构投资者为主。机构投资者对于投资项目的选择具有科学、成熟的评判标准，并且往往有专业顾问进行对应分析，其投资经验较为丰富，持有意向相对稳定，投资情绪相对理性。而国内资本市场的参与者以散户居多，散户往往具有较强的投机性与流动性，不仅不能够有效识别被投资企业的良莠，还往往容易唯利是图，被虚假利好所操控，从而迈入“陷阱”中，使得企业真实价值难以在资本市场中体现，部分上市企业沦为攫取利益的工具。而即便是我国资本市场内的机构投资者，目前其投机性质仍强于国外机构投资者，对于短期收益的过分关注会导致对企业长远发展的忽略，不利于资本市场的长治久安。

4.市场透明度有待提高

信息公开与透明是资本市场的基本特点与内在要求。资本市场参与者数量多，易受多方面因素影响，其中信息披露与获取是重要因素，资本市场上的价格也可说是对于各类信息的综合反馈。如果上市公司与中介机构不能够有效、真实披露信息，那么资本市场就将会乱象丛生，给社会经济带来重大损失。当前我国资本市场上尚且存在虚假陈述、内幕交易、操纵市场等损害市场透明度的行为，从而导致资本暴雷事件时有发生。如果资本市场信息透明度不能得到提升，一旦投资者对于投资丧失信心，随之而来的就是资本市场的萎缩。

（三）资本市场持续改革

当前我国资本市场仍在不断改革与完善中，我国将持续通过制度建设、对外开放、加强监管等方式，从过度依赖银行贷款逐步转向股权与债券融资常态化，提升国内资本市场参与者的专业度并吸引境外投资者进入投资，逐步完善价格发现机制与提升资本市场透明度，保护投资者权益。

1.制度建设

资本市场制度建设具有引领性，是改革稳步推进的法治基础保障。我国以科创板与注册制的相关制度建设为突破口，同步推进新三板建设，资本市场改革已进入密集“施工期”，一系列具有开创意义的基础制度建设正在进行，为多层次资本市场建设添砖加瓦。

2018年11月，设立科创板并试点注册制改革的设想首次提出。股票发行注册制的概念源于美国，而将其引入中国，则需要探寻适合中国资本市场的改进之道。在注册制试点中，在事前、事中、事后三个环节中始终坚持以信息披露为核心，关注投资者利益保护。此后，证监会与上交所相继发布设立科创板并试点注册制的主要制度规则，初步确立了一套相对全面、完整的制度规则体系。2019年7月21日，科创板首批共计25家公司成功上市，注册制改革顺利推进。2018年10月，新三板制度改革崭露头角。2018年12月，通过有关部门的联合政策调整，新三板与A股市场中的股票在交易与分红方面的免税优惠政策得以统一。2019年10月25日，证监会正式宣布深化新三板改革全面启动，将从优化发行融资制度、完善市场分层、建立挂牌公司转板上市机制、加强监督管理、健全市场退出机制五大方面对新三板进行全面改革。2019年12月起，全国股转公司陆续发布数批业务规则，通过设立分层市场，在交易机制、信息披露、公司治理等方面分行差异化制度，一套全新的系统性的业务规则体系正在形成。

2.对外开放

中国资本市场的对外开放是一个循序渐进的过程。从早期的准许发行外资股阶段，到资本市场以合格境外投资者（QFII）制度、合格境内投资者（QDII）制度、人民币合格境外投资者（RQFII）制度为三种代表手段开通单向开放，再到沪港通、深港通和沪伦通相继开通，中国资本市场实现双向开放，资本市场的逐步开放打开了中国市场与世界市场对接的大门。2018年，我国首次提出“将证券公司、基金管理公司、期货公司的外资持股比例上限放宽至51%，三年后不再设限”，赋予境外资金更多的自主权利。随后，证监会主席就扩大资本市场的对外开放情况公布九条举措；国务院金融委发布金融业对外开放11条举措，明确按照“宜快不宜慢、宜早不宜迟”的原则，将原定于2021年取消证券公司、基金管理公司和期货公司外资股比限制的时点提前到2020年。这些具体措施的不断落实与推进，有利于鼓励境外优质中长期资金进入中国资本市场，促进中国资本市场内的良性竞争，促进了规范、透明、开放、有活力、有韧性的资本市场的建设，更全方位、更高水平的对外开放局面正在形成。

3.加强监管

资本市场既是资金流通的市场，也是信息披露与沟通的市场，信息披露能否真实、准确、有效，对于投资者信心与市场功能的发挥都有着至关重要的影响。提升资本市场透明度，优化资本市场运行环境，不断健全对于资本市场的监督管理，已成为新时代资本市场健康发展的必然选择。资本市场恶性事件屡禁不止，究其根源，矛头仍然直指违法违规行为成本过低。为此，证监会正持续推动《中华人民共和国证券法》《中华人民共和国刑法》的相关规定补正与完善，继续加强法制建设，提高资本市场违法违规成本，强化民事损害赔偿责任，健全符合我国国情的资本市场法律法规体系，弥补监管漏洞，补齐监管短板，为促进资本市场规范运行和长期健康发展保驾护航。

二、新证券法出台

美国拥有着当前世界上最为发达的资本市场，然而，美国资本市场的发展也是一个在不断变革中完善的过程。在美国资本市场发展初期，由于缺少法律法规的管束，也曾出现过许多侵害权益、罔顾规则的问题。为保护投资者利益，美国堪萨斯州率先于1911年通过《蓝天法》，此后美国各州也随之效仿，制定一系列法律条文，这一系列法律被统称为《蓝天法》。但因《蓝天法》存在许多管理漏洞，难以保障法律监管力度，并未能够有效防范美国1929年的股市大崩溃，而股市的崩盘更进一步引发了经济大萧条。在经济危机后，罗斯福总统上台新政，1933年颁布的《证券法》与1934年颁布的《证券交易法》成了美国证券市场健康发展的基石。在之后的数十年中，为适应证券市场不断发展的客观要求，美国对于《证券法》与《证券交易法》也经历了多次修改和补充完善。出于维护金融安全与经济秩序的需求，在经济危机过后的几十年内，美国证券市场不断增添其约束条款，把自由证券市场演变为了行政直接干预和法院间接监管相结合的证券市场。在20世纪70年代后，应对经济发展的制度变革，适应全球化经济发展的需要，美国证券市场的监管略有放松，证券立法进入了一个相对活跃时期。迈入21世纪后，由于安然等公司出现财务造假等事件，美国又出台了《萨班斯-奥克斯利法案》，再度加强了监管。美国证券法律的变革，展现了证券法律的变革出新与客观经济发展之间的必然联系，对于世界范围内各国的资本市场监管体系都产生了深远影响。

1998年12月29日，我国《证券法》首次颁布，并分别于2004年、2005年、2013年、2014年历经四次修改。我国资本市场经历了二十多年的发展，取得了长足的进步，但也仍然存在许多问题。当前我国资本市场正处于“新兴加转轨”的大背景时代，资本市场发展也在摸索着适合我国国情的发展之道。随着社会经济的不断变化、资本市场建设不断完善，我国《证券法》一直都需要不断借鉴、实践、完善、提高。2019年12月28日，十三届全国人大常委会第十五次会议审议通过新《中华人民共和国证券法》，并将于2020年3月1日起正式施行。此次为证券法第五次修改，第二次修订，《证券法》的修订工作走过了漫长曲折的历程，从首次提请审议到修改通过，总计历时共四年半。新《证券法》的修订和完善为全面系统深化资本市场改革提供了法律基础，也为注册制的全面推进分步实施提供了法律依据。此次证券法修订在证券发行制度、投资者保护、法律责任等方面皆进行了重大修订，具有划时代的里程碑意义。新证券法的颁布，表明我国资本市场在法治化进程上又迈出了至关重要的一步，新《证券法》为资本市场的改革发展提供了坚实的法律基础，必将对我国资本市场发展产生深远影响。

第二节　新证券法的制度性调整

本次证券法修订，系统总结了多年来我国证券市场改革发展、监管执法、风险防控的实践经验，在深入分析证券市场运行规律和发展阶段性特点的基础上，作出了一系列新的制度改革完善。修订后的新《证券法》条文全文共计226条，比2005年版《证券法》的240条少14条，并全新增设了“信息披露”和“投资者保护”两章，修改变动的条文达百条以上。

一、全面推行证券发行注册制度

新《证券法》中的注册制改革是渐进的过程，注册制采取了先开展小范围改革试验和试点项目，认真彻底地评估其成效后再加以推广的落地政策，在总结对于上交所科创板与注册制试点的经验之上，从实行注册制和核准制的双轨制，进一步改为全面推行注册制，对证券发行制度做了系统的修改完善。新《证券法》中，对证券发行条件进行了精简优化，同时也简化了公司债券发行的条件；调整了证券发行的程序，取消了发行审核委员会制度，给予证券交易所审核公开发行证券申请的权利；通过对国务院进行授权，使得证券发行注册制的具体范围、实施步骤规定皆留有余地。

二、显著提高证券违法违规成本

新《证券法》的法律责任一章共有44条，是14个章节中条文数量最多的一章。在新《证券法》中，对于社会各界所反映对于证券违法行为惩罚力度偏低的问题，修订后的新《证券法》对于证券违法行为的处罚力度有了很大提升，大幅度提高了违法成本。对于欺诈发行行为，从原来最高可处募集资金百分之五的罚款，提高至募集资金的一倍，且对已经发行并上市的股票，国务院证券监督管理机构可以责令发行人回购证券，或者责令负有责任的控股股东、实际控制人买回证券。同时，新证券法对证券违法民事赔偿责任也做了完善，与《民法》相配合，明确了发行人不履行公开承诺将会受责的民事赔偿责任，明确了发行人的控股股东、实际控制人在欺诈发行、信息披露违法中的过错推定、连带赔偿责任等。

三、完善投资者保护制度

新《证券法》首次增添了“投资者保护”这一章节，在这一章节内，新《证券法》对于投资者保护的基本原理、基本框架、投资者适当性原则等内容进行了明确规定，进一步细化了内幕交易投资者赔偿、投资者保障等内容，提出了符合中国国情、具有中国特色的集体诉讼制度——代表人诉讼制度。代表人诉讼制度是对于中小投资者利益保护的一杆利器，新《证券法》中设立“投资者保护机构受五十名以上投资者委托，可以作为所有投资人的代表人参加诉讼”的条文，提出“默示加入、明示退出”原则，正适于当前我国资本市场中小投资者维权费用高、维权难的问题，由投资者保护机构来推动中国的集体诉讼制度，从而保护了投资者权益，同时起到对违法人员的震慑效果，加大了违法乱纪者的损失，使市场主体的责权利做到尽可能对称。

四、进一步强化信息披露要求

证券市场的公平性与公开性是吸引投资者进入、提振投资者信心的必然要求。在市场信息公开、透明时，往往能够提振市场信心，促进资本市场的发展；而当市场信息存在大量虚假披露、谣言四起时，则会打击市场信心，使得市场萎缩。信息披露是新《证券法》对于信息披露制度增设的全新章节。该章节系统性完善了信息披露制度：扩大了信息披露义务人的范围，明确了信息披露义务人的自愿披露行为，完善了应当披露的信息内容，强调所披露的信息必须充分满足投资者需求，确立发行人及其控股股东、实际控制人、董事、监事、高级管理人员公开承诺的信息披露制度等。

五、完善证券交易制度

在证券交易制度上，新《证券法》优化了有关上市条件和退市情形的规定，为多层次资本市场的进出制度提供了更为完善的法律基础；对于有关内幕交易、操纵市场、利用未公开信息进行交易的扰乱证券市场交易秩序的行为明文禁止；强化了证券交易实名制要求，要求任何单位和个人不得出借证券账户或者借用他人证券账户从事证券交易；完善上市公司股东减持制度；规定证券交易停复牌制度和程序化交易制度；完善了证券交易所防控市场风险、维护交易秩序的手段措施等。

六、落实“放管服”要求，取消相关行政许可

新《证券法》体现了深化放管服改革的理念，取消了部分行政许可，有助于资本市场高水平发展。在任职许可方面，取消了证券公司内董监高人员的任职资格核准；会计师事务所从事证券服务业务的程序由资格审批调整为备案从业；将原本证监会持有的协议收购下的要约收购义务豁免，调整为按照证监会的规定免除发出要约即可等。

七、压实中介机构市场“看门人”法律职责

证券中介机构是市场的“看门人”，新《证券法》中，明确规定证券公司不得以他人名义直接参与证券的集中交易，同时，规定作为保荐人、承销商的证券公司及其直接责任人员未履行职责时，应根据有关规定，对受害投资者承担过错推定、连带赔偿责任，割裂了证券公司在证券发行与上市中的利益纽带，防范证券公司进行内幕交易行为。与此同时，还提高了证券服务机构（包括会计师事务所、律师事务所、信用评级机构、资产评估机构、证券投资咨询公司、证券信息公司等）未履行勤勉尽责义务的违法处罚幅度，由原来最高可处以业务收入5倍的罚款，提高到可处10倍罚款，情节严重的还可暂停或者禁止从事证券服务业务。

八、建立健全多层次资本市场体系

新《证券法》明确将证券交易场所划分为证券交易所（上交所、深交所）、

国务院批准的其他全国性证券交易场所（新三板）、按照国务院规定设立的区域性股权市场（四板）三个层次。这三个层次形成了“金字塔”形，由下向上分别为各区域性交易市场、新三板市场，证券交易所。“金字塔”结构形成了一个进退有序、互联互通的多层次资本市场体系，下方市场为上方市场提供挂牌资源，且接纳上级市场的退市公司。新《证券法》中在法律上授权国务院可制定有关全国性证券交易场所、区域性股权市场的管理办法，授权并明确非公开发行的证券，可以在证券交易所、国务院批准的其他全国性证券交易场所依法设立的市场层次中转让，为资源配置流通提供了更多合法渠道。

九、强化监管执法和风险防控

新《证券法》进一步完善了证券市场禁入制度。2005年版《证券法》颁布时，已有对于市场禁入制度的规定，即对于违反法律、行政法规和证监会规定的违法人员，其违法情节严重的，证监会可以对其实行一定期限，上可至终身的证券市场禁入。违法人员禁入证券市场后，不得从事证券业务，不得担任上市公司的董监高人员。新《证券法》对于证券市场禁入制度进一步扩大了范围，除不能从事证券业务，不得担任上市公司的董监高人员之外，新《证券法》将原有的一定期限乃至终生的证券市场禁入，扩大至一定期限乃至终生的对证券市场、新三板的禁入。

新《证券法》还明确并赋予了证监会更多依法监管的权利，明文确认了证监会依法监测并防范、处置证券市场风险的职责；延长了证监会在执法中对违法资金、证券的冻结、查封期限；规定了证监会为防范市场风险、维护市场秩序采取监管措施的制度；增加了行政和解制度等。同时，新《证券法》新增加证券市场诚信档案制度，将证券市场行为人遵守本法的情况列入诚信档案。

十、扩大证券法的适用范围

新《证券法》中将存托凭证明确规定为法定证券；同时授权国务院按照证券法的原则规定资产支持证券、资产管理产品发行、交易的管理办法，将资产支持证券和资产管理产品纳入《证券法》管理范围。考虑到资本市场与世界市场双向开放、加强交流引发证券领域跨境监管的现实需要，新《证券法》明确规定，在我国境外所实行的证券发行和交易活动，如果扰乱了我国境内市场秩序，损害境内投资者合法权益，也应当依照《证券法》追究法律责任。

第三节 贯彻落实新证券法

我国资本市场正向高水平发展迈进，提升上市公司质量是必然趋势。同时，资本市场的双向交流也对于公司治理的效率提出了更高的要求，带来了更直接的压力。随着越来越多中外优质投资者以及中长期资金进入我国资本市场，公司治理良好的公司更容易获得青睐、获取资源。公司治理的核心是如何协调好公司内外部的利益关系，在任何国家，有效的公司治理框架应是由法律法规、公司内部监管与公司运作共同构成的有机整体，如何在新《证券法》指导下提升公司治理水平，成为利益相关者密切关注的议题。

一、优化法人治理结构，提升内部控制质量

证监会在2020年工作会议上提出，公司治理专项行动应以实际控制人等“关键少数”为重点。在资本市场恶性事件中，违规资金占用、违规担保、内幕交易、财务造假等违法违规行为往往与董监高人员有着密不可分的联系。新《证券法》对于上述违法违规行为的查处更加严厉，处罚力度大幅度提高。首先，上市公司应认识到违法违规行为可导致的重大损失，优化法人治理结构，在业、财、人等方面做好职责划分，防止滥用职权从而导致违规资金占用、违规担保等行为的发生。其次，上市公司应当在董监高管理人员中积极树立规范治理理念，加强合规管理学习。新《证券法》中对于内幕交易行为的适用对象已经扩展到上市公司收购、重大资产重组交易对方人员，以及其他可能因职务关系获得内幕信息的公职人员（包含上市公司董监高人员的配偶、父母、子女在内）等，这就要求上市公司管理层对待保密工作更加谨慎。最后，公司应当不断提升内部控制质量，加强与新《证券法》相适应的公司制度建设，认真落实公司内审工作，对公司资金使用状况、预算执行等进行定期审计与监督，及早寻找到公司经营管理中的薄弱环节，预防财务造假事件发生，助推公司在资本市场中实现更好发展。

二、重视信息披露工作，提高信息披露质量

新《证券法》中强调，上市公司应当充分披露投资者作出价值判断和投资决策所必需的信息。上市公司要按照证监会、上交所、深交所等部门机构所发布的有关规定，保证自身信息披露的真实性、准确性、完整性、及时性、公平性。除此之外，上市公司应考虑到投资者对于信息理解的需求，信息披露力争做到简洁清晰、易于理解，积极提供有关公司行业状况、经营状况、运营模式、竞争优势等方面的信息，以便于投资者对公司价值做出相应判断评估。除此之外，在上市公司自愿披露信息行为方面，做到理性客观、实事求是，避免因期望市场提高对自身估价而作出夸大行为。

三、加强投资者关系管理

投资者关系管理既包括上市公司与股东的关系，也包括其与潜在投资者之间的关系。此次新《证券法》加强了对于中小投资者的利益保护，这要求上市公司做好与投资者的互动，能够做好信息的交流与沟通，能够使得公司高层与广大投资者进行及时联系。对于突发事件，应当承担起第一消息来源的职责，防止“信息真空”的情况出现，对于公司产生恶劣影响。公司应当快速反应，准确了解事件发生机制，并公布相应信息，使广大投资者能够对突发事件进行正确了解与判断，安抚投资者情绪。最佳选择是应提前做好危机预案，针对几种常见的危机准备相应的应对方案，以备不时之需。

本章小结

作为资本市场的根本大法，新《证券法》的颁布与实行，是中国资本市场发展中的一步跨越。在本章，我们了解了中国资本市场的发展历程，认识到当前中国资本市场尚且存在的问题，如市场结构不完善、市场发展不均衡、参与主体不稳定、市场透明度有待提高等，并通过对于政策动向的认识，对于资本市场改革方向有了大致掌握。

通过展示美国《证券法》的发展历程，我们了解到《证券法》是如何随着资本市场发展同步变革、革除弊端，而我国新《证券法》的出台背后也有着漫长曲折的历程。

新《证券法》拥有着十大方面的制度性变革，且需要配套措施不断出台配合落实。

在新《证券法》的指导下，我国上市公司应当不断优化法人治理结构，提升内部控制质量，重视信息披露工作，提高信息披露质量以及加强投资者关系管理，不断提升公司治理水平，在资本市场中稳健迈进。

思考题

1.《证券法》作为我国资本市场的根本大法，对于资本市场发展起到了什么样的作用?
2.新《证券法》中新增设“信息披露”和“投资者保护”两章，结合财经消息、实践经验，你对此有何看法?
3.你认为新《证券法》还可以在哪些方面推进与完善?

第十五章

跨国公司治理

【学习目标】

1. 了解跨国公司治理的内涵与特征、影响因素和意义。
2. 掌握跨国公司治理结构与治理模式。
3. 了解我国跨国公司的发展现状。
4. 掌握我国跨国公司治理问题及改进。

第一节 跨国公司治理概述

第二次世界大战结束后，随着战后重建和世界经济迅猛发展，全球经济联系日益紧密，各国企业经营逐步打破国界，寻求世界市场，跨国公司崛起。跨国公司迅速发展，改变了原来以国际贸易为主的国际经济关系，在世界范围内形成新型国际生产体系，真正意义上的生产和市场的全球化诞生。伴随跨国公司全球化势力增强，跨国公司治理倍受大众关注。

一、跨国公司治理的内涵与特征

1.跨国公司治理内涵

跨国公司治理就是解决跨国公司治理结构的问题，“狭义地讲是指有关董事会的功能、结构、股东的权利等方面的制度安排；而广义上讲是指有关公司控制权和剩余索取权分配的一整套法律、文化和制度性安排，这些决定公司的目标，谁在什么状态下实施控制，如何控制，风险和收益如何在不同的企业成员之间分配等这样一些问题。”[1]由此分析，狭义的跨国公司治理是从法律角度探究法人治理问题，既股东、董事会以及高级管理人员之间的关系。广义上的跨国公司治理是在一定制度下，控制权和经济利益的分配问题。

2.跨国公司治理特征

跨国公司是以母公司为核心，跨越国界在多个国家生产经营的企业集团，其治理不同于独立的单体公司，具有一定的特殊特征，主要体现在三方面。第一，网络治理属性。与一般公司相比，跨国公司治理涉及母国、母公司、东道国、子公司以及合作企业等多个利益相关者，彼此是复杂的交互关系网络且要求利益平衡。跨国公司的内部网络由母公司和各海外子公司构成，外部网络主要由子公司和东道国的供应商、顾客、政府、竞争者等构成；子公司与东道国当地的组织（如顾客，供应商，监管者与竞争者以及政府机构等）建立外部网

[1] 张维迎.所有权、治理结构与委托——代理关系[J]，经济研究，1996.

络关系。因此跨国公司治理实质上相当于是一种网络治理❶。第二，委托代理链长。在独立的单体公司治理中主要涉及股东与经营者的单层委托代理关系，其公司股东是初始委托人，管理层是代理人，委托代理关系为股东—董事会—经理层。但跨国公司治理是突破单体企业治理边界，跨越国界，存在双层委托代理关系，关系较为复杂。具体来说，跨国公司根据公司发展战略，经过调研后，由母公司股东委托直接出资投资子公司，海外子公司经理由公司经理人选聘制度确定，委托代理关系为投资人—母公司董事会—母公司经理层—子公司董事会—子公司经理层。由此可见，与一般公司治理相比，跨国公司治理的委托代理链较长。第三，跨国公司治理文化的统领。跨国公司所面临的制度要素、制度环境更具多样性，治理机制间的协调更为复杂，需要统一的理念即跨国公司的治理文化来统领❷。

二、跨国公司治理的影响因素

跨国公司治理是跨越国界的公司治理，不仅受控股或参股母公司的影响，还受到东道国环境的影响，受影响因素更具多样性和复杂性。主要的影响因素有以下四种：

（1）国际环境

跨国公司治理突破国界，将公司置于全球产品市场竞争，要素市场竞争和公司控制市场竞争中，受国际环境影响巨大。随着国际市场竞争日益加剧，跨国投资环境日益复杂，投资者对于国际投资顾虑重重，为了保护投资者利益和资产安全，世界银行订立了《关于解决国家和其他国国民之间投资争议公约》和《建立多边投资担保机构公约》，以此保护国际投资。此外，为了在激烈的国际竞争中立足，各国不仅寻求加入世界性质的经济组织，还致力于构建区域性经济组织。全球化的市场，对跨国公司来说不仅是机遇，还有挑战。例如：2019年年底受新冠疫情影响，全球经济恶化严重程度空前，在疫情下如何最大限度降低对跨国经营的影响，跨国公司治理面临着极大挑战。

（2）母公司治理模式

在跨国公司中，虽然子公司是独立的法人并有较大自主权，但是受母公司

❶ 林润辉，张红娟，等. 企业集团网络治理评价研究——基于宏基的案例分析[J]. 公司治理评论，2009.

❷ 厉娜. 经济全球背景下跨国公司治理理论框架研究[J]. 现代管理科学，2019.

治理模式影响较大。跨国公司对新设立的海外子公司治理，一般是母公司模式的沿用。通常母公司通过股权控制、资源组织控制、人事控制、财务控制，以及指派人员进入子公司董事会或任命子公司的总经理等形式来影响子公司的治理模式。

（3）东道国治理模式

公司不仅有个体企业文化，更有浓浓的地域文化特征，公司治理模式同样有着当地历史文化的烙印。例如，德国日本股东主导型模式是基于二战后德国日本两国企业要实现战后重建，必须依靠银行资金支持，因而银行是企业的最大债权人，也是股东，内部控制能力较强，受外部市场环境影响较小。英美市场主导型模式是基于个人主义文化，尤其是美国，崇尚个人英雄主义，提倡风险意识与参与意识，因而公司采用股权融资模式。东南亚家族控制型模式是基于儒家文化重视家庭血缘关系，注重“和谐”“家和万事兴”等思想观念。为了更好地融入当地市场环境中去，跨国公司需要“入乡随俗”，调整符合东道国环境的治理模式。

（4）东道国环境

跨国公司在对外投资中，需要提前对东道国的投资环境进行评估。政治方面，要考虑东道国政治体制、执政者治理国家能力及政府部门的行政效率、政治稳定性和政策连续性、与邻国政治关系等因素，为未来公司治理、经营得以稳步进行打下基础。经济方面，东道国的经济制度、经济稳定性、经济发展潜力，市场开放程度，金融市场发展水平，劳动者素质等，也将会影响跨国公司发展。法律制度方面，各国法律环境差异较大，对外资进入、经营活动的监督与限制要求各不相同，跨国公司治理模式需要调整来适应国外法律。社会文化方面，东道国风俗习惯、宗教信仰、价值观念以及语言差异均会影响跨国公司治理的模式。

三、跨国公司治理的意义

跨国公司治理具有重要的意义，通过股份制这一经济组织形式，把不同所有者有限数量的，零散的资本集中起来，转化为公司的统一支配的大资本，统一使用，合理经营，打破私人制的局限性。同时，跨国公司治理通过借助完善的制度规定，整合内部资源，充足内部资产，确保母子公司各自发挥作用，创造企业最佳经济效益。

跨国公司治理的意义主要表现在以下几个方面：

第一，发挥各职能机构作用，形成公司运行的合力。跨国公司股东，通过在股东大会中适当参与公司决策，有效控制和监督代理人行为；跨国公司董事会，确保所有者都有平等机会参与公司重大决策；通过设立监事会，确保各个所有者平等地享有监督权，实现相互制衡。此外，通过治理制度，还可以加强母子公司联系，在企业战略的指引下，形成凝聚力，拓宽市场，提高利润率，增强国际竞争实力。

第二，跨国公司一般采用所有权和经营权分离方式，通过公司治理结构将“实物或货币资本与人力资本”优势有机结合，使出资人和经理人各司其职且能相互配合，充分发挥两类资本的作用。

公司通过治理结构设计，建立一套科学的、规范有序的组织管理体制和制度。公司治理通过企业权力机构、决策机构、监督机构和执行机构行使各自职权，并形成相互制衡作用，通过制定财务管理制度、用工制度、人事制度、工资制度等，促进企业的有效运转，让出资者和经理人发挥积极作用，促进企业发展。而现代社会中，跨国公司新的治理理念的核心就是围绕如何发挥货币资本与人力资本的作用来设计制度，安排治理结构，两者相辅相成，共同提升企业竞争力。

第三，跨国公司的治理有助于明晰母子公司的责任，特别是有助于确定一定情况下母公司的连带责任，促进公平竞争。[1]跨国公司中母子公司之间也存在所有权和经营权模糊或分离不彻底的情形，因此需要明晰各自的责任。公司治理中，所有权和经营权不明晰，分离不彻底的情形，在跨国公司中也不例外。例如，根据美国的司法实践，如果子公司被其母公司全面控制，以至于其分立的法人实体不存在，则法院可以认为它仅仅是母公司的“工具”（instrumentality）或“化身”（alterego）、“代理人”（agent）等，适用揭开法人面纱规则[2]。在什么情况下，需要揭开公司面纱，让跨国公司的母公司承担连带责任，各国规定的尺度并不一致，在某些国家，如德国、英国、美国，如果主要股东利用公司作为规避法定或契约义务的手段，法院就会置公司的法律实体

---

[1] 王勇. 跨国公司治理研究[M]. 北京：中国法制出版社，2012.

[2] 周新军. 跨国企业的公司治理——中外跨国公司治理模式的比较与选择[M]. 北京：高等教育出版社，2005.

于不顾，使公司的股东直接负责任[1]。在具体的判决中，有的国家法院认为如果事实表明子公司并没有独立存在或具有不当行为（逃避先前存在的合同或侵权责任），就可以揭开法人面纱以实现公正[2]。

总之，跨国公司治理对企业在激烈的市场竞争中生存下来，具有重要的指导意义。科学合理的治理结构促使各产权主体发挥职能作用，母子公司完成各自职责，完成企业战略要求，最终实现利益最大化，并且借助制衡机制，使剩余价值在各产权主体之间进行公平分配。

第二节 跨国公司治理结构与治理模式

在经济全球化背景下，跨国公司要提高经济效益，促进资产增值，提高国际竞争力，就必须将公司治理的研究由单体公司扩展到跨国公司，重视对公司的控制和监督，协调好多方利益相关者间的关系，立足国情，放眼世界，了解跨国公司治理结构和治理模式，结合实际为企业所用。

一、跨国公司治理结构

跨国公司的治理结构主要包括内部治理和外部治理，二者共同构成完整的跨国公司治理系统。

跨国公司内部治理，是指特定企业的所有者对经营者的经营管理活动进行激励和约束的一整套具体的制度。[3]跨国公司内部治理主要包括母公司治理、海外子公司治理、母子公司关系治理、母公司治理是基于法人治理机制，对公司股权、股东会、董事会、监事会、高管层的治理，通过决策机制、激励机制、监督机制等制度制定，规范公司和员工行为，实现长远发展。决策机制主

---

[1] 陈向东，魏拴成. 当代跨国公司管理[M]. 北京：机械工业出版社，2007.

[2] Philip I, Blumberg. The Transformation of Modern Corporation Law: The Law of Corporate Groups[J]. Connecticut Law Review, 2005, 137(03): 605-618.

[3] 周新军. 跨国企业的公司治理研究——中外跨国公司治理模式的比较与选择[M]. 北京：高等教育出版社，2005.

要是指股东会、董事会的决策；激励机制主要是针对管理层，比如经理人的薪酬激励（年终奖作为短期激励，股票期权作为长期激励等）、荣誉激励以及聘用与解聘制度等；监督机制是为了实现公司内部各个机构间的权力制衡，确保公司合法经营，主要涉及监事会制度、独立董事制度。海外子公司治理体现在子公司董事会治理和高级管理层的选聘、监督治理以及如何处理好与东道国当地组织之间的关系；而母子公司关系治理体现在母公司对子公司的控制与监督。例如，跨国公司母子公司治理中，一般遵循“大权独揽，小权分散”的原则安排权力结构。母公司制定公司战略和业绩标准，把持着研发，财务、法律、人力等方面的调度，而各级子公司根据东道国经营环境，因地制宜的从事生产经营活动，确保完成母公司分配任务。同时为了加强管理控制，在人力管理方面，母公司通过外派各种职能的管理人员到海外子公司工作，一方面落实母公司的相关策略，另一方面可以根据东道国情况充分运用员工的技能和知识完成组织战略目标，保证公司产品质量，提高公司竞争力。

跨国公司外部治理是指所有者借助产品竞争市场、资本市场及经理人市场等对公司进行治理。产品竞争市场中，产品销售直接影响企业所有者利益，通过产品利润、市场占有率等指标，不仅可以提高企业资源配置能力，还能有效反映经理人管理水平，起到约束效果。资本市场治理主要体现在企业信息披露、投融资市场以及控制权市场等，例如投融资市场中，市场自动淘汰经营业绩差的公司；控制权市场中，市场通过兼并、收购和接管等方式对企业控制权竞争。经理人市场治理主要体现在经理人选聘，经理人声誉、经理人市场价值、行业协会等对经理人行为的约束监督。

二、跨国公司治理模式

（一）跨国公司的股权结构

股权结构是指股份制公司中，不同性质投资者所持有公司股份的比重以及相互关系。股权结构股东性质、股权集散程度、股东的稳定性、高管以及职工的持股情况等对公司类型、治理结构和组织结构的形成具有重大意义。股权结构是公司治理结构的基础，公司治理结构是股权结构的具体运行形式。对于跨国公司而言，根据公司战略部署，调整股权结构，影响母子公司的治理和组织结构，提高资金使用效率。

一般来说，股权占比越高，控制权越强。因此母公司需要通过提高在子公司的股权比例来加强对子公司的控制，维护股东利益。有学者认为，母公司持有子公司股权不低于25%的比例，才能实现对子公司的有效控制。但是，从全球资源配置角度考虑，跨国公司利用有限资本投入获得更多控制权，才是更好选择。此外，通过专利技术或者市场优势，跨国公司即使没有多数股权，也能控制子公司。由于经营环境的差异，不同国家的跨国公司会选择不同的股权结构。例如，美国偏好于拥有全部或多数股权的子公司，目的是控制决策权和保护专利技术；而日本和西欧跨国公司倾向于全部股权或多数股权之外的其他形式，具有较大的灵活性。

不同股权结构除了影响子公司控制权配置，还影响公司治理效果。例如，如果跨国企业面对信息不对称、市场失效以及机会主义等问题，可以通过提高股权占比，加强控制，削弱子公司的自主权；另外，如果东道国投资环境发生变化，可以通过影响股权结构，对子公司治理做出反应。所以，跨国公司的股权结构与公司治理存在密切联系。

（二）跨国公司的治理模式

1.跨国公司法律结构下的治理模式

（1）母公司对子公司的控制模式

母公司对子公司的控制模式有三种。一是母公司直接控制子公司的董事会，利用董事会监督子公司管理者行为，并发挥战略协同作用。对于一些投资规模比较大的子公司，跨国公司的母公司首先要控制的就是子公司的董事会。[1]例如若母公司对子公司是绝对控股，那么子公司董事会对重大事项基本没有决定权，只能决定经营层面的事项；在独资企业中，海外子公司董事会主要职责是落实和执行母公司决策，对母公司负责，受母公司监督。二是母公司直接控制子公司的管理者。子公司的管理者一般由母公司直接选聘，直接任命。经理人选择可以由本国外派、东道国当地选拔和第三国中选拔。本国外派经理人有利于母公司对子公司的沟通和控制，有利于保守商业秘密和专利技术，维护母公司利益，更深刻理解公司全球战略目标。东道国当地选用经理人，有利于经营管理当地化，制定符合东道国文化的制度，减少开拓市场的阻碍。第三国公民担任经理人，此类经理人一般具有良好的专业技术素质和国际化经营管理经验，但是费用较高，易引起本国相关管理人员的不满。三是母公司对子公司的

---

[1] 王勇.跨国公司治理研究[M].北京：中国法制出版社，2012.

业绩评价实现监督。跨国公司子公司的经理人被聘用之后，在经营管理方面享有较大自主权，但是需要在一定时间限制内达到母公司业绩要求，若未达到预期的经营局面，将会面临撤职。因此，经理人选聘制度也是跨国公司加强控制的一种治理模式。

（2）利益相关者治理模式

利益相关者治理模式不再以股东利益为中心，而是考虑与企业生产经营行为和后果具有利害关系的相关者利益。利益相关主要包括债权人、职工、顾客、工会以及当地政府等。职工主要通过在董事会和监事会设置职工董事和职工监事，在重要事项中参与决策，来保障自身利益不受侵犯。顾客通过对公司产品和服务的评价对公司经营管理和管理人员产生重要影响，影响其职位、薪资水平以及聘任时间，间接约束经理人行为。当地政府通过政策、税收、法律等行政行为引导公司经营管理。工会在强资本、弱劳工的劳动市场中，对改善劳动者生活和工作条件，维护员工利益等发挥着重要作用。

2.两种典型跨国公司治理模式

（1）英美公司治理模式

英美公司股权分散，流动性强，股东在公司管理和监督中发挥的作用非常有限，因此形成外部控制主导型治理模式。例如，美国公司以“股东利益最大化”为治理目标，股东会是公司最高权力机构。在内部治理结构中，董事会由股东会选举，负责公司日常决策；内部董事主要从事经营管理活动，外部董事具有一定的独立性，主要对经营管理者监督，不设监事会。外部治理在公司治理中起主要作用。例如，美国资本市场高度发达，若股东对公司经营不满意，可通过证券市场随时撤资；若公司经营业绩较差，在激烈的竞争中将会被优质企业兼并或收购。通过经理人市场选聘优秀经营者；通过外部审计机构对公司的财务实施监管。

（2）德国日本公司治理模式

德国日本公司治理中，由于股权高度集中，证券市场不活跃，资本流动性不强，金融机构与法人交叉持股现象普遍，因此形成了内部控制主导型治理模式。例如，德国公司的管理层主要代表利益相关者经营管理，股东只是利益相关者之一。德国公司内部治理结构中，强调发挥人力资本作用，作为利益相关者的雇员可以直接参与公司的决策；由于银行是公司的大股东，故融资途径与美国不同，不依赖证券市场，而是通过银行直接融资，受外部资本市场制约较少。

第三节 中国跨国公司治理

在经济全球化浪潮中，跨国公司成为连接世界贸易的重要载体，被誉为“世界经济增长的引擎”，对国家经济也发挥着重要作用。我国企业为了适应激烈竞争的国际市场，在一系列政策的号召下，积极走出国门，改变传统的经营模式、治理模式，投入到全球化竞争中。但是随着越来越多企业开展对外投资经营活动，如何在跨国经营中实现有效公司治理成为中国企业的困扰。

一、我国跨国公司发展现状

1.国有或国有控股公司占主导地位，且主要集中于发达地区

2019年《财富》世界500强榜单显示，中国上榜企业数129家企业（包括香港、台湾地区），首次超过美国（121家）。上榜的企业中，国有企业90家、中央企业47家、民营企业22家。此外，根据中国企业联合会、中国企业家协会推出2019年“中国100大跨国公司及跨国指数”的相关数据显示，民营企业27家、国有及国有控股公司73家。从上述两组数据，可以看出我国国有企业凭借雄厚的资金基础和较为完善的经营体系，在跨国经营中占据主导地位。

2.民营企业发展迅速

近年来，我国民营企业在国家政策的扶持和自身努力下，跨国经营能力不断提升，发展迅速，在全球价值链的地位日益提升。2001年我国正式提出“走出去”战略；2005年的“非公经济36条”和2010年的“新36条”提出要支持民营企业“走出去”；2012年党的十八大报告提出“增强企业国际化经营能力，培育一批世界水平的跨国公司”，此后我国又提出“一带一路”倡议等一系列有利于企业走出国门的政策，为我国跨国公司发展提供良好的外部环境。2019年世界500强企业中，我国民营企业有22家。即使在中美贸易摩擦持续发酵下，华为的排名也没有受到影响，从2018年的72位上升至61位。此外营收和规模大的鸿海精密、赢利能力强的阿里巴巴以及最年轻的小米等企业都在榜上，我国民营跨国公司在世界舞台上表现突出。

3.高新技术产品竞争力有待加强

20世纪90年代以来，为加强高新技术产业发展，我国开始高新技术产业开发区建设，并实施“科技兴贸”战略。1999年我国高新技术产品出口仅247.04万美元，而2018年高新技术产品出口累计总额高达7468.66亿美元。由此可见与过去相比，我国跨国企业经营产品的高新技术水平趋势加强。但从现实来讲，我国高新技术产品与发达国家相比还存在一定差距。例如，2018年以来，中美贸易摩擦逐渐升级，对我国芯片、核心工业软件等关键领域产业构成了严重威胁。近年来，消费者对高新技术产品的消费需求日益增长，跨国公司之间的竞争也多体现在高新技术及其产品的研究、开发、生产和技术服务上。在激烈的国际竞争中，跨国企业经营产品高新技术化趋势在增强，但是高端核心竞争力还有待加强。

4.发展总态势良好，但与发达国家相比仍有差距

改革开放以后，我国政府实施招商引资政策，重视教育，大力培养优秀人才，加大科研投入，借鉴国外公司治理经验。2001年中国加入WTO，中国经济融入世界的步伐加快，我国跨国企业经营水平不断提高，经营数量增长迅速，发展总态势良好。1996年我国企业进入世界500强的仅有3家，2000年11家，2019年已达129家，赶超美国。但是我国进入世界500强的公司以国有企业为主，有国家雄厚的资金支持，市场竞争力与发达国家相比仍有差距。

二、我国跨国公司治理问题

（一）母公司与子公司治理问题

1.治理目标不明确

在经济转轨背景下，我国公司治理模式发生变化，公司治理目标也发生转变。计划经济时期，中国公司制度主要服务于国有企业，治理的目标是保护政府、职工和社会等整体利益。随着市场经济的发展，现代公司制逐渐发展，治理目标转变为股东利益最大化。因此在治理目标上企业面临追求股东利益最大化和寻求社会整体利益的两难选择。

2.内部人控制现象严重

我国跨国公司中，国有企业占据主导地位，国家股“一股独大”特征突出，内部人控制现象严重，中小股东权益得不到保障。首先，国家或政府部

门作为大股东的国有企业，能够保持母公司对子公司的有效控制，有利于企业全球战略、相关制度落实。但是母公司对子公司“一股独大”的股权结构，实际上是大股东委派代表管理海外子公司，使得经营管理层没有来自外部市场对其职位的竞争压力，容易形成内部人控制。其次，国家股“一股独大”，政府作为股东委派代理人经营，对于经营结果，政府并不承担责任，这样就会产生“产权主体虚位”以至“代理人缺位”的问题，资本的使用效率也受影响。

3.内部监督制度不完善

中国跨国公司的主要出资者是国家或者国有法人企业，控股股东在股东大会中具有绝对优势，有股东选举的监事会监督职能无法有效履行。例如，一些公司的监事会形同虚设，监事会成员不具备相关专业要求，对于监督工作走过场，或者长期从事与岗位职责无关的工作。由于监事会在企业中的监督效力较弱，近年来，我国引入了独立董事制度。但在实践中，独立董事的推荐和薪酬的制定都是由股东所控制的董事会确定，所以独立董事缺乏独立性，企业内部监督问题依然没有解决。

4.激励机制弱化，约束机制缺失

我国境外子公司的大部分经理人由上级部门直接任命，提供的物质激励不足，从而形成弱激励。在这种激励机制弱化的情况下，由于经理人对企业经营结果不承担责任，为了自身利益最大化，经理人可能侵占、转移委托人财产、跳槽或者“偷懒”不作为；此外在我国国有跨国公司中，主要通过行政手段激励和约束经理人。企业治理目标是股东利益最大化，而代理人目标是职位升级和职工评价，导致代理人只追求短期业绩，忽视企业长远利益。企业与代理人治理目标的脱节，加大母公司对海外子公司的激励和约束难度。

（二）母子公司之间的治理问题

1.股权控制有弱化趋势

中国跨国公司面临股权控制的弱化，主要出于三个方面的原因。一是随着中国跨国公司规模的日益庞大，其海外子公司越来越多，母公司所占股份相对减少；二是合资企业中的当地企业的实力不断增强，在合资企业中所占的股份有增长的趋势；三是经济全球化使得母国和东道国进一步开放资本市场，母公司和海外子公司的股东数量都将越来越多，母公司对子公司的股权控制也会相对弱化。[1]

2.代理制度不完善

中国跨国公司中产权主体缺位以及委托代理问题严重影响和制约海外子公司的治理。在国有企业中，通过组织任命授权经理人代理经营，由于产权主体缺位导致初始委托人模糊，其海外子公司的初始委托人也处于模糊状态，海外子公司代理人的经营业绩目标和责任不明晰，市场环境差异大以及信息披露不充分等因素，容易出现跨国层的委托——代理问题。此外我国跨国公司体系中，还存在委托代理链条过长、代理成本高，委派代理人非职业经理人，绩效难以保证等问题。

三、我国跨国公司治理改进建议

（一）完善母公司与子公司的治理

1.股权多元化改革

我国跨国公司母公司治理中“一股独大”导致的“内部人控制”，惰性监督问题，严重影响企业发展，因此需要股权多元化改革，调整股权结构，明晰国有企业国有资产价值，明确国有资产责任制度，优化公司治理架构。通过股权多元化改革，引入多元股东，股权比例相对均匀，形成几大股东相互制衡格局。同时建立有效的民营资本进入和国有资本退出的通道和机制，提高流通股比例，使更多股东拥有“用手投票”的机会。

2.完善独立董事制度

在实践中，由于独立董事人数不足和选聘机制不合理，独立董事“不独立”的问题十分突出。因此，要增强独立董事的独立性，提高独立董事在董事会中的比例，使其地位被认可；优化独立董事选聘制度，由利益相关者共同选举，更加关注中小股东的利益，强化独立董事的监督作用；提高选聘独立董事的专业性，顾及各方投资者利益，为企业发展战略提供宝贵意见。

3.健全外部控制市场

在股权高度集中的情况下，不管是设立监事会还是独立董事制度均无法摆脱大股东的控制，中小股东的利益无法保障。因此，我国跨国公司可以借鉴英

---

[1] 赵玲．中国跨国公司治理的路径选择[J]．中国外资，2011，18（09）：106.

美外部控制主导型模式，利用外部市场弥补内部监督的缺陷。公司外部市场包括产品市场、资本市场、经理人市场等。通过产品市场，评价管理者经营业绩水平，约束其经营行为；通过资本市场，实现“优胜劣汰”，经营业绩较差的公司难以在投融资市场获得资金支持，被市场自动淘汰；通过经理人市场，淘汰业绩较差、信誉不佳、治理能力弱的经理人。但是建立健全公司外部控制市场是一系列配套性的措施，需要其他市场机制共同作用，才能改善跨国公司治理。

4.发挥政府的调节作用

政府根据国民经济发展战略、产业发展战略以及国际市场开拓战略，制定相关政策对跨国公司治理和经营发挥调节作用。例如政府通过财政税收政策，建立海外投资制度，提供资金扶持与援助等措施来影响跨国公司治理；通过创造竞争环境、推进企业治理机制改造方案等提高企业效率；通过行业协会、消费者协会等非营利性组织，对公司施加外部影响；通过海外投资申报和审批制度，间接影响跨国公司海外投资等。

5.融入东道国环境

跨国公司对外投资时，虽然由母公司控制子公司，但子公司治理还受东道国市场环境、法律法规以及人文环境的制约。因此，跨国公司海外投资必须适应东道国的公司治理标准，遵守东道国各项制度要求，尊重当地文化，融入东道国环境中去，获得当地市场认可，实现长效发展。

（二）强化母子公司之间的治理

1.加强人事管理，建立有效的激励与制约机制

母子公司之间的人事管理主要包括选任董监事，委派经理人、财务人员、核心岗位管理者，以及对他们进行激励和约束等。加强人事管理，首先要确保委托人是真正为所有者利益服务，以此确保委托人所选代理人值得信赖。合理的激励机制有利于调动管理者积极性，更好地为股东利益和社会整体利益服务。例如跨国公司可以通过为管理者提供较高的年薪、灵活业绩奖金、股票期权等物质方式激励管理者，提高经营业绩。但当管理者违背承诺获得的收益远大于激励机制提供的收益时，激励机制将面临失效。因此企业也要建立有效的约束机制，例如，通过内部约束规范管理者的权利和义务；通过董监事会加强对管理者的监督和制约；通过设立行业禁入名单形成外部监督等。

2.加强企业文化建设

企业文化是在企业生产经营中逐渐形成的思维模式和经营理念，具有一定的传承性。即使股东或者职业经理团队发生变化，公司也会由无形的文化力量凝聚在一起，一定程度上可以弥补制度缺陷。借鉴跨国公司在华投资的经验，这种机制虽然对公司经理人员不具备直接的制约作用，但是，往往影响企业的绩效，从而影响到母公司对子公司的业绩考核评价，能对经理人员起到间接的制约作用。[1]企业文化这种无形的制约与规范，能够发掘出员工的自律性、自主性和能动性，对完善公司治理结构有着重要意义。

3.加强国际合作

在跨国公司治理中，由于海外子公司地理位置、社会文化、法律制度的差异，跨国监管和跨国审计较为困难，使得海外子公司管理者为了自己利益最大化，而损害公司利益。如果在监管和审计领域加强国际合作，将会对子公司管理者形成外部监督，制约其不利行为。因此，加强国际合作，通过各国有关机构协商，相关信息共享，可以最终实现多赢。近年来，中国海外投资不断增多，规模越来越大，加强国际领域的监管合作显得日益迫切。例如，各国证监会可以加强合作，彼此协助。

总之，在经济全球化不断加快的背景下，企业融入全球化浪潮已成必然趋势。我国跨国公司在借鉴国际大型跨国公司发展经验的基础上，要结合实际情况，不断完善跨国公司治理结构，通过股权结构改革、企业管理制度制定、企业文化建设等，形成一套成熟的，可推广的跨国公司治理模式，提高整体竞争力。

本章小结

跨国公司治理是跨越国界的治理，与单体公司治理相比具有一定的复杂性。本章主要对跨国公司治理的内容、治理结构与治理模式以及中国跨国公司治理做了简要叙述。跨国企业必须因地制宜，不断完善治理模式，相互借鉴，不仅实现跨国公司自身发展，也要倾听其他相关利益者的利益诉求，向着更为全球公众负责的方向改变。

[1] 周新军.跨国企业的公司治理研究[M].北京：高等教育出版社，2005.

随着中国经济快速发展，中国企业也积极加入跨国公司大军，走向世界，既有机遇也有挑战。由于文化传统和经济体制差异，中国跨国公司在治理方面有自身的特殊性，如何在激烈的竞争中拔得头筹，还需要不断探索。

思考题

1. 跨国公司治理主要考虑哪些因素？
2. 跨国公司母子公司之间如何实现有效治理？
3. 中国跨国企业的公司治理存在哪些问题？未来如何改进？

第十六章

公司治理的困境与发展

【学习目标】

1. 了解企业治理结构的内涵和企业治理结构的演进。
2. 了解当前我国公司治理面临的主要问题及成因。
3. 了解我国公司治理未来发展方向。

第一节　我国公司的治理现状

一、中国国有企业的公司治理

国有企业是指具有国有或国有法人控制权的企业，包括国有独资公司和国有控股公司。国有企业是国民经济的重要组成部分。

国有企业的法律规范阐明了国有企业的公司治理的规章制度，而国有企业的法律规范也与公司改制密切相关。因此，应高度重视国有企业的法律法规。

1987年，第十三次全国代表大会明确指出了国有企业改革的方向，即实现所有权和经营权的分离，使企业能够进行独立的产品生产和销售。1988年4月，第七届全国人民代表大会通过了《中华人民共和国全民所有制工业企业法》（以下简称《企业法》），明确规定工厂负责人是企业的法定代表人，企业的生产和管理制度完全由工厂负责人负责。同时，法律授权企业党组织监督企业是否执行企业的一般政策。《企业法》对大型国有企业尤为重要。该法首次以立法形式确定了国有企业的权力和组织规范，这对企业管理方式的转变具有重要意义。但是，面对国有的市场型企业，法律并没有赋予企业法人完全的权力，甚至企业股东的权力也并不明确。这为20世纪80年代的国有企业内部控制留有了空间。

1993年中共十四届三中全会提出“国有企业改革的方向是建立现代企业制度，这是社会化大规模生产和市场经济发展的必然要求。”因此，1994年《中华人民共和国公司法》（以下简称《公司法》）应运而生，并从立法的角度确认了公司的现代组织形式。从那时起，《公司法》已成为对国有企业法人的主要法律规范。《公司法》对企业内部结构提出了全面的要求，包括公司建立股东大会、董事会和监事会制度的要求；明确股东的权利、责任和行使方式；明确董事会集体责任制。简而言之，《公司法》的颁布标志着中国公司制度正在向规范化的公司治理方向发展。

二、中国民营企业公司治理的演进

1978 ～ 1992年是中国民营企业发展的第一阶段。在此时期，中国民营企业投资者和公司经理人融为一体，因此没有激励不相容的问题。

1993年以后，中国民营企业的治理开始变得复杂。经过十多年的发展壮大，20世纪80年代成立的一些民营企业已成为大中型企业。企业的融资结构和组织结构发生了巨大变化。企业家的投资不能满足企业发展的需要。外部投资股份开始进入企业。同时，企业的发展超出了企业家的管理范围。一些专业经理开始进入公司的管理层并参与决策。这产生了一系列公司治理问题。首先，由于能力不足，企业家在与职业经理人打交道时无法形成对经理人的有效监督和激励。在选择和雇用经理以及公司领导者的路径上还存在许多问题。其次，在处理家族企业的继承人和继承问题时，究竟选择“家族制”还是“公司制”以及控制权的转移是否可以改变将对企业的发展产生重要影响。

三、中国上市公司的公司治理

（一）中国上市公司的股权结构

中国的大多数上市公司都是改制后上市的国有企业。中国的资本市场最初主要为国有企业的重组提供服务。企业能够通过资本市场获得资本投资，以满足企业的发展需求，同时降低银行的金融风险。但是，公司的上市也会带来失控的风险。因此，在中国国有企业改制上市时，要考虑“融资”与“控制”的平衡，在不改变公有制主体的前提下，确保上市和融资。这也带来了股权分配问题。股权分置使政府实际上控制了上市公司，而政府的缺席使上市公司由管理人员和其他内部人控制，政府很难真正履行投资者的职责。国有资产监督管理委员会的成立和股权分置改革在一定程度上解决了“内部控制”问题。但是，大股东剥夺中小股东权益的问题仍然非常严重。

（二）中国上市公司的董事会

我国的《公司法》明确规定，上市公司应当建立董事会制度，并以董事会为股东财产的受托人。但是，我国大股东的主导地位使董事会实际上毫无用处。董事会完全由大股东运营，以证明公司的运营是在公平监督下进行的。我国董事会的另一个特点是，董事长担任法人代表，即董事长对法人的行为承担责任，同时具有更大的控制董事会的权力。也因此如何确保独立董事的独立性仍然是一个严重的问题。

（三）中国上市公司的监事会

我国现行的《公司法》规定：股份有限公司设立监事会，成员人数至少三人。监事会应包括股东代表和适当比例的公司职工代表，其中职工代表比例不得少于三分之一。对于一些股东人数少或规模小的有限责任公司，只能设立一到两名监事。《公司法》规定，设立监事会的初衷是监督董事会和经理的日常运作。实际上，监事会受董事会和经理的限制。监事会成员通常由董事会指定，监事会开展活动的资金必须由董事会分配。

第二节 我国公司治理的困境与改革

向市场体制转轨过程中，国有企业总体情况不理想，具体表现为：

① 产权结构调整缓慢。产权单一、“一股独大”的现象使国有企业产权制度改革难以真正到位，企业内部缺乏多元利益主体的制衡。② 国有资产管理体制不完善。虽然国有资产管理模式有国资委、各开发公司、集团公司以及所属子公司四个层次，但对国有资本出资人的地位，国有资产授权后的运行、监管等认识有偏差，缺少必要的手段和措施。③ 对国有资产经营者缺乏激励机制。部分企业只规定年薪，没有激励机制；一些企业即使有一定的激励措施，也不是很科学，经营者的业绩与个人的经济利益不对应。④ 国有企业内部监督不力。企业董事长、总经理、监事都由上级党组织任命，且董事会与经理人员较多重叠，造成“内部人控制”，法人治理的权力制衡难以形成。监事会形同虚设，外派监事没有明确的职权，且不熟悉企业情况，难以监督。⑤ 法人治理结构不完善。国企建立董事会后并没有摆脱国企原有的监控模式，由于董事长是“法定代表人”，是公司的“一把手”，使经理班子和监事会通常都受制于董事会。部分公司的董事长同时兼任总经理，使经营层内部的权力失去了有效的制衡。监事会常常出现主体错位，被董事会和经理层控制，工作处于被动状态。⑥ 企业党组织与法人治理结构的关系不明。许多企业党委书记兼董事

长，或兼总经理，直接参与企业决策，或直接参与企业经营，客观上使其身份具有两重性。不仅从法人治理要求看，公司权力高度重合有悖于现代企业制度，而且在具体工作中，造成党内监督无法落实。

其中我们对最具代表性的两条问题进行详细叙述。

一、董事会构成运营问题

在公司董事会中出现的问题主要有内部人控制问题。即由经营管理层控制公司。这其中的主要原因有二。第一是由于我国的上市公司多是由原来的国有企业改制完成，董事会的成员基本上以原来公司的高层经理人员为主。第二在于其他类型上市公司，我国部分公司关于董事会成员的提名投票机制并不完善。在实践中董事的提名多半会把持在大股东手中，中小型股东参与率过低。这也进一步促进了内部人控制的形成。此外，我国大多数对于外部独立董事的激励约束机制还不健全，外部董事的构成也不尽人意。出现了走形式走过场现象。

我国的公司治理制度看似既采纳了英美模式董事会核心和委员会制度，又采纳了德国日本模式双层结构中的监事会制度，博采众家之所长。但是如此多的要素结合在一起就会造成，职能重叠，责任模糊的现象。非但没有产生1+1>2的效果，反而造成了负面影响。我国的借鉴更多是流于形式，而没有借鉴到两种机制最为核心的部分。比如德国公司治理模式下职工不可忽视的力量以及美国成熟的独立董事选举机制。

二、监事会未发挥应有的监督作用

监事会制度在我国提出于1992年，1994年写入《公司法》。但一直以来法律法规对监事会制度的表述比较笼统，并没有相关细则出台。

我国目前的监事会已成为一种流于形式的产物，即股份有限公司要求设监事会，其成员不少于三人，所以上市公司就设立了监事会，但监事会的定位比较模糊。在实际操作中，据2012年中国上市公司100强公司治理评价中统计显示，百强公司只有44家企业可以查到明面或者书面的《监事会组织和议事细则》。此外，监事会的股东代表是由股东提名，经股东大会表决产生。职工代表监事由公司职工通过职工代表大会，职工大会或者其他形式民选产生。但根据数据显示：我国大部分公司的股东监事皆来自大股东包办。职工监事来自于企业内部非高管人员，职工前途和命运都受制于大股东控制的经营管理层。外部监事多是国资背景企业由政府驻派企业，实际上来说也是大股东的利益代言，只不过大股东是国家罢了。剩下的独立监事从设立的初衷或可发挥些作用，但同样存在与独立董事一样的问题。独立监事从何而来，即便“三公”而来，专业出众，但仅凭着一年三五次会议就能切实发挥作用，确有些强人所难。最终，我国缺乏有效的监事会激励与约束机制。信息不对称等因素也加重了监事会成员的工作难度与压力，缺乏有效的激励与约束机制很容易滋生监事会成员的原则性问题，削弱监事会人员的工作效率，造成人浮于事的状况。

三、关于我国公司治理结构的改革思路与发展方向

从以上的分析可以看出，中国公司治理制度的设定使控股股东通过董事、监事的提名和选举掌控董事会、监事会，而独立董事、监事会制度的监督又流于形式。进而，董事会选聘的管理层或是控股股东选派、直接任命，董事会走走过场，或是干脆就是董事长直接参与公司的日常管理，总经理就是其高级助理。针对上述弊端，许多学者和智者以自己的智慧，提出了自己的见解和建议。

邹家宏从两个方面分析了改善公司法人治理结构的基本途径：首先，由于公共财产权的性质和廉价的表决权，国有资产缺乏所有权无法真正解决且永远存在。因此，实际的解决方法不是希望国有产权的所有者能够消除廉价的表决权，而是如何削弱廉价的表决权在公司治理中的作用以及通过其他替代方法将廉价的表决减到最少，以减少对权力的不利影响。其次，原则上可以通过严格执行《公司法》从产生、任命和撤职的过程中严格规范和纠正公司人事安排中的政府行为。但是，在国有控股地位的前提下，很难完全消除政府行为。他由此得出，完善国有企业改制后的公司法人的公司法人治理结构，消除公司治理中国有股权所有者缺位引致廉价投票权及人事安排行政化的缺陷，最终可归结为一点，即通过股权分散化来改变目前国有股在多数企业中的绝对控股地位，而不能指望具有行政权威、目标多元化、同时又不受真正所有者监督的各级政府部门及各类国有产权代表会自动放弃其控制权，并能合理有效地使用其拥有的权利。解决目前国有企业改制后股权过度集中于国有股的状况，可以通过大力发展机构投资者、企业法人股和公众个人股等多种形式的投资主体来实现。将合理有效地使用其权利。大力发展机构投资者，法人股，公众

个人股等多种形式的投资主体，可以解决国有企业改制后国有股过度集中的现状。

龚敏、严若森提出，必须从解决公司治理结构与公司治理结构相关方面存在的许多问题入手，完善国有公司制企业治理结构：（1）优化国有公司制企业的股权结构。① 促进产权流通，合理配置股权。② 切实加强股东大会的职能。（2）完善国有公司制企业董事会制度。① 正确发挥董事会的决策功能。② 优化董事会的构成，董事会职能的正确发挥与否，关键在于其结构的优化。（3）加强职工参与民主管理，以期决策民主化、科学化，监督多元化。① 加强职工参与民主管理。② 完善职工民主管理形式。（4）加快企业家队伍的形式与发展。① 创造企业家形成的良好外部环境。② 完善企业家形成与发展的制度安排。

杨瑞龙认为，必须实现公司治理结构的创新，其核心是抛弃"股东至上"的逻辑，体现"共同治理"的原则。他认为共同治理的逻辑符合现代市场经济的内在要求：第一，公司治理结构主体的多样化是现代产权内涵的逻辑延伸。第二，共同的治理逻辑有助于保持利益相关者之间的长期合作。第三，企业的本质是团队生产或长期合同的集合。为了保护相关资源不受损害，团队成员需签订长期合同以确保可预测的赔偿。第四，人力资本和实物资本相对位置的变化增强了企业中人力资本所有者的议价能力。为了使物质资本所有者获得更多的投资收益，他们必须依靠人力资本所有者。显然，共同的治理机制也有助于提高国有企业治理结构的效率。解决了在不对称信息下监控运营商行为的困难。为此，他提出了根据"共同治理"原则实现公司治理结构创新的对策：（1）董事会的共同治理机制。包括：① 职工负责人制度。② 银行董事制度。③ 外部董事制度。（2）监事会的联合治理机制。（3）建立有效的激励约束机制。除了建立内部约束机制外，还可以通过完善市场竞争机制来限制经理的行为，包括：① 完善产品市场竞争机制。② 完善经理人市场竞争机制。③ 完善公司控制市场竞争机制。

丁红岩提出，要改善当前的公司治理结构，应该从以下几个方面着手：首先，重塑股东大会的权力。其次，就董事会的组成而言，为改变当前通常的企业领导由上级主管部门任命状况，股东应通过股东大会选举董事。为了避免"内部控制"现象，有必要尽量避免将董事长和总经理这两个职位合并。最后，建立有效公司治理结构的另一个核心问题是激励高级管理人员，使高级管理人员可以努力实现股东目标。

第三节 公司治理未来发展方向

一、特色化公司治理

现在对公司治理的研究大多是共性研究，即未对行业性质、企业类型进行区分。多数的研究集中于非金融类上市公司。进一步者有对企业的产权性质进行分组研究。但这显然是不够的，我国还存在大量的非上市公司、中小企业、金融机构，以及形式复杂的大型跨国公司。这些类型企业的公司治理很难与上市非金融公司治理保持一致。单独拿中小企业来说，企业中并不存在监事会、专门委员会等机构，股权状况往往也没有上市公司那般复杂，那么，用上市公司的公司治理标准去治理中小企业是无法行得通的。不只是企业的构成，企业的行业类型也对公司治理有着重大影响。例如保险行业公司的公司治理与其他行业公司治理大相径庭。其对于投保人、利益相关者、剩余财产分配权都有着自己的行业特点。

因此随着我国市场的良好发展，未来公司治理的发展方向一定是特色化精细化，以公司治理为基础，进一步分析和挖掘每一类组织的治理目标、结构与机制等方面的特殊性，构建起适应当前组织演化规律的多元治理模式。公司治理模式将会从一般模式走向具体模式，由统一公司治理走向特色化公司治理，更好地符合企业发展状况，而不是仅仅集中于上市非金融公司。

二、交叉领域联合治理

对于我国来说，公司治理仍然是一门新兴的学科，自李维安教授主编的普通高等教育“十五”国家级规划教材《公司治理学》出版后，公司治理课程逐步走向学校的舞台。

将公司治理归为独立学科而不是简单的问题，是由于公司治理的科学性、技术性、系统性和文化性决定的。公司治理的研究方法主要有实证分析方法、规范分析方法、制度分析方法，比较分析方法，案例分析方法等。此外多学科交叉属性是公司治理学科的另一大特点。公司治理，在现代的发展过程中不断地吸收经济学、管理学、数学、社会学、心理学等学科成果。而随着研究的深入和实践，公司治理与政府治理、网络治理、软件分析、环保科学、能源发展等学科的交叉内容，也正在等待我们的进一步探索与深入。

预计未来的公司治理学科是一个大型综合性学科。企业公司治理也需要多领域人才配合，共同推动治理研究、治理实践进一步的发展。

三、从传统治理到网络治理

（一）网络治理概念的界定

李维安等（2003）在研究公司治理的未来发展时对网络治理做了精辟概括，认为网络治理有两条线路：利用网络进行公司治理（网络作为公司治理的工具）和对网络组织进行治理（网络组织成为治理行为的对象）。陆雄文在2013年《管理学大词典》中指出网络治理是公司治理中指对网络组织的治理。治理行为的主体是合作诸结点，客体是网络组织这一新型组织形式，治理过程是具有自组织特性的自我治理。网络组织要创造的结构或秩序不能由外部强加，网络治理发挥作用要靠多种进行统治的以及相互发生影响的行为者的互动。❶

而本章节我们所研究的就是李维安学者所说的第二条线路，对网络组织进行治理。顾名思义网络组织就是将股东、经理、员工、外部的利益相关者及政府等组织看成节点，互相勾制成网络，形成网状结构的组织。这其中的理论基础是企业网络理论。网络治理主要包括两方面内容，第一是公司内部的网络治理。这其中主要包括公司内部的股东、经理与员工三者之间的博弈。第二就是公司外部的网络治理。即公司协调外部利益相关者间的关系，如图16-1所示，打造良好的外部发展环境。

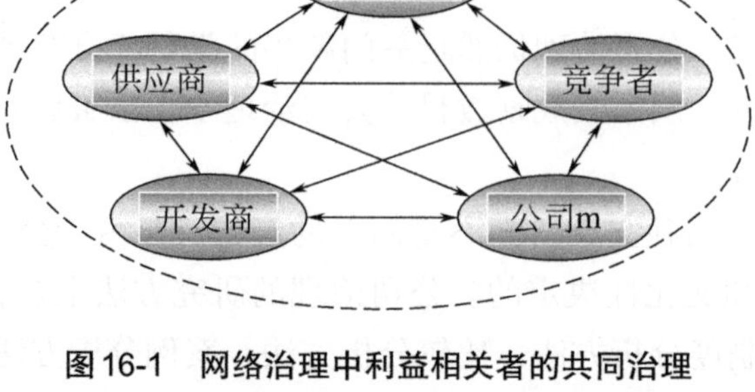

图16-1 网络治理中利益相关者的共同治理

❶ 陆雄文. 管理学大辞典[M]. 上海：上海辞书出版社，2013.

（二）网络治理的关键

网络组织治理最关键的要素是什么？我们认为治理机制是网络组织治理的核心，这与斯托克[1]的观点基本一致。

治理机制由于网络组织本身的复杂性、环境的复杂性和网络组织治理所涉及环节的多样性，网络组织的治理远不是通过少数几个环节或子系统所能解决的问题，它涉及治理的环境、边界、目标、结构、模式、机制与绩效等多个方面，而且各个方面密切联系、交互影响，因而是一个复杂的大系统，也需要系统性创新。环节与要素的多样性以及相互关系的复杂性并不排斥我们抓住主要矛盾，并对其中最关键的内容进行研究。治理机制成为企业网络化互动合作的制度基础，从而使网络治理落脚到关系、互动与协同的治理逻辑之上，为网络组织的有序运作提供了一个关系平台。

四、绿色治理登上公司治理舞台

（一）绿色治理产生背景

近几十年来，环境问题激升，许多国家出现了重视经济发展，忽视环境治理的现象。导致无论是全球变暖问题，还是雾霾污染问题都愈发严重，威胁人类的生存与发展。2015年12月195个缔约方代表在法国巴黎达成了历史性协议《巴黎协定》。这标志着人类已经充分意识到环境问题的严重性，开始重视可持续发展问题，形成天人合一的绿色治理观，以实现人和自然的共同生存。而我国走在了环境保护的前列：在中共十八大会议上，党中央提出了“五位一体”概念，将生态文明建设，放置与经济建设、社会建设、政治建设、文化建设并重的地位。在中共十九大党中央提出了坚持人与自然和谐共生的基本方略，强调构建人类命运共同体。

但环境保护绝对不是一个单一个体能完成的行为，而是整个群体共同建设的成果。需要包括国际组织、企业、政府、社会、公民共同的参与。在此种背景下我国著名学者李维安教授在2016年提出了绿色治理这一重大课题。推广与落实绿色治理准则，有效评价绿色治理的实际效果。自此，绿色治理正式登上

---

[1] 格里·斯托克（Gerry Stoker），英国曼彻斯特大学教授，当代最负盛名的地方治理研究专家之一，英国布莱尔工党政府地方政策的主要顾问。西方治理理论的集大成者。他的主要研究领域包括地方政府、多元治理、伙伴制、城市治理、公民参与等。

我国公司治理发展舞台。

（二）绿色治理的执行

不同于寻常的公司治理，绿色治理需要更多的相关者参与。首先，尤其需要企业的大力参与，企业也应该意识到，越早的实现绿色治理，就越早地掌握了未来竞争的主动权。这是时代的必然趋势。企业从战略制定、产品研发设计、市场营销，包括日常管理都可以渗透绿色治理的理念，实现从高投入、高能耗、高污染、低产出模式向低投入、低能耗、低污染、高产出的模式转变。而且，企业的绿色治理是必须的。随着环境保护的呼声愈发强烈，我国政府对于企业的污染排放标准，能耗标准也有了更严格的要求。一旦超过制定的标准，将会面临严重的惩罚。股东的声誉，社会公众的看法也会受到影响。长此以往，必然退出竞争或是失去竞争实力。其次，政府在企业治理中也发挥着重大的监管作用，政府是绿色治理的顶层设计者与政策制定者。可以通过准则的制定，法律的发行对企业进行要求。再次，政府的环保部门也是最为严格的监督执行者，会采取定期、不定期抽查、普查的方式尽最大可能对污染排放进行监督管理。绿色治理的实行，离不开政府的支持与帮助。最后，社会群众与社会组织是绿色治理的广泛参与者与天然监督者。随着可持续发展观念、人类命运共同体观念的普及，社会公众舆论愈发支持绿色治理行为。他们可以举报重污染企业，检举非法庇护，拒绝消费、购买特定企业产品对企业施加巨大压力。且随着这一理念融入教育中，当这一代公民成为社会中坚力量时，绿色治理的概念已经深入人心，绿色治理自然水到渠成。

（三）绿色治理展望

第一，李维安学者在2017年发布了全球首份《绿色治理准则》。但我国的《上市公司绿色治理准则》还未发布，政府应该加快推出适合我国现阶段国情的绿色治理准则，完善公司外部绿色治理体系。第二，完善绿色信息披露制度。在绿色治理的框架下，公司所披露的信息应与普通公司治理模式下的有所不同。理应公布更为准确的相关信息，接受社会公众与监管部门的监督。第三，政府社会公众承担部分绿色治理成本。绿色治理绝不是企业的独角戏。而企业在开始的绿色转型期，更需要大量的资金投入，应出台更为合理的优惠政策帮助企业实现绿色转型，共建绿色环境。第四：绿色治理评价体系。绿色治理需要独立的绩效评估体系，不可沿用传统公司治理下的指标体系。应有所区别，有所侧重。

五、完善公司治理评价

如何科学高效的评价公司治理质量仍是一个难题，尚且没有统一的定论。一个良好的评价方法有利于推动公司治理的深入发展，提高公司治理质量。良好的公司治理评价不仅仅完善了公司治理理论的不足，也解决了公司治理实务界的问题。治理评价不仅为建立健全公司治理结构，优化公司治理机制提供科学参考，同时也为公司治理理论科学性提供了检验标准。从进一步加强公司治理评价研究角度，还需要优化评价标准、改善评价模式、改进评价方法和应用模式。治理评价理论层面，探讨治理升级背景下评价指标的设计与评价标准的优化，探讨区域和宏观层面治理评价系统的研发；治理评价模式层面，不仅需要跨组织、跨区域的一般评价，也需要分组织类型、分区域的专门评价；治理评价评价方法层面，不仅需要问卷调查、大样本数据库研究，也需要借鉴大数据、田野调查、治理实验等多元方法，全方位提高评价数据的丰富性、时效性和代表性；治理评价应用层面，基于治理评价结果开展公司治理风险的预警与监管研究，开发基于治理评价指数的各类股价指数等。[1]

本章小结

在本章的第一节中，我们将了解我国公司治理的现状和发展，并从三个方面对它们进行介绍：国有企业，私营企业和上市公司。其中，国有企业主要实行法律法规，上市公司侧重于股权结构、董事会和监事会。但是，如何提高董事会的独立性，大股东剥夺中小股东利益仍然是一个严重的问题，如何加强对监事会的监督我们仍然需要进一步研究。第二节我们着重讲述了我国公司治理的困境，主要如下：① 股权结构不合理，国有股“独特”。所有者的缺席导致“内部控制”现象脱颖而出。② 董事会组成不合理，董事会成员产生机制不健全，董事会运作不规范。③ 监事会难以发挥应有的监督作用。④ 管理者缺乏激励和约束机

[1] 李维安，郝臣，崔光耀，郑敏娜，孟乾坤.公司治理研究40年：脉络与展望[J].外国经济与管理，2019，41（12）：161-185.

制。这些困境的存在阻碍我国公司治理的发展，亟待解决。最后一节，本文综合了已有文献与个人的学术见解，对我国未来公司治理方向提出展望，包括特色化公司治理、交叉学科综合治理、网络治理、绿色治理等。期待为我国公司治理发展做出一定贡献。

思考题

1. 如何有效地进行绿色治理，中小企业转型困难，你认为政府该如何扶植?
2. 你对我国公司治理的困境有何想法? 有何建议?
3. 如何有效提升当前中国上市公司监事会的监管力度?

附录

关于机构投资者与公司绩效的实证研究（节选）

（夏宁，李民）

近年来，机构投资者稳步发展，逐渐成为证券市场的中坚力量。然而专业机构投资者发展不足，限制了参与公司治理的能力。以2008 ～ 2012年间的深市A股公司为样本，运用多元回归模型，首先检验机构投资者持股与企业绩效的关系，其后加入代理成本为中介变量，分析机构投资者持股是否通过代理成本对企业绩效形成影响。研究发现：机构投资者持股对上市公司绩效特别是国有企业产生了积极影响，但代理成本并不在机构投资者持股与企业绩效间起到显著的中介作用。

一、引言

企业经营过程的参与者存在着多种相互关系，机构投资者的加入势必改变原有均衡。在我国当前情境下，机构投资者持股能否对企业绩效产生影响，又会怎样影响是我们所要研究的。本文旨在将机构投资者持股与企业绩效结合起来，并联系企业的代理成本，进而将两者直接的影响机理更清晰地挖掘出来。

二、文献回顾与研究假设

机构投资者在影响公司治理结构的同时也对公司的业绩与股价造成影响。对于机构投资者与公司业绩关系的研究，于20世纪90年代初期已经开始。Opler and Sokobin（1998）通过财务绩效研究后，发现机构参与公司治理会导致业绩提升；McConnell and Servaes（1990）选择托宾Q值作为企业业绩的替代变量，经过实证分析发现机构投资者的持股水平与托宾Q值之间存在着较为显著地正向关系，这也就证明了机构投资者参与公司治理具有较为明显的治理改善作用；Aneta Hryckiewicz（2009）发现机构持股降低了被投资企业的资本成本。Kenneth Wm.Kury（2010）表明机构持股有益于提高企业的盈余管理水平。而上述这些无疑都提升了企业的绩效。ChristopherRay Reutzel（2012）表明参与治理的机构投资组合稳定性越强，企业IPO失败的可能性越小，而董事会外部控制现象会降低这种影响。我国学者也作出了大量相关研究，肖星与王琨（2005）、石良平与李洋（2007）、张婉君（2010）等均指出机构投资者对大股东掏空等行为可以起到强有力的制衡作用。而姚颐、刘志远（2007）对Pound 20世纪90年代所提出的战略合作假说进行了研究，结果表明，在我国股权分置改革的过程中，机构投资者并未真正起到保护中小股东利益的作用。刘志远、花贵如等（2009）对上述研究进行延伸，发现在多种原因的作用下，国有企业中的机构投资者并不能抑制大股东的资金侵占行为。基于前人文献，并结合我国现实，本文认为，机构投资者持股比例与企业绩效存在相关性，持股比例越高，表明投资者对企业整体给予越高的肯定。机构投资者持股比例越高，其监督能力越强，企业绩效越好。因此提出以下假设：

假设1：机构投资者整体持股比例与企业绩效高度显著正相关。

我国资本市场起步较晚，机构投资者在近些年来逐步经历了由无到有的过程，虽然我国的机构投资者表现出了参与公司治理的意向，然而在我国的特殊经济体制下，机构投资者并未真正发挥自身的积极股东角色。我国的机构投资者主要通过间接的方式对企业的经营和管理产生影响，这主要包括两个方面：首先，机构投资者具有更强获知与处理企业外部信息的能力，机构投资者会以建议的方式将这些信息传递给企业，这无疑提高了企业与市场的信息对称水平；其次，机构投资者会通过股票减持来表达自身的不满，这也就是所谓的“用脚投票”的方式。这种方式虽然难以直接影响到管理层的任职与薪酬，然而董事会其他股东会对这种行为进行考虑，这势必会影响到管理层的利益分配格局。例如Ryan（2002）以美国的机构投资者为研究样本，发现机构投资者的干预和活动水平对公司的业绩有显著的影响。本文认为，在我国当前状态下，机构投资者有效参与公司治理的行为并不普遍存在，机构大多通过间接方式影响企业绩效。因此，提出下列假设：

假设2：代理成本在机构投资者持股比例与持股公司业绩关系中并不能起到显著中介效应。

三、数据与研究设计

（一）样本与数据来源

为了实证检验我国上市公司中机构投资者持股与企业绩效的关系，本文选择2005年以前上市的，2008～2012年期间的深市A股上市公司为初选样本。其后对上述样本进行处理：剔除了金融保险类上市公司，ST和*ST上市公司，财务数据、治理数据缺失的公司；机构投资者总体持股比例为0的样本；同时剔除1%和99%分位数以外的异常值。剔除后本文的研究样本总数为1058家公司。我们所选用的数据全部来自深圳国泰安CSMAR数据库和RESSET数据库，其中财务数据来自CSMAR数据库，机构投资者持股数据来自RESSET数据库，所使用的数据计算工具为EXCEL，统计软件采用SPASS17.0。

（二）变量定义

综合考虑本文的研究目的、数据的可获得性以及合理性，机构投资者持股变量采用机构投资者持股比例（*TIH*），是指公司所有股东中所有类别机构投资者的持股比例之和，反映了机构投资者影响企业运营与管理的可能性以及作用大小，机构投资者持股比例越高，其对企业所起到的间接作用也就越强。同时考虑到机构异质性对机构持股比例与企业绩效关系所产生的影响，本文同时选取持股比例最大的证券投资基金、社保基金和QFII三种机构投资者持股比例之和作为稳健性检验的自变量。

在中介变量的选取方面上，我们采用James等（2000）的第一种方法，采用销售收入管理费用率作为企业代理成本的替代变量，这一选取方式的有效性在我国也得到了李寿喜（2007）等的证实。这一指标主要反映经理由于过度在职消费所引起的浪费。

在控制变量方面，参考Faccio M.（2008）及姜付秀等（2010）的研究，采用以下变量作为控制变量（详见表1）。另外，由于不同年份宏观经济环境可能存在重大差异，选择了年度变量对不同年份宏观经济环境的差异进行控制。同时控制行业因素对实证结果产生的影响，取虚拟变量*INDUS*作为控制的标准。根据2012年证监会行业分类标准，剔除掉金融业的数据，共对12个行业进行了分析。设置11个虚拟变量，消除行业差异可能对实证结果产生的影响。

（三）研究设计

根据前文的分析，以下研究模型的设计思路是：①上市公司经营业绩如果与机构股东持股比例显著正相关，那么说明机构投资者的参与对公司的经营与管理产生影响；②将代理成本作为中介变量，若机构投资者持股比例显著影响企业代理成本，代理成本又显著影响公司价值变动，则代理成本的中介效应显著，说明机构股东积极治理价值效应的发挥主要通过降低企业代理问题实现的。

表1 相关变量及说明

变量类型	变量名称	变量说明
控制变量	机构总体持股比例（*TIH*）	年末机构持股占总体比重
	股权集中度（*CON*）	前10大股东持股占总体比重
	员工规模（*EMP*）	年平均员工人数的自然对数
	资产规模（*SIZE*）	总资产的自然对数
	董事会独立性（*IDIR*）	独立董事人数占董事会规模的比例

续表

变量类型	变量名称	变量说明
控制变量	长期偿债能力（*LEV*）	资产负债率取倒数
	企业性质（*SH*）	国有控股企业为1；非国有控股企业为0
	行业因素（*INDUS*）	参照中国证监会行业分类，当处于该行业时为1；否则为0
	年度（*YEAR*）	当处于该年度时为1；否则为0
中介变量	代理成本（*AGENT*）	销售收入管理费用率
被解释变量	年度净资产收益率（*ROE*）	净利润/股东权益余额
	年度总资产收益率（*ROA*）	净利润/总资产余额

$$ROA=\alpha+\varphi 1TIH+\varphi 2CON+\varphi 3EMP+\varphi 4SIZE+\varphi 5IDIR+\varphi 6LEV+\sum 13k=1\gamma kINDUS+\sum 2t=1\delta iYEAR+\xi \qquad (1)$$

$$AGENT=\alpha+\varphi 1TIH+\varphi 2CON+\varphi 3EMP+\varphi 4SIZE+\varphi 5IDIR+\varphi 6LEV+\sum 13k=1\gamma kINDUS+\sum 2t=1\delta iYEAR+\xi \qquad (2)$$

$$ROA=\alpha+\varphi 1TIH+\varphi 2CON+\varphi 3EMP+\varphi 4SIZE+\varphi 5IDIR+\varphi 6LEV+\sum 13k=1\gamma kINDUS+\sum 2t=1\delta iYEAR+\xi \qquad (3)$$

模型（1）用来检验机构总体持股比例（*TIH*）对年度总资产收益率（*ROA*）的总效应，选取机构投资者总体持股比例来衡量*TIH*，选取年度总资产收益率（*ROA*）来衡量企业绩效。为控制其他因素对企业绩效产生的影响，本文将控制变量组设定为：股权集中度（*CON*）、资产规模（*SIZE*）、员工规模（*EMP*）等。模型（2）来检验机构投资者持股对代理成本的抑制效应，将被解释变量设定为代理成本（*AGENT*），根据李寿喜等学者相关研究，本文用销售收入管理费用率来衡量公司代理成本，销售收入管理费用率越高，代理成本越高。模型（3）中，将机构投资者持股与代理成本均引入模型，检验代理成本在机构投资者持股对绩效影响过程中的中介效应。

四、实证结果与分析

（一）描述性统计

表2是对模型（1）～模型（3）主要变量的描述性统计结果。从表中我们可以看出各样本组变量观测值的分布特征。*ROA*的最小值为–0.230，最大值为0.374，说明我国上市公司经营绩效差异比较明显，从均值和中位数可以看出，企业业绩的差异程度分布比较均衡，全样本整体结构合理。类似地，几个自变量和控制变量指标差异程度也比较均衡。机构投资者总体持股比例最大值达

86.943%，最小为0.013%，差异非常大，均值为16.27%，比中位数高出约6%，与发达资本市场机构投资者持股比例相比偏低，这将可能影响其在公司治理中的发言权。销售收入管理费用率一项中，最大值为62.96%，均值为8.31%，说明代理成本在我国上市公司中普遍较高，代理问题在我国上市公司中影响很大。独立董事持股比例均值为34.824%，达到了“独立董事占全部董事1/3”的规定，但是8.695%的最小值表明我国仍需要逐步完善诸如独立董事制度等公司治理制度，以期改善企业的绩效。

表2 相关变量的描述性统计

变量	极小值	极大值	均值	中位数	标准差
ROA	–0.22991	0.37390	0.04874	0.04354	0.05083
AGENT	0.0028	0.6296	0.083094	0.06855	0.06685
TIH	0.000125	0.869427	0.16272442	0.10798	0.16674
EMP	2.19722	11.49959	7.50629	7.4676	1.24384
SIZE	19.04555	26.09686	21.58616	2.1405	1.10115
IDIR	0.08695	0.72730	0.34824	0.33333	0.85314
FR	0.45350	5.61956	0.29364	2.0905	3.24039
N	1158	1158	1158	1158	1158

（二）相关性分析

本文对变量之间进行了Pearson相关性分析，相关性分析结果如表3：

表3 变量相关性测试

变量	*ROA*	*AGENT*	*TIH*	*CON*	*EMP*	*SIZE*	*IDIR*	*LEV*
ROA	1							
AGENT	–0.045	1						
TIH	0.100①	–0.007③	1					
CON	–0.015	0.097②	0.138①	1				
EMP	–0.0006	–0.230①	0.053	0.004	1			
SIZE	–0.008	–0.336①	0.141①	–0.015	0.534①	1		
IDIR	0.039	0.015	0.045	0.097①	0.089①	–0.010	1	
LEV	0.216①	0.233①	0.000	0.100①	–0.200①	–0.264①	0.033	1

① 表示在1%的水平上显著相关。

② 表示在5%的水平上显著相关。

③ 表示在10%的水平上显著相关。

从显著性检验的结果我们可以看出：机构投资者总体持股和企业绩效呈现显著正相关关系，说明机构投资者持股会对企业绩效产生影响；机构投资者持股和代理成本在10%的水平上呈现出显著负相关的关系，说明该样本内机构投资者持股会对代理成本产生影响。员工人数与企业规模呈现出显著的正相关关系，这是由于企业规模越大，所雇用的员工人数越多所导致的，下文中将对这两组数据的共线性问题进行分析。

（三）回归结果与分析

我们首先选取总样本数据，对上述模型（1）进行多元回归，检验了机构投资者持股与企业绩效的关系。其后对模型（2）和模型（3）进行检验，判断出机构投资者持股是否通过降低企业代理成本提高企业绩效。具体实证结果如表4所示：

表4　机构投资者持股、代理成本与企业绩效

变量	总体样本回归结果		
	模型（1）	模型（2）	模型（3）
TIH	0.020② （2.298）	0.029① （2.735）	0.021② （2.459）
CON	0.073① （8.160）	–0.056① （–5.110）	0.070① （7.773）
EMP	–0.002 （–1.446）	0.001 （–0.456）	–0.002 （–1.475）
SIZE	0.004② （2.282）	–0.018① （–8.232）	0.003 （1.736）
IDIR	0.000 （0.027）	0.022 （1.044）	0.002 （–0.090）
LEV	0.003① （6.369）	0.003① （5.321）	0.003① （6.618）
AGENT			–0.049② （–2.044）
行业	控制	控制	控制
年度	控制	控制	控制
D.W.	2.031	2.008	2.030
$MAX(VIF_1)$	1.974	1.974	2.0001
$Adi\text{-}R^2$	0.115	0.221	0.118
*F*值	9.359①	19.256①	9.111①

① 表示在1%的水平上显著相关。

② 表示在5%的水平上显著相关。

首先我们对模型（1）进行了回归，模型的F值和调整的$Adi\text{-}R^2$都较大，说明模型拟合程度较好，$D.W.$值也接近于2，说明模型没有受自相关问题影响，模型的MAX（VIF_1）值都远小于5，说明模型没有严重的共线性问题。机构投资者整体持股比例与公司业绩高度显著正相关，这与假设1一致。证实了机构投资者参与可以有效地提高公司的绩效。标准化后系数约为0.066，说明机构投资者企业绩效中所起到的作用是不可忽略的。假设得到证明。

模型（2）的回归结果中，F值、调整$Adi\text{-}R^2$、$D.W.$值、MAX（VIF_1）值均与模型（1）中相似，表明模型（2）具有合理性。机构投资者持股比例对代理成本的解释程度为0.029，并且通过了水平为0.01的显著性检验。表明机构投资者持股水平的上升会提高公司的代理成本。这与国外Gilan and Starks（2003）等认为机构投资者可以改善企业公司治理，优化企业代理问题的结论不符，这很有可能与我国资本市场发展不完善，机构投资者成长不成熟相关。我国的机构投资者持股行为在一些企业中更多的是一种短期行为，其目的是为了攫取企业的利益，而非参与公司治理，改善公司的绩效。

表中最后一列为模型（3）的回归结果。机构投资者持股比例对公司业绩的解释程度为0.021，代理成本对公司业绩的解释程度为–0.049，这与代理成本的增加会降低企业业绩的现实是相符的。我们采用Baron Reuben M.（1986）对于中介变量的判断方法：自变量对因变量的回归系数显著，自变量对中介变量的回归系数显著，自变量与因变量对中介变量的回归中，中介变量必须显著，而自变量的效应减少或者没有。在上述检验模型中，自变量（TIH）对因变量（ROA）的回归系数（2.298）显著，自变量（TIH）对中介变量（$AGENT$）的回归系数（2.735）显著，自变量（TIH）与因变量（ROA）对中介变量（$AGENT$）的回归中，中介变量回归系数（–2.044）显著，然而其自变量的系数为0.021，高于模型（1）中自变量的系数0.020，这说明代理成本在机构投资者持股与企业绩效间并未起到相应的中介作用，从而证明了假设2。我国公司的股权集中度较高，控股股东与少数股东之间的第二类代理问题显得更为凸出。当机构投资者难以对控股股东形成相应制衡时，其行为表现出更多的是寻租趋向。机构投资者在我国公司决策中缺乏相应的话语权，起到应有的股东积极主义作用仍旧需要经历一个过程。

（四）稳健性检验

为了保证实证结果的稳健性，我们采取ROE替代ROA作为企业业绩的替代变量，再次对模型（1）～模型（3）进行分析，见表5。

表5　不同所有权性质下：机构投资者持股、代理成本与企业绩效

变量	民营上市公司样本			国有上市公司样本		
	模型（1）	模型（2）	模型（3）	模型（1）	模型（2）	模型（3）
TIH	0.002 （0.073）	0.080[①] （2.669）	0.006 （0.194）	0.238[①] （3.701）	0.217 （0.291）	0.240[①] （3.732）
CON	0.219[①] （6.739）	–0.190[①] （–6.318）	0.210[①] （6.315）	0.098 （1.508）	–0.007 （–0.117）	0.097 （1.501）
EMP	–0.036 （–0.848）	0.022 （0.546）	–0.035 （–0.823）	–0.333[①] （–2.726）	–0.121 （1.337）	–0.345[①] （–3.414）
SIZE	0.204[①] （4.789）	–0.326[①] （–8.244）	0.188[①] （4.257）	0.335[①] （3.413）	–0.261[①] （–2.946）	0.309[①] （3.100）
IDIR	–0.017 （–0.519）	0.042 （1.396）	–0.015 （–0.455）	0.036 （0.568）	0.004 （0.078）	0.037 （0.576）
LEV	0.028 （0.831）	6.496[①] （0.203）	0.038 （1.102）	–0.017 （–0.251）	0.000 （–0.005）	–0.017 （–0.252）
AGENT			–0.049 （–1.362）			–0.098 （–1.329）
行业与年度	控制	控制	控制	控制	控制	控制
行业与年度	控制	控制	控制	控制	控制	控制
D.W.	2.062	2.064	2.062	1.761	1.958	1.752
$MAX(VIF_1)$	1.859	1.859	2.0001	2.705	2.705	2.727
$Adi\text{-}R^2$	0.107	0.235	0.108	0.080	0.253	0.083
*F*值	7.441[①]	17.474[①]	7.138[①]	2.188[①]	5.611[①]	2.173[①]

① 表示在1%的水平上显著相关。

上表中为用*ROE*代替*ROA*作出稳健性检验的结果：在民营企业的分组中，公司业绩与机构投资者持股相关性不显著，机构投资者持股会增加企业的代理成本；在国有企业的分组中，机构投资者持股比例对公司业绩的解释程度为0.238，并且通过了水平为0.01的显著性检验，企业代理成本与机构投资者持股不相关，同时在加入代理成本这一中介变量后，机构投资者持股对企业业绩的解释程度增强。本次回归结果基本上与前文中实证结果相似，同时采用三大机构（证券投资基金、社保基金和QFII）的持股总额作为机构投资者总体持股比例的替代变量后，实证结果大体与本次结果相同，说明了上文实证结论的稳健性。

本文同时选取持股比例最大的证券投资基金、社保基金和QFII三种机构投资者持股比例之和为稳健性检验的自变量进行稳健性检验，所得出结论基本上与上述结论相同。

五、结论与启示

具体来说，从前面的研究可以得出如下结论：

首先，机构投资者总体持股对上市公司绩效产生积极影响。研究发现，机构投资者总体持股比例与上市公司绩效呈显著正相关关系。机构持股比例越高，其在干预企业经营与管理决策中就有更多的话语权。因此，要进一步发展机构投资者，提高整体机构投资者持股水平对上市公司绩效的积极作用。

其次，机构对国有企业绩效的提升作用要优于民营企业。我国的机构投资者实践与国外存在着较大的差异，西方机构投资者的产生与发展是由于市场投资者的需要，是一种市场发展过程中的自发行为。反观中国资本市场，机构投资者的产生和发展在相当程度上都是由政府出于自己的某种需要而推动的，是一种明显的政府行为。而机构持股有效地改善了国有企业的经营效率。

最后，代理成本并没有在机构投资者持股与企业绩效间起到显著的中介作用。按照以往经验，机构投资者持股比例的增加，会提高其参与公司治理的可能性。然而在我国实际中，国有企业“内部人控制”现象严重，机构投资者在公司治理中缺少话语权，只能通过传递信息等方式间接对企业的管理与经营产生影响。而许多民营企业经营不稳定，机构持股更多地出于投机的目的，“二级市场”的追涨杀跌是这些机构更喜欢的一种行为。

因此，我国应继续推进机构投资者的发展，减少机构投资者参与公司内部治理的障碍。同时，引导机构投资者发挥“积极股东”的作用。在合理地条件下打破原有对机构的制约与束缚，更多识别市场的需求，运用市场的力量，在保证机构数量扩大的同时，提高机构的专业化水平。

参考文献

[1] 谢志华. 内部控制、公司治理、风险管理：关系与整合[J]. 会计研究，2007（10）：37-45，95.

[2] 杨有红，胡燕. 试论公司治理与内部控制的对接[J]. 会计研究，2004（10）：14-18.

[3] 程新生. 公司治理、内部控制、组织结构互动关系研究[J]. 会计研究，2014（04）：14-18，97.

[4] 贺建刚，魏明海，刘峰. 利益输送、媒体监督与公司治理：五粮液案例研究[J]. 管理世界，2008（10）：141-150，164.

[5] 周建波，孙菊生. 经营者股权激励的治理效应研究——来自中国上市公司的经验证据[J]. 经济研究，2003（05）：74-82，93.

[6] 李维安，邱艾超，牛建波，徐业坤. 公司治理研究的新进展：国际趋势与中国模式[J]. 南开管理评论，2010，13（06）：13-24，49.

[7] 陈仕华，郑文全. 公司治理理论的最新进展：一个新的分析框架[J]. 管理世界，2010（02）：156-166.

[8] 白重恩，刘俏，陆洲，等. 中国上市公司治理结构的实证研究[J]. 经济研究，2005（02）：81-91.

[9] 付瑶，尹涛，陈刚. 股权结构对上市企业多元化战略的影响[J]. 南京社会科学，2020（05）：22-28.

[10] 李颖. 公司法对中小股东权益保护制度的完善分析[J]. 法制博览，2018（34）：91-92.

[11] 朱文宇，刘尔卓. 累积投票制与投资者保护[J]. 经济理论与经济管理，2019（11）：32-49.

[12] 陈克兢. 非控股大股东退出威胁能降低企业代理成本吗[J]. 南开管理评论，2019，22（04）：161-175.

[13] 朱春艳，张昕. 控股股东——中小股东冲突、公司治理对非效率投资的交互影响[J]. 上海对外经贸大学学报，2019，26（02）：69-83.

[14] 廉恩臣. 上市公司股东表决权限制机制探析[J]. 河北法学，2017，35（07）：161-170.

[15] 杨志壮. 公司股东权利保护的平衡方法[J]. 齐鲁学刊，2016（01）：99-108.

[16] 傅利平，张大勇. 基于股份减持中的大股东隧道行为实证研究[J]. 财经理论与实践，2011，32（05）：39-43.

[17] 王月萍，陈昕，沈乐平. 中小股东权益保护水平评价研究[J]. 山西大学学报（哲学社会科学版），2011，34（02）：133-138.

[18] 吴育辉，吴世农. 股票减持过程中的大股东掏空行为研究[J]. 中国工业经济，2010（05）：121-130.

[19] 刘茂平，曾令泰. 大股东监督、小股东"搭便车"及其利益保护[J]. 经济经纬，2010（03）：114-117.

[20] 夏宁，高坤. 信息披露质量、上市公司盈余管理与大股东减持[J]. 山东财经大学学报，2014（06）：102-109.

[21] 杨海芬. 现代公司董事会治理研究[D]. 成都：四川大学，2005.

[22] 郝云宏，周翼翔. 董事会结构、公司治理与绩效——基于动态内生性视角的经验证据[J]. 中国工业经济，2010（05）：110-120.

[23] 谢志华，张庆龙，袁蓉丽. 董事会结构与决策效率[J]. 会计研究，2011（01）：31-37.

[24] 郑岚清，郭吉涛，张边秀. 董事会独立性与企业创新绩效——基于广义倾向得分匹配的实证研究[J]. 金融与经济，2019（10）：66-71.

[25] 孙光国，郭睿. CFO内部董事有助于董事会履行监督职能吗?[J]. 会计研究，2015（11）：27-33，96.

[26] 李维安，徐建. 董事会独立性、总经理继任与战略变化幅度——独立董事有效性的实证研究[J]. 南开管理评论，2014，17（01）：4-13.

[27] 罗礼平. 监事会与独立董事：并存还是合一?——中国上市公司内部监督机制的冲突与完善研究[J]. 比较法研究，2009，（03）：87-94.

[28] 高旭军. 对我国上市公司"双核心监督机制"的反思[J]. 东方法学，2016（02）：58-67.

[29] 冯建生，徐会志. 中国上市公司独立董事与监事会并购模式探析[J]. 华北电力大学学报，2005（01）：39.

[30] 程博，宣扬，潘飞. 国有企业党组织治理的信号传递效应——基于审计师选择的分析[J]. 财经研究，2017，43（03）：69-80.

[31] 马连福，王元芳，沈小秀. 国有企业党组织治理、冗余雇员与高管薪酬契约[J]. 管理世界，2013（05）：100-115，130.

[32] 周泽将，雷玲. 纪委参与改善了国有企业监事会的治理效率吗？——基于代理成本视角的考察[J]. 财经研究，2020，46（03）：34-48.

[33] 李维安，王世权. 中国上市公司监事会治理绩效评价与实证研究[J]. 南开管理评论，2005（01）：4-9.

[34] 李维安，郝臣. 中国上市公司监事会治理评价实证研究[J]. 上海财经大学学报，2006（03）：78-84.

[35] 王砚书，武侠，于佳欣. 上市公司监事会制度与经营绩效关系研究[J]. 经济与管理，2009，23（11）：37-39.

[36] 冉光圭，方巧玲，罗帅. 中国公司的监事会真的无效吗[J]. 经济学家，2015（01）：73-82.

[37] 王彦明，赵大伟. 论中国上市公司监事会制度的改革[J]. 社会科学研究，2016（01）：89-96.

[38] 陈达. 基于最优契约观和管理层权力观分析上市公司高级经理层薪酬分布影响因素研究[J]. 财会月刊，2009（12）：33-35.

[39] 卢锐，魏明海，黎文靖. 管理层权力、在职消费与产权效率——来自中国上市公司的证据[J]. 南开管理评论，2008（5）：54-60.

[40] 杜兴强，王丽华. 高管管理当局薪酬与上市公司业绩的相关性实证研究[J]. 会计研究，2007（1）：58-65.

[41] 龚永洪，何凡. 高管层权力、股权薪酬差距与企业绩效研究——基于《上市公司股权激励管理办法》实施后的面板数据[J]. 南京农业大学学报（社会科学版），2013（1）：113-120.

[42] 魏刚. 高级管理层激励与上市公司经营绩效[J]. 经济研究. 2000（3）：32-40.

[43] 于东智，谷立日. 上市公司管理层持股的激励效用及影响因素[J]. 经济理论与经济管理，2001（9）：24-30.

[44] 陈冬华，陈信元，万华林. 国有企业中的薪酬管制与在职消费[J]. 经济研究，2005（2）：12-13.

[45] 朱红军. 大股东变更与高级管理人员更换：经营业绩的作用[J]. 会计研究，2002（9）：31-40.

[46] 谌新民，刘善敏. 上市公司经营者报酬结构性差异的实证研究[J]. 经济研究，2003（8）：55-69.

[47] 林浚清，黄祖辉，孙永祥. 高管团队内薪酬差距、公司绩效和治理结构[J]. 经济研究，2003（4）：31-42.

[48] 吕长江，赵宇恒. 国有企业管理者激励效应研究——基于管理者权力的解释[J]. 管理世界，2008（11）：99-109.

[49] 代彬，刘星，郝颖. 高管权力、薪酬契约与国企改革——来自国有上市公司的实证研究[J]. 当代经济科学，2011，33（4）：90-98.

[50] 杨媛. 论民营家族企业中股权激励与公司控制冲突的问题[J]. 产业与科技论坛，2008（7）：225-226.

[51] 雷丽华. 全流通时代股权激励问题探析[J]. 特区经济，2009（3）：124-125.

[52] 杨有红，黄志雄. 独立董事履职状况和客观环境研究[J]. 会计研究，2015（4）：20-26.

[53] 谢志华，粟立钟，王建军. 独立董事的功能定位[J]. 会计研究，2016（6）：46-54.

[54] 魏刚，肖泽忠，Nick Travlos，邹宏. 独立董事背景与公司经营绩效[J]. 经济研究，2007（3）：92-105.

[55] 陈伟民. 独立董事职业背景与公司业绩[J]. 管理世界，2009（3）：182-183.

[56] 陈运森，谢德仁. 董事网络、独立董事治理与高管激励[J]. 金融研究，2012（2）：168-182.

[57] 张恩众，徐美玲，张守桢. 上市公司业绩波动与独立董事占比[J]. 东岳论丛，2015（1）：171-176.

[58] 马如静，唐雪松. 学者背景独立董事、公司业绩与CEO变更[J]. 财经科学，2016（9）：77-87.

[59] 王臻，杨昕. 独立董事特征与上市公司信息披露质量的关系：以深证A股上市公司为例[J]. 上海经济研究，2010（5）：54-63.

[60] 万鹏，陈翔宇. 代理成本、独立董事独立性与业绩快报自愿披露[J]. 财贸研究，2016（4）：137-146.

[61] 陈咏英，胡阳，贾园园. 独立董事与企业环境信息披露质量——以石油化工行业为例[J]. 会计之友，2020（10）：93-99.

[62] 刘浩，唐松，楼俊. 独立董事：监督还是咨询?——银行背景独立董事对企业信贷融资影响研究[J]. 管理世界，2012（1）：141-156.

[63] 谢志明，易玄. 产权性质、行政背景独立董事及其履职效应研究[J]. 会计研究，2014（9）：60-67.

[64] 黄珺，魏莎. 独立董事政治关联对企业信贷融资的影响研究[J]. 管理评论，2016（11）：182-190.

[65] 祝继高，叶康涛，陆正飞. 谁是更积极的监督者：非控股股东董事还是独立董事?[J]. 经济研究，2015（9）：170-184.

[66] 刘惠萍. 基于委托代理理论的独立董事制度相关运行机制研究[M]. 成都：电子科技大学出版社，2009：1-255.

[67] 陈九阵. 独立董事制度的理论与实践[M]. 北京：知识产权出版社，2010：1-333.

[68] 中国上市公司协会. 上市公司独立董事履职指引[M]. 南京：江苏人民出版社，2014：1-231.

[69] 芦海滨，赖崇斌. 谁在担任独立董事对——独立董事的独立调查[M]. 北京：中国法制出版社，2010：1-203.

[70] 孙敬水. 独立董事制度——公司治理的创新与革命[M]. 合肥：安徽大学出版社，2003：1-612.

[71] 费方域. 什么是公司治理结构[J]. 上海经济研究，2009（5）：37-40.

[72] 崔如波. 公司治理——制度与绩效[M]. 北京：中国社会科学出版社，2004：119-127.

[73] 马庆泉. 中国证券市场发展前沿问题研究[M]. 北京：中国金融出版社，2005：291-326.

[74] 范小雯. 我国证券公司股权结构与治理缺陷[J]. 南开经济研究，2008，（6）：77.

[75] 郑红亮，王凤彬. 中国公司治理结构改革研究：一个理论综述[J]. 管理世界，2005（3）：119-125.

[76] 李茂生，苍德军. 中国证券市场问题报告[M]. 北京：中国社会科学出版社，2003.

[77] 牛建波. 中外证券公司治理结构比较分析[J]. 管理科学，2004.

[78] 李明辉，刘莉亚，黄叶苨. 巴塞尔协议Ⅲ净稳定融资比率对商业银行的影响——来自中国银行业的证据[J]. 国际金融研究，2016（03）：51-62.

[79] 马连福，王元芳，沈小秀. 中国国有企业党组织治理效应研究——基于“内部人控制”的视角[J]. 中国工业经济，2012（08）：84-97.

[80] 王国刚. 中国银行业70年：简要历程、主要特点和历史经验[J]. 管理世界，2019，35（07）：15-25.

[81] 陈凯，赵晓菊. 中国、德国和美国商业银行效率差异及其比较优势分析[J]. 国际金融研究，2012（09）：88-96.

[82] 陈静，陈若轻. 全球系统重要性金融机构监管与公司治理研究——以苏格兰皇家银行为例[J]. 国际金融研究，2012（07）：58-67.

[83] 李维安，曹廷求. 商业银行公司治理——基于商业银行特殊性的研究[J]. 南开学报，2005（01）：83-89.

[84] 李维安，邱艾超，牛建波. 公司治理研究的新进展：国际趋势与中国模式[J]. 南开管理评论，2010，13（06）：13-24，49.

[85] 陈仕华，郑文全. 公司治理理论的最新进展：一个新的分析框架[J]. 管理世界，2010（02）：156-166.

[86] 毛洪涛，何熙琼，张福华. 转型经济体制下我国商业银行改革对银行效率的影响——来自1999~2010年的经验证据[J]. 金融研究，2013（12）：16-29.

[87] 杨立新. 我国民法典立法思想的选择和坚守——从《民法总则》制定中的立法思想冲突谈起[J]. 法制与社会发展，2018（4）：19.

[88] 王胜邦，邓鑫. 后危机时期全球银行业变革趋势与竞争格局[J]. 国际金融研究，2019（08）：66-75.

[89] 史闻东. 主办银行制在我国企业治理中的有效性问题[J]. 学术研究，2003（09）：69-72.

[90] 周丹，金雪军. 区域金融发展制度及其特征属性的国际比较[J]. 经济体制改革，2014（02）：158-162.

[91] 徐云清. 银行债权融资的公司治理效应[J]. 投资研究，2007（04）：37-41.

[92] 李元旭，黄岩，张向菁. 中国国有商业银行与外资银行竞争力比较研究[J]. 金融研究，2000（03）：47-56.

[93] 德勤中国. 中国六大商业银行公司治理实践研究报告[J]. 博鳌亚洲论坛2019年年会论文集，2019.

[94] 夏宁，李民. 机构投资者持股对企业绩效影响的实证研究[J]. 经济与管理评论，2014.

[95] 史永东，王谨乐. 中国机构投资者真的稳定市场了吗?[J]. 经济研究，2014.

[96] 许年行，于上尧，伊志宏. 机构投资者羊群行为与股价崩盘风险[J]. 管理世界，2013.

[97] 程书强. 机构投资者持股与上市公司会计盈余信息关系实证研究[J]. 管理世界，2006.

[98] 薄仙慧，吴联生. 国有控股与机构投资者的治理效应：盈余管理视角[J]. 经济研究，2009.

[99] 李善民，王媛媛，王彩萍. 机构投资者持股对上市公司盈余管理影响的实证研究[J]. 管理评论，2011.

[100] 梁上坤. 机构投资者持股会影响公司费用粘性吗?[J]. 管理世界，2018.

[101] 李学伟，马忠. 金字塔结构下多个控制性大股东的制衡效应[J]. 中国软科学，2007.

[102] 刘星，刘伟. 监督，抑或共谋——我国上市公司股权结构与公司价值的关系研究[J]. 会计研究，2007.

[103] 涂国前，刘峰. 制衡股东性质与制衡效果——来自中国民营化上市公司的经验证据[J]. 管理世界，2010.

[104] 魏明海，程敏英，郑国坚. 从股权结构到股东关系[J]. 会计研究，2011.

[105] 魏明海，黄琼宇，程敏英. 家族企业关联大股东的治理角色——基于关联交易的视角[J]. 管理世界，2013.

[106] 吴育辉，吴世农. 股权集中、大股东掏空与管理层自利行为[J]. 管理科学学报，2011.

[107] 杨松令，刘亭立. 基于共生理论的上市公司股东行为研究——一个研究框架及设想[J]. 会计研究，2009.

[108] 李政，陆寅宏. 国有企业真的缺乏创新能力吗——基于上市公司所有权性质与创新绩效的实证分析与比较[J]. 经济理论与经济管理，2014.

[109] 贺京同，高林. 企业所有权，创新激励政策及其效果研究[J]. 财经研究，2012.

[110] 李春涛，宋敏. 中国制造业企业的创新活动：所有制和CEO激励的作用[J]. 经济研究，2010.

[111] 吴延兵. 国有企业双重效率损失研究[J]. 经济研究，2012.

[112] 赵建英. 技术创新绩效影响因素的实证分析——基于两类不同所有制企业的比较[J]. 经济问题，2010.

[113] 唐跃军，左晶晶. 所有权性质、大股东治理与公司创新[J]. 金融研究，2014.

[114] 黎文靖，郑曼妮. 实质性创新还是策略性创新？——宏观产业政策对微观企业创新的影响[J]. 经济研究，2016.

[115] 余明桂，钟慧洁，范蕊. 业绩考核制度可以促进央企创新吗？[J]. 经济研究，2016.

[116] 叶祥松，刘敬. 异质性研发、政府支持与中国科技创新困境[J]. 经济研究，2018.

[117] 唐未兵，傅元海，王展祥. 技术创新、技术引进与经济增长方式转变[J]. 经济研究，2014.

[118] 侯青川，靳庆鲁，陈明端. 经济发展、政府偏袒与公司发展——基于政府代理问题与公司代理问题的分析[J]. 经济研究，2015.

[119] 董晓庆，赵坚，袁朋伟. 国有企业创新效率损失研究[J]. 中国经济，2014.

[120] 肖仁桥，王宗军，钱丽. 我国不同性质企业技术创新效率及其影响因素研究：基于两阶段价值链的视角[J]. 管理工程学报，2015.

[121] 郭雳，彭雨晨. 双层股权结构国际监管经验的反思与借鉴[J]. 北京大学学报（哲学社会科学版），2019，56（02）：132-145.

[122] 马立行. 美国双层股权结构的经验及其对我国的启示[J]. 世界经济研究，2013（04）：30-34.

[123] 杜佳佳，吴英霞. 双层股权结构的价值、风险与规范进路[J]. 南方金融，2018（08）：90-98.

[124] 徐晓松. 双层股权结构在中国：市场需求与立法认可[J]. 天津师范大学学报（社会科学版），2018（01）：64-70.

[125] 高菲，周林彬. 上市公司双层股权结构：创新与监管[J]. 中山大学学报（社会科学版），2017，57（03）：186-193.

[126] 黄臻. 双层股权结构的适用现状研究[J]. 法制博览，2015（27）：14，15-17.

[127] 蒋小敏. 美国双层股权结构：发展与争论[J]. 证券市场导报，2015（09）：70-78.

[128] 聂庆平，蔡笑. 看多中国：资本市场历史与金融开放战略[M]. 北京：机械工业出版社. 2012.

[129] 亚洲证券业与金融市场协会. 中国资本市场：加速变革[R]. 香港：亚洲证券业与金融市场协会. 2019.

[130] 尚福林，等. 中国资本市场发展报告[R]. 北京：中国金融出版社. 2008.

[131] 李新春. 资本市场与中国企业家成长：现状与未来、问题与建议——2011·中国企业经营者成长与发展专题调查报告[J]. 管理世界，2011（06）：76-90.

[132] 郭峰，等. 多层次资本市场及证券交易场所法律制度完善研究[J]. 证券法苑，2014，10（1）：285-318.

[133] 辜胜阻，庄芹芹，曹誉波. 构建服务实体经济多层次资本市场的路径选择[J]. 管理世界，2016（4）：1-9.

[134] 第十三届全国人民代表大会常务委员会. 中华人民共和国证券法[M]. 北京：中国法制出版社，2019.

[135] 陈泽，肖星，李诗林，王丹. 我国多层次资本市场的发展与完善[J]. 金融市场研究，2018（11）：38-51.

[136] 李永森. 制度建设引领资本市场改革[J]. 中国金融，2020（02）：27-29.

[137] 张维迎. 所有权、治理结构与委托——代理关系[J]. 经济研究，1996.

[138] 林润辉，张红娟，等. 企业集团网络治理评价研究——基于宏基的案例分析[J]. 公司治理评论，2009.

[139] 厉娜. 经济全球背景下跨国公司治理理论框架研究[J]. 现代管理科学，2019.

[140] 王勇. 跨国公司治理研究[M]. 北京：中国法制出版社，2012.

[141] 陈向东，魏拴成. 当代跨国公司管理[M]. 北京：机械工业出版社，2007.

[142] 周新军. 跨国企业的公司治理研究——中外跨国公司治理模式的比较与选择[M]. 北京：高等教育出版社，2005.

[143] 王勇. 跨国公司治理研究[M]. 北京：中国法制出版社，2012.

[144] 赵玲. 中国跨国公司治理的路径选择[J]. 中国外资，2011，18（09）：106.

[145] 周新军. 跨国企业的公司治理研究[M]. 北京：高等教育出版社，2005.

[146] 马连福，秦鹤. 长生生物警示中国公司治理[J]. 董事会，2018（09）：45-48.

[147] 张积，张大权. 浅析国有企业公司治理现状[J]. 合作经济与科技，2013（19）：37-38.

[148]（英）米克勒斯维特. 公司的历史[M]. 夏荷立，译. 合肥：安徽人民出版社，2012.

[149] 王洪盾，岳华，张旭. 公司治理结构与公司绩效关系研究——基于企业全要素生产率的视角[J]. 上海经济研究，2019（04）：17-27.

[150] 唐媚媚，罗夏. 公司治理结构特征与会计稳健性[J]. 会计之友,2019（04）：116-121.

[151] 郝臣，刘芯蕊，白丽荷，崔光耀. 公司治理机制及其治理效应研究——基于2003—2013年上市公司的公开数据[J]. 南京审计大学学报，2016，13（04）：52-63.

[152] 汲铮，董申. 中国公司治理制度的“痛点”[J]. 河北经贸大学学报，2017，38（05）：75-82.

[153] 张萍，葛玉洁，曹洋，施卫英. 公司治理和财务报告内部控制：监管制度的比较——西方内部控制研究文献导读及中国制度背景下的展望（三）[J]. 会计研究，2015（08）：86-92，97.

[154] 韩少真，潘颖，张晓明. 公司治理水平与经营业绩——来自中国A股上市公司的经验证据[J]. 中国经济问题，2015（01）：50-62.

[155] 石大林，何晓峰，李天慧. 公司治理机制、替代效应与风险承担[J]. 贵州财经大学学报，2015（01）：77-88.

[156] 李维安，郝臣，崔光耀，郑敏娜，孟乾坤. 公司治理研究40年：脉络与展望[J]. 外国经济与管理，2019，41（12）：161-185.

[157] Marc T Moore. The Evolving Contours of the Board’s Risk Management Function in UK Corporate Governance[J]. Journal of Corporate Law Studies, 2010, 10(2): 279-308.

[158] Andrea Beltratti, René M. Stulz. The credit crisis around the globe: Why did some banks perform better?[J]. Journal of Financial Economics, 2012, 105(1): 1-17.

[159] Sanjai Bhagat, Brian Bolton, Roberta Romano. The Promise and Peril of Corporate Governance Indices[J]. Columbia Law Review, 2008, 108(8): 1803-1882.

[160] David H Erkens, Mingyi Hung, Pedro Matos. Corporate governance in the 2007–2008 financial crisis: Evidence from financial institutions worldwide[J]. Journal of Corporate Finance, 2012, (12): 389-411.

[161] Wahyu Yuwana Hidayat, Makoto Kakinaka, Hiroaki Miyamoto. Bank risk and non-interest income activities in the Indonesian banking industry[J]. Journal of Asian Economics, 2012, 23(4): 335-343.

[162] Isabelle Distinguin, Caroline Roulet, Amine Tarazi. Bank regulatory capital and liquidity: Evidence from US and European publicly traded banks[J]. Journal of Banking and Finance, 2013(9).

[163] Stolowy H, Breton G. Accounts Manipulation: A Literature Review and Proposed Conceptual Framework[J]. Review of Accounting and Finance, 2004.

[164] Larcker D, Richardson S, Tuna I. Corporate Governance, Accounting Outcomes, and Organizational Performance[J]. The Accounting Review, 2007.

[165] Brown L D. Managing Conflict at Organizational Interfaces[M]. MA: Addison—Wesley, 1983，23-25.

[166] Denis D K, McConnell J J. International Corporate Governance[J]. The Journal of Financial and Quantitative Analysis, 2013, (38): 1-36.

[167] Edmans A, Manso G. Governance through Trading and Intervention: A Theory of Multiple Blockholders[J]. The review of Financial Studies, 2011, 24(7): 2395-2428.

[168] Grossman S J, Hart O D. The Costs and Benefits of Ownership: A Theory of Vertical and Lateral Integration[J]. Journal of Political Economy, 1986, 94(4): 691-719.

[169] Laeven L, Levin R. Complex Ownership Structures and Corporate Valuations[J]. The Review of Financial Studies, 2008, 21(2): 579-604.

[170] La Porta R F, Lopez-de-Silanes, Shleifer A. Corporate Ownership around the World[J]. The Journal of Finance, 1999, 54(2): 471-517.

[171] Maury B, Pajuste A. Multiple Large Shareholders and Firm Value[J]. Journal of Banking and Finance, 2015, 29(7): 1813-1834.

[172] Jason W. Howell. The survival of the U. S. dual class share structure[J]. Elsevier B. V., 2014.

[173] John Kong Shan Ho. Revisiting the viability to allow dual-class share structure companies to list in the financial market of Hong Kong[J]. SAGE Publications, 2018, 47(3).

[174] Ayres C E. Papers and Proceedings of the Fifty-eighth Annual Meeting of the American Economic Association//The Impact of the Great Depression on Economic Thinking[J]. The American Economic Review, 1946, 36(2): 112-125.

[175] Hicks J. A theory of economic history [M]. Oxford: Clarendon Press, 1969.

[176] Rajan R G, Zingales L. Financial Dependence and Growth[J]. The American Economic Review, 1998, 88(3).

[177] Donia Trabelsi, Ghasem Shir. Venture Capital and the Financing of Innovation [R]. PRISM Sorbonne November, 2010.

[178] Philip I, Blumberg. The Transformation of Modern Corporation Law: The Law of Corporate Groups[J]. Connecticut Law Review, 2005, 137(03): 605-618.

[179] McKendrick Joe. As Big Data Gets Bigger, Enterprise Governance Attempts to Keep Up[J]. ProQuest, 2014, 28(4).

[180] Naifs Alam, Jayalakshmy Ramachandran, Aisha Homy Nahomy. The Impact of Corporate Governance and Agency Effect on Earnings Management-A Test of the Dual Banking System[J]. Elsevier B. V., 2020.

后记

随着市场经济的发展和不断完善，公司治理结构也不断发生变化，不存在一种广泛适用的公司治理模式。因此，研究公司治理问题，应该保持严谨的态度、不断创新的精神，不断吸取历史教训和国外的先进经验，以适应不断变化的外部环境。

企业最为显著的特点是所有权与经营权的分离，这种分离在给企业带来高度专业化经营的同时也使企业产生了相应的委托代理问题。无论是所有者与经营者的利益冲突，还是大股东与中小股东的代理问题，其围绕的焦点在于企业剩余利益的分配。企业中股东对于剩余利益的索取程度取决于实际控制权的归属，掌握着企业内部资源的实际控制人与企业的其他利益相关者。重复博弈、相互妥协，形成了一个较为稳定的剩余利益分配结果。而这种剩余利益的分配往往并不和企业的所有权对应成比例。企业的实际控制者会试图打破原有契约，谋取超额利益，在“道德风险”与“逆向选择”的作用下，代理成本也就相应产生了。公司治理的核心问题就是要构建有效的公司治理体制，降低代理成本，保护股东的利益。可见，公司治理是平衡利益相关者之间权利的一门科学，要保证企业的长远发展，提升公司价值，保持核心竞争力，需要良好的公司治理安排。

本书正是秉承着创新、严谨的态度，从多个方面对公司治理进行了深入的研究，希望能够进一步推动公司治理研究的发展，能够对形成我国特色的公司治理模式有所帮助。本教材以全面性、系统性、前沿性为特色，完整地将有关公司治理的成果体现出来，能够对学习公司治理理论知识的学生们有所助益，对公司治理实践有一定指导意义。本书在撰写过程中，穿插了案例分析与最新科研成果，易于理解，实践性强，便于教师根据需要授课。

为了创作出高水平、高质量的成果，本书的内容建立在学习已有的前沿研究上，并充分吸收了业界学者们的宝贵意见，以及实务界朋友们的反馈，由此完成了本书的撰写。本书共分为十六章，为了保证本书对于教学工作的适合性以及实操性，征求了使用者的意见，在此感谢以下同学对本书的资料搜集与整理工作做出的贡献：王宇、邢祎、朱宇超、崔丽文、丁国凤、关芷薇、郭帅麒、郭小琳、李梓毓、刘雨薇、慕栋培、潘新尧、王晖、王慧婷、王昕宇、邢南楠、阎璐璐、尹志文、袁晨菲。同时，感谢出版社的支持与帮助，本书将不断改善，力求呈现给广大学习者一本满意的教材。此外，由衷地希望广大读者提出宝贵意见，以便于本教材的进一步完善。